HUGO

AMOUR/CRIME/RÉVOLUTION

Essai sur les Misérables

DANS LA MÊME COLLECTION

ANDRÉ BROCHU

HUGO

AMOUR/CRIME/RÉVOLUTION

Essai sur les Misérables

1974
LES PRESSES DE L'UNIVERSITÉ DE MONTRÉAL
C.P. 6128. MONTRÉAL 101. CANADA

PQ2286
B76

Cet ouvrage a été publié grâce à une subvention accordée par le Conseil
canadien de recherches sur les humanités et provenant de fonds fournis
par le Conseil des arts du Canada

ISBN 0 8405 0247 8

DÉPÔT LÉGAL, 1er TRIMESTRE 1974

BIBLIOTHÈQUE NATIONALE DU QUÉBEC

Tout est réalité, mais tout est vision...

Comme si tous les fils invisibles de l'être
Se croisaient dans mon sein que l'univers pénètre!
Comme si, par moment,
En moi, du front aux pieds, me mêlant au problème,
Le sombre axe infini qui passe par Dieu même
Tremblait confusément!

VICTOR HUGO

Introduction

Notre étude portera sur un aspect limité
des *Misérables* : sa thématique, qui englobe, on le verra, le
système particulier des actions, considérées du point de vue
de la sémantique du récit. La thématique n'est pas le tout de
l'œuvre. Elle est *dans* le texte, comme l'inconscient
qu'étudie Charles Mauron ou la vision du monde qu'étudie
Lucien Goldmann. Elle est un texte dans un texte, et
comme l'inconscient ou la vision du monde, elle a cette
propriété paradoxale d'être à la fois moins que le texte et
coextensive à lui. Ainsi la critique thématique peut-elle
s'affirmer comme « totalitaire [1] ».

Qu'est-ce que le thème ? Plusieurs
définitions sont possibles. Disons qu'il s'agit essentiellement
d'une unité de signification de l'œuvre. On peut essayer de
le comprendre à partir de deux autres notions : celles
d'image et de concept. L'œuvre contient une part de pensée
et une part d'imaginaire. Plutôt que de pensée, il vaudrait
sans doute mieux parler d'idéologie. Le champ thématique
s'étendrait alors des « métaphores obsédantes » à ce qu'on
peut appeler l'« idéologie personnelle » d'un auteur (ou d'un
texte). Chaque œuvre en effet, et en particulier chaque
œuvre romantique propose une certaine façon de concevoir le
monde, ou encore ce qu'on pourrait appeler une « formule

---

1. L'expression est de Jean-Pierre Richard, *l'Univers imaginaire de
   Mallarmé*, Paris, Seuil, 1961, p. 14.

personnelle de salut». Elle promeut certaines valeurs et institue une dialectique entre l'univers abstrait des valeurs et celui, concret, des représentations sensibles.

Du moins en va-t-il ainsi dans la littérature romantique qui nous intéresse ici. Nous consacrerons notre premier chapitre à l'exploration de quelques complexes thématiques où se conjuguent étroitement l'expression idéologique de la valeur et sa métaphorisation.

Le texte romantique peut ainsi nous apparaître comme le lieu d'une fusion dynamique du concept et de l'image. En lui le langage abstrait, univoque, devient langage figuré et le langage figuré devient langage univoque. Le thème se situe au point d'intersection du concept et de l'image. Il est l'un ou l'autre *tel qu'il est au moment où il devient l'autre*. La nature du thème, comme celle de la lumière, est vibratoire. Il est ce qu'il est tout en étant ce qu'il devient. Il est un signifié du texte, en relation avec tous les autres et par là, en creux, les signifiant: dans l'œuvre, tout signifie le tout.

Il est en tout cas affaire de sémantique et non de linguistique. Comme tel, il suppose une distinction dualiste entre le sens et la forme de l'œuvre. Peut-être l'œuvre n'est-elle accessible, en sa littérarité, qu'à travers ce qu'un auteur récent appelle ses «formes-sens[2]». Mais il nous semble très difficile sinon impossible, pour le moment, de concevoir de façon cohérente «l'homogénéité» des deux plans distingués par toute la réflexion occidentale sur la littérature, et dont l'expression même de «forme-sens» garde le souvenir. Peu importe: la critique thématique, malgré ses ambitions totalitaires, n'atteint pas le tout de l'œuvre précisément en ce qu'elle a trait au sens seul. Le sens est une voie d'accès vers l'œuvre, ni plus ni moins privilégiée que les autres. Comme toute voie, il ne mène au but que celui qui en accepte le cheminement.

2. «FORME-SENS. Forme du langage dans un texte (des petites aux grandes unités) spécifique de ce texte en tant que produit de l'homogénéité du dire et du vivre. Un texte, dans son signifiant, est l'inconscient du langage. Il fait ceci, qu'il dure, et on ne peut pas en épuiser le pourquoi. Sa connaissance est infinie» (Henri Meschonnic, *Pour la poétique*, Paris, Gallimard, «Le chemin», 1970, p. 176).

Mais précisons davantage. Il nous semble que la critique thématique, en réaction contre la critique traditionnelle, a peut-être fait trop bon marché de la dimension idéologique de l'œuvre et en particulier de sa dimension morale. Peut-être cela tenait-il en partie à l'absence d'un moyen terme dans la pensée critique entre idéologie et métaphore. Ce moyen terme, nous croyons l'avoir trouvé dans les actions. L'apparition récente des analyses structurales du récit comble une lacune importante dans les études littéraires en fournissant au chercheur des instruments de description et de compréhension de la dimension narrative de l'œuvre. L'intrigue d'un roman — l'«action romanesque» — est un élément signifiant qu'il faut chercher à mettre en relation avec les autres éléments signifiants de l'œuvre. Si l'on examine de près les actions des personnages dans un récit, on s'aperçoit qu'elles offrent le même caractère de récurrence que les thèmes proprement dits, qu'elles forment un système, qu'elles ont à la fois un côté abstrait et un côté concret qui les apparente aussi bien aux données idéologiques qu'aux données imaginaires. En somme on pourrait parler des actions comme de thèmes dramatiques et nous montrerons, dans notre étude des *Misérables,* qu'elles entretiennent des rapports constants avec un certain nombre de motifs poétiques et de leitmotive idéologiques précis. Chaque action, en somme, a sa thématique, et l'on peut découper tout le champ des significations de l'œuvre en fonction du champ des actions. C'est ce que nous ferons dans notre deuxième chapitre. Nous verrons que les séquences narratives du roman sont sous-tendues par un ensemble de six actions élémentaires, lesquelles se manifestent sous des formes très diverses (sémantisme de l'action) et engendrent, par combinaison, des actions plus complexes.

Il nous sera ainsi possible d'établir une systématique des unités signifiantes dans les *Misérables*. Nous le ferons par l'analyse minutieuse des deux premiers livres de la première partie, où l'on trouve déjà la mise en œuvre de la thématique globale.

Dans les chapitres suivants, nous vérifierons, en l'appliquant aux parties successives du

roman, la pertinence du modèle des actions préalablement
établi et nous tenterons d'étudier la progression du récit.
Car la «langue» d'une œuvre est à la fois donnée tout entière en chacune de ses parties, et en même temps, elle se
réalise dans une «parole» dynamique qui obéit aux lois
d'une dialectique rigoureuse et complexe. Ainsi l'œuvre
est-elle à la fois langue et parole — langage complet, com-
pact, indéfiniment ouvert sur lui-même: formule. Elle est
ensemble son être et son devenir: Achille immobile à grands
pas. De façon plus précise, on verra que le champ
thématique, tout au long de l'œuvre, reste fondamentalement
le même mais acquiert une densité de plus en plus grande,
qui se manifeste par l'apparition de motifs poétiques, de
conceptions idéologiques et de structures narratives de plus
en plus complexes.

    L'analyse conjointe des thèmes et des
actions des *Misérables* n'a pas encore été tentée. Disons
d'abord que les conditions de possibilité d'une mise en relation des thèmes et des actions n'existaient guère avant
l'apparition, toute récente, des analyses structurales du
récit. Ces dernières par ailleurs tournent le dos à la critique
thématique et se développent dans le sens, nettement struc-
turaliste, d'une science de la littérature[3]. Il va sans dire que
notre méthode, fondée sur l'intégration de deux démarches

---

3. Les principaux travaux consacrés à l'analyse structurale du récit sont
   les suivants: Vladimir Propp, *Morphologie du conte*, Paris, Seuil,
   «Points», 1970 (cet ouvrage est suivi d'une étude d'E. Mélétinski,
   l'Étude structurale et typologique du conte, où l'auteur présente les
   prolongements des recherches de Propp dans divers pays); Claude
   Bremond, «Le message narratif», *Communications*, n° 4, 1964, p.
   4-32; «L'analyse structurale du récit», *Communications*, n° 8, 1966;
   Tzvetan Todorov, *Poétique*, in *Qu'est-ce que le structuralisme?* Paris,
   Seuil, 1968, p. 97-166; A.J. Greimas, *Sémantique structurale*, Paris,
   Larousse, «Langue et langage», 1966, en particulier p. 172-262; Tzvetan
   Todorov, *Grammaire du Décaméron*, La Haye, Mouton, 1969; et «Les
   transformations narratives», *Poétique*, n° 3, 1970, p. 322-333. Signalons
   ici que nous nous sommes inspirés très librement de ces recherches, qui
   sont en réalité fort diverses, sinon divergentes. Nous y avons trouvé un
   exemple à suivre plutôt que les principes et les instruments d'une
   méthode.

fort différentes, risque de «trahir» simultanément l'esprit de l'une et de l'autre. Aussi, tout en reconnaissant notre dette, qui est énorme, à l'endroit de nombreux chercheurs, ne prétendons-nous nullement nous faire le champion de telle ou telle méthodologie déjà existante, mais simplement faire œuvre de critique et proposer une lecture, le plus cohérente possible, des *Misérables*.

Il faut ici souligner l'importance de l'exploration thématique déjà accomplie, dans l'œuvre de Hugo, par un Georges Poulet et un Jean-Pierre Richard[4]. Impossible, en outre, de passer sous silence les excellents travaux de MM. Robert et Journet[5] et la monumentale étude de Pierre Albouy[6].

Pour marquer brièvement la différence de notre point de vue, nous ferons quelques commentaires sur les interprétations que nous proposent les deux premiers auteurs mentionnés ci-dessus.

L'existence des deux lectures thématiques de Hugo, celles de MM. Poulet et Richard, montre déjà la possibilité de découpages de l'œuvre différents selon le point de vue particulier à chaque auteur. Notons cependant que ces deux études s'apparentent en ce qu'elles font toutes deux, de l'œuvre, l'expression littéraire d'un *projet* existentiel de l'auteur. M. Poulet s'attache à décrire le cogito hugolien, le surgissement du moi au sein d'une réalité préalablement perçue comme gouffre. «L'être hugolien arrive soudain à la conscience quand la masse formidable des choses a déferlé sur lui et qu'il ressent partout son contact mouvant et multiple. «La pression de l'ombre existe»; — donc j'existe[7]!» Après avoir montré les avatars de la pensée du poète («cette pensée ou bien

---

4. Georges Poulet, *la Distance intérieure*, Paris, Plon, p. 194-230; Jean-Pierre Richard, *Études sur le romantisme*, Paris, Seuil, 1970, p. 177-199.

5. En particulier: René Journet et Guy Robert, *le Mythe du peuple dans les Misérables*, Paris, Éditions sociales, s. d.; et *le Manuscrit des Misérables*, Paris, *Annales littéraires de l'Université de Briançon* vol. 61, Les Belles Lettres, 1963.

6. *La Création mythologique chez Victor Hugo*, Paris, José Corti, 1963.

7. *La Distance intérieure*, p. 206.

n'existe pas, ou se trouve engagée dans les choses, pressée par
des forces, aux prises avec une multiple réalité dont elle ne peut
se distinguer; ou encore absorbée par l'énorme tâche de fo-
menter un monde»), M. Poulet analyse un mouvement «pur»
de la pensée et de la poésie hugoliennes, celui du doute, qui
donne naissance à une «poésie inverse de sa poésie habituelle»
(positive, optimiste), une poésie où l'image «ne crée plus une
forme» mais est «un pur symbole, et *le symbole de rien*[8]». Par
un dernier renversement cette poésie négative conduit à
l'évidence absolue: «L'univers et la pensée sont dans un
gouffre. Mais ce gouffre, c'est Dieu[9].» Ainsi, M. Poulet
privilégie-t-il le pôle négatif de la poésie hugolienne, le côté
ombre, en regard duquel le pôle lumineux offre un aspect
d'authenticité moindre, de secondarité et peut-être même de
facilité. La chute est primordiale. Il se trouve, par accident en
quelque sorte, qu'elle aboutit à Dieu («Rien ne tombe sinon en
Dieu, vers Dieu») et «il ne reste plus qu'à imaginer cette
procession des êtres dans l'abîme, leur échelonnement dans les
espaces, leur progrès éternel dans le divin[10]».

L'interprétation de M. Richard présente
des analogies avec la précédente. Pour lui aussi le chaos —
analysé dans ses figures diverses et les schèmes apparentés:
le monstrueux, l'amoncellement croulant (Babel), le va-et-
vient, le fourmillement, la dérive, la noyade, etc. — est
primordial. Et tout l'effort du poète consistera à surmonter,
par l'écriture, l'angoisse originaire devant le chaos. Le
«système d'une rhétorique personnelle... retient et retourne
en lui toutes les données de l'onirisme. À l'examen de
chacune de ses figures devrait pouvoir correspondre aussi
l'analyse d'une figure du paysage, car la forme du contenu
sensible (spatial ou temporel) est en évident parallélisme
avec la forme de l'expression verbale. Au paysage de la
rhétorique pourrait correspondre alors une rhétorique du
paysage[11].» Concrètement, il semble que la thématique de

---

8. *La Distance intérieure*, p. 224 et p. 225.
9. *Ibid.*, p. 230.
10. *Ibid.*, p. 230.
11. Jean-Pierre Richard, *Études sur le romantisme*, p. 192.

l'ombre soit surtout affaire d'expérience vitale, première, et que la thématique de la lumière soit affaire de rhétorique et d'écriture. M. Richard refuse ainsi le «dualisme» hugolien du diurne et du nocturne, organise toute son interprétation autour d'un monisme du chaos; mais on peut se demander si ce n'est pas là une façon d'instaurer une nouvelle forme de dualisme, dont les termes seraient: expérience et rhétorique. Quoi qu'il en soit, la convergence des études de MM. Poulet et Richard est un signe de leur validité: l'œuvre considérée comme expression de l'auteur apparaît fatalement — du moins dans le cas de Hugo — comme le lieu scriptural où une angoisse fondamentale, devant une création d'abord vécue et perçue comme anomie pure, est peu à peu surmontée et dépassée. Hugo n'écrit-il pas lui-même: «Point de départ: la matière, point d'arrivée: l'âme. L'hydre au commencement, l'ange à la fin[12].» Point de départ de l'écriture: l'angoisse devant l'informe et la prolifération hystérique de la pensée, du monde. Point d'arrivée: la rhétorique somptueuse d'un chaos nommé, «frayé, labouré, traversé[13]».

Notre point de vue sera différent en ce que nous nous situerons d'emblée sur le terrain de l'œuvre — et sur le terrain d'une œuvre bien précise: *les Misérables*. Nous ne nous attacherons pas à définir le sens de «l'acte d'écrire» hugolien, mais à décrire le réseau des solidarités du texte considéré en tant que produit achevé, tel qu'il s'offre à la lecture. À ce niveau, il n'existe aucune différence de nature ou de qualité entre les pôles diurne et nocturne du roman: les deux sont dans un même rapport de nécessité. On peut certes juger notre point de vue plus superficiel que tel autre qui embrasse la relation verticale de l'auteur à son œuvre mais il nous a paru légitime de nous en tenir à lui. La logique intratextuelle a ses lois particulières qui finalisent, en quelque sorte, le travail de l'écrivain.

12. *Les Misérables*, Paris, Gallimard, «Bibliothèque de la Pléiade», 1951, p. 1267. Toutes nos citations renvoient à cette édition.
13. Jean-Pierre Richard, *Études sur le romantisme*, p. 199.

L'objet de notre étude est cet objet littéraire même au profit duquel l'auteur s'est, en quelque sorte, raturé.

Au demeurant nous ne nous priverons pas de transgresser à l'occasion cette position de principe... La pratique a ses raisons que la théorie ne comprend pas.

Je tiens à exprimer ma vive gratitude à l'endroit de Mme Monique Bosco et de MM. Jacques Allard et Bernard Dupriez qui m'ont soutenu de leurs conseils et de leurs encouragements tout au long de ma recherche. Je remercie aussi, et tout particulièrement, M. Jean-Pierre Richard, qui a dirigé mes travaux avec une patience et un dévouement parfaits. Sans son concours, je n'aurais pu mener à bonne fin cette étude.

A.B.

I

La médiation thématique

Avant d'entreprendre l'analyse immanente des *Misérables*, qui constituera l'essentiel de notre travail, il convient d'esquisser à grands traits le « paysage diachronique » ou, si l'on veut, la série particulière où le roman s'inscrit. C'est la littérature française du XIXᵉ siècle : nous limiterons notre évocation à la période comprise entre Chateaubriand d'une part, et Baudelaire et Flaubert d'autre part. Plus immédiatement, il y a la série des œuvres hugoliennes elles-mêmes.

Ce que nous essaierons d'indiquer, c'est l'existence d'une continuité et d'une évolution thématiques (idéologiques et imaginaires) tout au long de la série.

Certes, la conception d'une histoire textuelle linéaire a ses dangers, et en tout cas ses limites. Marquons bien que nous nous situons au strict niveau de la thématique, et qu'une histoire des textes pourrait être envisagée à d'autres niveaux — ceux, par exemple, des genres littéraires, des techniques de narration ou d'autres aspects formels. Ainsi, dans la série littéraire du XIXᵉ siècle, on pourrait distinguer quelques séries particulières — celles du roman noir ou du roman d'aventures, par exemple, à l'intérieur desquelles s'inscrivent partiellement *les Misérables ;* on pourrait, sur cette base, situer Hugo par rapport à Alexandre Dumas ou à Eugène Sue, etc. Mais il nous semble plus intéressant de tenter une mise en perspective du « logos » hugolien avec ceux d'un Chateaubriand, d'un Stendhal, d'un Lamartine, d'un Vigny, d'un Balzac, d'un Barbey d'Aurevilly,

d'un Baudelaire et d'un Flaubert, considérés comme les jalons
d'une aventure de la conscience écrivante en leur siècle.

　　　　Bien entendu une telle entreprise, pour
être menée vraiment à bonne fin, nécessiterait l'exploration
systématique de chacun des univers textuels mentionnés. Il
ne saurait être question de la tenter dans le cadre de cet
ouvrage qui n'est, en somme, qu'une monographie sur un
seul des textes particuliers de la série. Cependant il n'est
pas interdit, à partir d'analyses forcément partielles, de
poser certaines hypothèses de travail que des études
ultérieures pourront approfondir, confirmer ou infirmer, et
de montrer ainsi le vrai sens de nos recherches sur Hugo en
les situant dans le cadre d'une recherche plus vaste portant
sur la littérature française du dix-neuvième siècle.

　　　　Le projet d'une histoire immanente des
textes repose sur la possibilité de leur mise en comparaison.
La question théorique sous-jacente ici est la suivante : peut-
on circonscrire un lieu central («essentiel») de l'œuvre, qui
en résume la dimension idéologique et imaginaire ; qui consiste en un nombre limité d'éléments signifiants, et dont on
puisse, en quelque sorte, mesurer la différence avec celui
d'une autre œuvre ?

　　　　En somme le texte «classique»,
«lisible», à travers sa «pluralité modérée[1]», comporte-t-il
un centre de gravité signifiant, impossible peut-être à
«nommer» mais susceptible quand même d'être désigné ?

　　　　Nous pensons qu'un tel centre est
repérable au niveau thématique. Sans doute, répétons-le, la
thématique n'est-elle pas le tout de l'œuvre, et dans l'œuvre,
le sens est-il toujours déçu, selon le mot de Roland
Barthes[2] ; mais dans la mesure où l'œuvre est *aussi* affaire

---

1.　Roland Barthes propose une judicieuse distinction entre le texte *scrip-*
　　tible, «qui peut être aujourd'hui écrit (ré-écrit)» et le texte *lisible*
　　(S/Z, Paris, Seuil, «Tel quel», 1970, p. 10). Le texte lisible, ou texte
　　classique, est modérément pluriel, c'est-à-dire «simplement
　　polysémique» (p. 13).
2.　*Essais critiques*, Paris, Seuil, «Tel quel», 1964, p. 265 et suiv.

de sens, on doit pouvoir opérer cette réduction à l'essentiel sans quitter nécessairement le terrain de la pertinence.

Un texte nous en est garant. Dans un chapitre de *l'Écriture et la différence* intitulé «La structure, le signe et le jeu dans le discours des sciences humaines», Jacques Derrida fait une analyse remarquable du concept de structure et de sa mutation récente; et il nous invite à lire, dans l'histoire de ce concept, l'histoire de la métaphysique et, plus encore, celle de l'Occident: pourquoi n'y verrions-nous pas l'histoire de la littérature elle-même[3]?

Cette histoire est la suivante. Jusqu'à une date récente, «la structure, ou plutôt la structuralité de la structure, bien qu'elle ait toujours été à l'œuvre...» (de là, dirions-nous, la pluralité du texte classique) «... s'est toujours trouvée neutralisée, réduite» (cette pluralité est une pluralité modérée): «par un geste qui consistait à lui donner un centre, à le rapporter à un point de présence, à une origine fixe». Et, poursuit Derrida, «... toute l'histoire du concept de structure, avant la rupture dont nous parlons, doit être pensée comme une série de substitutions de centre à centre, un enchaînement de déterminations du centre. Le centre reçoit, successivement et de manière réglée, des formes ou des noms différents. L'histoire de la métaphysique, comme l'histoire de l'Occident, serait l'histoire de ces métaphores et de ces métonymies. La forme matricielle en serait... la détermination de l'être comme *présence* à tous les sens de ce mot. On pourrait montrer que tous les noms du fondement, du principe ou du centre ont toujours désigné l'invariant d'une présence (*eidos, archè, telos, energeia, ousia* [essence, existence, substance, sujet] *aletheia*, transcendantalité, conscience, Dieu, homme, etc.).» Texte capital qui nous invite à voir aussi dans la série littéraire la succession réglée (l'évolution) de déterminations du centre.

Ainsi, chaque écrivain romantique conçoit à sa façon la présence centrale et invariable autour de laquelle s'organise sa vision du monde et son univers ima-

3. Paris, Seuil, «Tel quel», 1967, p. 410-411.

ginaire — bref, sa thématique personnelle. Cette présence
est l'axe stable qui permet au héros ou au poète d'échapper
aux puissances destructrices qui l'assaillent (et dont la nature est différente selon chaque auteur), en instaurant une
relation gratifiante, médiatrice et salvatrice entre la terre et
le ciel. On peut voir d'ailleurs, dans cet *axis mundi,* un vestige de la spiritualité primitive, qui mettait en communication
les trois niveaux cosmiques, Terre, Ciel et Enfers: cette
communication, écrit M. Éliade, «est parfois exprimée par
l'image d'une colonne universelle, *Axis mundi,* qui relie et à
la fois soutient le Ciel et la Terre, et dont la base se trouve
enfoncée dans le monde d'en bas (ce qu'on appelle
«Enfers»). Une telle colonne cosmique ne peut se situer
qu'au centre même de l'Univers, car la totalité du monde
habitable s'étend autour d'elle. Nous avons donc affaire à
un enchaînement de conceptions religieuses et d'images
cosmologiques qui sont solidaires et s'articulent dans un
«système» qu'on peut appeler le «système du Monde» des
sociétés traditionnelles...[4]». L'enchaînement des «conceptions religieuses» et des «images cosmologiques» de la
mythologie primitive correspond tout à fait à celui des conceptions idéologiques et des représentations imaginaires dans la
thématique des écrivains occidentaux modernes — une même
«pensée sauvage» est à l'œuvre ici et là — et ce n'est pas un
hasard si M. André Vachon, dans son ouvrage sur Claudel,
traite à quelques reprises de la «recherche du Centre et de
l'Axe[5]». On trouvera des exemples d'une telle recherche (et la
recherche du Centre est une recherche *centrale*, sans jeu de
mots) chez des écrivains qui n'ont rien de spécifiquement
religieux. Quel que soit le nom qu'on lui donne, la présence
invariante et instauratrice de l'Être est une donnée incontesta-
ble du Logos occidental — du moins «jusqu'à une date
récente»...

Reportons-nous d'abord aux origines
mêmes de la sensibilité romantique; à la découverte de

4. *La Sacré et le profane,* Paris, Gallimard, «Idées», 1965, p. 34.
5. *Le Temps et l'espace dans l'œuvre de Paul Claudel,* Paris, Seuil,
«Pierres vives», 1965, en particulier p. 98-101, 188-190 et 356 et suiv.

l'opacité d'un monde qui n'est plus traversé d'entrée de jeu, comme à l'époque classique, par des intentions humaines; qui a perdu ce que Sartre appelle son «ustensilité». Le moi se replie en lui-même et, du coup, un divorce s'établit entre la pensée et l'action, l'univers intérieur et la réalité, le savoir et l'expérience. Dans le chapitre célèbre du *Génie du christianisme* intitulé «Du vague des passions», Chateaubriand a fait une analyse remarquable de cet état d'âme par lequel on «habite, avec un cœur plein, un monde vide»; et, ajoute-t-il, «sans avoir usé de rien, on est désabusé de tout[6]». La religion chrétienne, qui «nous offre sans cesse le double tableau des chagrins de la terre et des joies célestes, et par ce moyen... a fait dans le cœur une source de maux présents et d'espérances lointaines», est la cause principale de ce «*vague* des sentiments répandu chez les hommes modernes[7]». Mais c'est aussi la religion qui peut arracher l'homme à sa marche angoissée et tâtonnante, et lui rendre la paix intérieure. Certes, pour que son action soit efficace, il faut trouver les justes médiations entre le divin et l'humain. À la fin de *René*, Chactas évoque le père Aubry qui «tirait du fond de son cœur» (le cœur est avant tout le lieu des passions, des «orages» et de la «nuit») «je ne sais quelle paix qui, en les calmant, ne semblait cependant point étrangère aux tempêtes; c'était la lune dans une nuit orageuse; les nuages errants ne peuvent l'emporter dans leur course; pure et inaltérable, elle s'avance tranquille au-dessus d'eux[8]». À l'errance des nuages (impurs, inconsistants, violentés et violents) s'oppose la marche tranquille, orientée de l'astre maître de lui-même et maître du monde. Entre le fond du cœur, centre nocturne de la terre, et la lune, centre mobile-immobile du ciel, s'établit l'axe salvateur autour duquel s'ordonne la fuite des nuages. Ou plutôt la lune est elle-même tout l'axe car elle est la forme inversée et pleine, positive du cœur (cet abîme), et l'homme s'abolit dans son identification à l'idéal. L'autorité divine, chez Chateaubriand, a une présence plus marquée, est

6. Extrait du *Génie du christianisme*, IIe partie, liv. III, chap. IX, cité dans *Atala* et *René*, Paris, Garnier-Flammarion, 1964, p. 62.
7. Extrait du *Génie du christianisme*, p. 63.
8. *Atala* et *René*, p. 174.

plus impérieuse que chez les romantiques qui vont lui succéder : le pôle supérieur absorbe en lui le pôle inférieur. C'est pourquoi le père Souël a raison, en quelque sorte, du vieux chasseur aveugle, symbole de la vie tourmentée de l'homme livré à ses passions. Le missionnaire « corrige et le vieillard et l'enfant[9] », selon l'expression de Chactas, mais il le fait au terme du récit et son apparente sévérité est celle d'un homme qui a tout écouté.

De la même façon les *Mémoires d'outre-tombe* nous mènent du récit d'une enfance mélancolique et exaltée que domine la présence fantasmatique de la sylphide, à ce chapitre de la fin qui s'intitule « L'idée chrétienne est l'avenir du monde[10] ». Les deux pôles de la thématique et de la « syntagmatique » de Chateaubriand sont la passion et la religion ; l'aventure politique et le voyage sont des figures médianes qui se définissent par rapport à l'une et à l'autre. La passion conduit au voyage, la politique conduit à la religion. Passion et voyage sont affaires de jeunesse, politique et religion sont affaires de maturité et de vieillesse. Les « nuages errants » de la sensibilité finissent par s'effacer devant la lune « pure, inaltérable », selon une logique qui régit d'entrée de jeu la progression du texte. La sylphide, présence permanente et variable de l'adolescence («je m'entretenais avec elle, comme avec un être réel ; elle variait au gré de ma folie[11] ») est l'envers chimérique du christianisme qui, « stable dans ses dogmes, est mobile dans ses lumières[12] » — et dont la mobilité n'est point étrangère aux variations de la « folie » humaine.

Cette trop brève analyse nous renseigne à la fois sur l'idéologie et l'imagination de l'espace propres à l'auteur et pourrait servir de point de départ à une lecture plus complète et plus approfondie. Elle nous permettra, en tout cas, d'esquisser une comparaison entre Chateaubriand et Stendhal, son cadet de quinze ans.

9. *Atala* et *René*, p. 175.
10. Paris, Gallimard, « Le livre de poche », 1964, t. III, p. 672 et suiv.
11. *Ibid.*, t. I, p. 108.
12. *Ibid.*, t. III, p. 674.

L'image par excellence de la médiation stendhalienne est bien connue. C'est celle du rameau de Salzbourg. «Aux mines de sel de Hallein, près de Salzbourg, les mineurs jettent dans les profondeurs abandonnées de la mine un rameau d'arbre effeuillé par l'hiver...[13]» Avant d'observer les transformations de la petite branche, notons bien qu'il s'agit d'un objet mutilé, préalablement soumis aux violences, internes et externes, de la saison froide. La sève s'est retirée de lui et les vents l'ont assailli. Le contact entre le rameau et les puissances destructrices est beaucoup plus intime et direct que celui, purement «apparent», de la lune et des nuages. Les nuages ne pouvaient entraîner dans leur course la lune qui se situe dans une région inaccessible de l'espace. Entre la passion et la religion ne sauraient s'établir que des rapports d'homologie: aucune fusion directe n'est possible. De là le caractère éminemment dualiste de la thématique de Chateaubriand.

Le rameau stendhalien, détaché de l'arbre (en qui on peut voir une première forme, incomplète, de l'*axis mundi*), soumis à l'errance, deviendra lui-même le support, l'«axe» d'un nouvel objet qui sera doté d'une valeur de médiation exemplaire entre la terre et le ciel. Plongé dans «les profondeurs abandonnées de la mine», le rameau se métamorphose: «deux ou trois mois après, par l'effet des eaux chargées de parties salines, qui humectent ce rameau et ensuite le laissent à sec en se retirant, [les mineurs] le trouvent tout couvert de cristallisations brillantes. Les plus petites branches, celles qui ne sont pas plus grosses que la patte d'une mésange, sont incrustées d'une infinité de petits cristaux mobiles et éblouissants. On ne peut plus reconnaître le rameau primitif; c'est un petit jouet d'enfant très joli à voir[14].»

On sait que le rameau ainsi transformé est le symbole même de la femme aimée, pour laquelle le héros stendhalien a «cristallisé». Ainsi le jeune officier de

13. *De l'amour*, Paris, Garnier, «Selecta», 1959, p. 341.
14. *De l'amour*, p. 341.

chevau-légers se met-il à vanter la main de Mme Gherardi, «qu'elle avait eue frappée, d'une manière fort étrange, par la petite vérole, étant enfant, et qui en était restée très marquée et assez brune[15]». Il est permis de supposer que les marques de la petite vérole, qui équivalent au flétrissement du rameau, ne sont pas étrangères à la cristallisation.

Or Julien Sorel, dans un monologue qu'il fait en prison, compare le devoir au «tronc d'un arbre solide» auquel il s'appuyait pendant l'orage: «je vacillais, j'étais agité. Après tout, je n'étais qu'un homme... mais je n'étais pas emporté[16]». Le tronc-devoir, l'arbre sans feuillage, est bien une figure de l'axe et il est, très clairement, un dérivé du rameau «effeuillé» (avant sa plongée dans l'eau salée). Toute l'aventure amoureuse et vitale de Julien Sorel est un passage du devoir à la passion, celle-ci étant la transformation même de celui-là par la «cristallisation». À la thématique du devoir, on peut rattacher plusieurs représentations essentielles de l'ordre social et familial: le père Sorel est un scieur de bois, un mutilateur; M. de Rênal aussi, qui fait «tondre jusqu'au vif» les platanes du «Cours de la fidélité»; et la société finalement décapitera Julien Sorel, séparera du tronc sa tête qui jamais «n'avait été aussi poétique qu'au moment où elle allait tomber[17]». Mais la mutilation dernière est aussi la victoire suprême: l'amour de Julien, dans la mort et par la mort, subit sa cristallisation définitive. D'un côté sa «tête poétique» ira à la romantique Mathilde et deviendra, entre ses mains, quelque chose d'assez apparenté au «petit jouet d'enfant très joli à voir» — et de l'autre, l'âme de Julien s'installe dans l'éternité de son amour pour cette véritable *mère* qu'est Mme de Rênal. La cristallisation rend l'être au bonheur d'une immarcescible Enfance.

L'axe salvateur stendhalien, au contraire de celui de Chateaubriand, est issu de l'immanence même. Il est le produit idéal, «infini», d'un devoir et d'une

---

15. *De l'amour*, p. 343.
16. *Romans et nouvelles*, Paris, Gallimard, «Biliothèque de la Pléiade», 1952, t. I, p. 691.
17. *Ibid.*, p. 697.

tendresse. Il remplace le feuillage d'une existence desséchée par le feuillage d'une neige cristalline et inaltérable, brillant de mille feux. Les démarches des deux écrivains sont inverses : René va de la passion au devoir (sagesse), Julien va du devoir à la passion (folie). Le devoir de René, ou mieux encore de Rancé — ce René ranci... — est religieux et impersonnel, celui de Julien est l'expression égoïste d'une ambition effrénée de réussite sociale. Chez Chateaubriand, *la* passion précède *les* passions et se donne un chimérique objet, la sylphide. Chez Stendhal, *les* passions précèdent en quelque sorte et nourrissent *la* passion et Julien n'accède au bonheur suprême, lié à la figure de Mme de Rênal, qu'après avoir quitté celle-ci pour Mathilde, qu'après avoir ensuite tenté de la tuer.

Certes un tel rapprochement, qui fait surgir des points de ressemblance et de symétrie entre deux écrivains en apparence si différents l'un de l'autre, demanderait à être poursuivi et approfondi ; mais nous voulons seulement indiquer une direction possible de la recherche. La compréhension des œuvres s'accroît de l'examen de leur position dans la chaîne textuelle d'une époque. Dans la perspective certes idéaliste et vaguement hégélienne (du moins en sommes-nous conscient) qui est la nôtre, chaque chef-d'œuvre est le mot fini-infini par lequel s'écrit la conscience d'un peuple en quête de son humanité. Certes, la progression n'est pas rectiligne mais dialectique : quel contraste plus grand que celui de *René* et du *Rouge et le Noir* ?

Mais poursuivons notre enquête, malgré les risques que nous fait courir sa rapidité. Tout ne peut être également convaincant dans une semblable esquisse ; nous serons heureux si nous parvenons à démontrer la possibilité d'une mise en perspective des diverses thématiques et à dégager une certaine orientation.

Entre la terre et le ciel lamartiniens, aucun axe central, médiateur, ne semble pouvoir exister. Car le monde est privé de point fixe. Du moins, l'existence d'un point d'ancrage fait l'objet d'une interrogation angoissée :

> *Ainsi, toujours poussés vers de nouveaux rivages,*
> *Dans la nuit éternelle emportés sans retour,*
> *Ne pourrons-nous jamais sur l'océan des âges*
> *Jeter l'ancre un seul jour* [18] *?*

Tout fuit, tout s'écoule, tout s'en va à la dérive, et la pierre ou le rocher d'où le poète étend son regard sur le monde n'est jamais qu'un point de départ de la rêverie, battu par les flots du temps. L'amour ne trouve lui-même à se loger que dans « l'heure fugitive ». L'amoureuse de Lamartine est souvent une femme malade, déjà à demi estompée dans les brumes de la mort. Seul le génie apparemment peut vaincre le temps, comme l'indiquent ces vers où le poète fait l'éloge de M. de Bonald :

> *Et seul contre le flot rapide,*
> *Tu marches d'un pas intrépide*
> *Au but que la gloire a montré!*
> *Tel un torrent, fils de l'orage,*
> *En roulant du sommet des monts,*
> *S'il rencontre sur son passage*
> *Un chêne, l'orgueil des vallons;*
> *Il s'irrite, il écume, il gronde,*
> *Il presse des plis de son onde*
> *L'arbre vainement menacé;*
> *Mais debout parmi les ruines,*
> *Le chêne aux profondes racines*
> *Demeure; et le fleuve a passé* [19] *!*

Tout, dans ces vers, nous invite à la suspicion: l'abondance des clichés, le facile triomphe de l'arbre. Comme le tronc-devoir de Stendhal, le chêne-génie est un centre fixe et stable du monde. Mais soyons attentif à la formulation, qui tend à faire du génie, en même temps que le chêne, son contraire même. En effet, dans la phrase qui développe la comparaison, c'est d'abord, et longuement, le torrent qui est le sujet, alors que le sujet de la strophe

18. *Méditations poétiques*, in *Œuvres poétiques complètes*, Paris, Gallimard, «Bibliothèque de la Pléiade», 1963, p. 38.
19. *Ibid.*, p. 55-56.

précédente était le génie. Et effectivement le grand paradoxe
de la médiation lamartinienne consiste en ceci que l'œuvre
de génie est celle qui dit, qui *est* l'univers de la perdition
même. Dans son poème, plus complexe, intitulé *l'Homme*,
Lamartine dit à Byron:

> *Ah! si jamais ton luth, amolli par tes pleurs.*
> *Soupirait sous tes doigts l'hymne de tes douleurs,*
> *Ou si, du sein profond des ombres éternelles,*
> *Comme un ange tombé, tu secouais tes ailes,*
> *Et prenant vers le jour un lumineux essor,*
> *Parmi les chœurs sacrés tu t'asseyais encor;*
> *Jamais, jamais l'écho de la céleste voûte,*
> *Jamais ces harpes d'or que Dieu lui-même écoute,*
> *Jamais des séraphins les chœurs mélodieux,*
> *De plus divins accords n'auraient ravi les cieux*[20]!

    Ainsi le chant du poète peut-il être
l'instrument d'une rédemption: mais le luth doit d'abord
être amolli par les pleurs, il n'a plus la solidité à toute
épreuve du chêne, ni son orgueil, il participe de la fluidité
des choses de la terre. Et rien ne peut ravir autant les cieux
que la voix de la terre même: car la terre qui se chante, par
la voix de l'ange tombé, est divine. La nature entière, le lac,
les rochers, les grottes, les forêts obscures qui *disent:* «Ils
ont aimé[21]!» sont la médiation même entre le temps et
l'éternité, la terre et le ciel. Eux que dépeuple et anéantit la
mort de la bien-aimée, ils deviennent, par la vertu du
souvenir qui les chante (qui chante en eux), le signe même
de la présence infinie. Ainsi l'axe médiateur ne s'élève-t-il
pas à partir d'un endroit ponctuel et privilégié du monde
mais de l'étendue tout entière, de l'espace-nature qu'il dilue,
en quelque sorte, dans l'infini. L'univers visible devient à
lui-même sa médiation (en devenant sa propre «méditation»),
et l'axe passe par un centre qui est partout, la circonférence
n'étant nulle part.

20. *Méditations poétiques*, p. 11.
21. *Ibid.*, p. 39-40.

On est à la fois loin et près, ici, de
Chateaubriand. Pour l'auteur de *René*, l'abîme est localisé
en un endroit précis: il se creuse au centre de la terre et,
plus précisément, au centre du lieu élevé qui pourrait figurer
la base visible et terrestre de l'axe. Pensons à René au sommet de l'Etna: «Un jeune homme plein de passions, assis
sur la bouche d'un volcan, et pleurant sur les mortels dont à
peine il voyait à ses pieds les demeures, n'est sans doute, ô
vieillard, qu'un objet digne de votre pitié; mais, quoi que
vous puissiez penser de René, ce tableau vous offre l'image
de son caractère et de son existence: c'est ainsi que toute
ma vie j'ai eu devant les yeux une création immense et im-
perceptible, et un abîme ouvert à mes côtés[22].» L'abîme est
le cœur, les passions; la création est «la visibilité de
Dieu[23]». Refermons le volcan, supprimons l'abîme et nous
avons ce point élevé d'où l'on peut étendre au loin le regard
et se convaincre «que tous ces maux dont vous vous
plaignez sont de purs néants[24]». L'univers visible n'est donc
pas un lieu de dérive, comme chez Lamartine. Là où l'on se
perd, c'est au centre. Chez Lamartine, tout est facteur de
perdition, puis de salut. Tout est le torrent, puis le chêne.

La thématique de Vigny serait à peu
près la suivante. L'homme est en dérive (comme chez
Lamartine) mais il dérive vers le centre, où il sombre.

C'est donc que le centre est un lieu de
perdition, comme l'abîme de Chateaubriand. Mais René-Rancé
ne sombrait pas définitivement: la religion le sauvait. Le
capitaine de *la Bouteille à la mer* se noie, il est complètement
englouti par sa «passion». Or cette passion n'est rien d'autre
que son devoir; et au moment où il sort de la vie, il ne fait
qu'entrer dans une vie supérieure, plus vraie que l'autre, la vie
de l'esprit. Il confie aux flots (qui le tuent) une bouteille contenant le résultat de ses explorations.

22. *Atala* et *René*, p. 154-155.
23. *Mémoires d'outre-tombe*, Paris, Gallimard, «Le livre de poche», t. III,
    p. 673.
24. *Atala* et *René*, p. 175.

...la carte des flots faite dans la tempête,
La carte de l'écueil qui va briser sa tête :
Aux voyageurs futurs sublime testament[25].

La fatalité même qui le perd devient l'instrument de son salut. La bouteille, emportée par les courants, va refaire en sens inverse le chemin parcouru par le «grave marin», elle «Portera sa pensée et son nom jusqu'au port», lui assurant la gloire et le «souvenir éternel» des hommes. La strophe suivante est une excellente illustration de ce que nous avons avancé :

Le Capitaine encor jette un regard au pôle
Dont il vient d'explorer les détroits inconnus :
L'eau monte à ses genoux et frappe son épaule ;
Il peut lever au ciel l'un de ses deux bras nus,
Son navire est coulé, sa vie est révolue :
Il lance la Bouteille à la mer, et salue
Les jours de l'avenir qui pour lui sont venus[26].

Le pôle où vient se briser le navire est bien le centre symbolique de la Terre. Et le marin, qui lève «au ciel l'un de ses deux bras nus» est, au moment de la mort, l'incarnation même de l'axe instaurateur de la médiation entre la Terre et le Ciel. Mais il en est l'incarnation momentanée : ce qui perpétuera son geste, c'est la Bouteille, objet infiniment fragile mais dont la fragilité, comme celle du roseau de La Fontaine, devient un facteur de survie. Le marin était un centre périssable du monde ; la bouteille, ce «contre-monde», cet espace dans l'espace, devient l'enveloppe idéale de l'impérissable Écrit.

De la même façon le Loup «voyageur», traqué par les chasseurs, est peu à peu cerné ; il se fixe («les deux jambes dressées Par leurs ongles crochus dans le sable enfoncées») au centre de la bruyère, et les «couteaux aigus» des chasseurs le clouent au «gazon tout baigné de son sang; Nos fusils l'entouraient en sinistre croissant[27]». Or le «croissant»

25. *Poésies complètes*, Paris, Garnier, 1962, p. 183.
26. *Ibid.*, p. 185.
27. *Ibid.*, p. 170.

des fusils, expression même de la fatalité, est le simulacre terrestre et ténébreux de la « lune enflammée », centre du ciel,
qu'évoquait le premier vers du poème. Cloué à la terre par cela
qui le tue, le loup devient le Loup, cesse d'appartenir à l'espace
horizontal de la nature, devient le point instaurateur de l'Axe
qui unit le ciel à la terre, le « sinistre croissant » à la lune, la
Matière à l'Idée souveraine : il devient Symbole.

Il est facile de rapprocher la bouteille à
la mer de la perle qui est, M. Poulet l'a montré, une des
images favorites de Vigny[28]. La perle, autour d'un centre
dur et, de prime abord, impur et contingent (le grain de
sable), développe sa petite sphère de nacre translucide,
chatoyante, qui retient en elle toutes les couleurs du monde.
Ainsi la bouteille, au cours de sa longue dérive, se couvre-
t-elle du manteau vert que lui font « l'algue et les goémons »,
après avoir été retenue dans « l'épais manteau blanc » des
glaces. Mais on se souviendra aussi du rameau de Stendhal,
transformé par la cristallisation. Le rameau cependant con-
servait sa structure réticulaire ; la perle est une sphère parfaite dont la surface renvoie, en même temps qu'au monde
qu'elle reflète, à l'intimité d'un centre. Tel est le Symbole,
qui a le caractère ponctuel et central de l'Idée tout en renvoyant à l'infinie diversité des représentations sensibles.
Le rameau couvert de cristaux était soumis à une dynamique
de l'expansion : c'était le devoir nié et changé en passion
rayonnante. La dynamique de la perle est centripète. C'est
la nature illuminant un Devoir. (Chez Chateaubriand, les
passions cherchaient à obscurcir le Devoir lumineux [lune].)

Sans doute y a-t-il lieu, à ce point de
notre analyse, d'établir une distinction entre deux concepts
que nous avons étudiés simultanément et qui ne sont pas
exactement synonymes : ceux d'axe et de médiation. L'axe,
on le sait, s'élève au centre du monde ; et la médiation est
par définition, elle aussi, quelque chose de central. Mais
l'axe n'est pas nécessairement, d'entrée de jeu, médiateur —

28. *Les Métamorphoses du cercle*, Paris, Plon, « Cheminements », 1961,
    p. 235-236.

même s'il l'est toujours virtuellement. Ainsi, le tronc-devoir de Stendhal, que nous avons rapproché du rameau effeuillé avant son immersion dans l'eau salée des mines, est un axe mais n'est pas encore la médiation. D'autre part, le rameau couvert de cristallisations est un objet médiateur (forgé au centre de la terre, où l'on accède en se mettant à cheval «sur d'immenses troncs de sapin, placés en pente à la suite les uns des autres» et que leur office de cheval «qu'ils font depuis un siècle ou deux... a rendus complètement lisses»: image évidente de l'*Axis mundi,* et proche parente du tronc-devoir): mais, sauf à l'origine, il n'occupe pas de position privilégiée dans l'étendue géographique.

De la même façon, la bouteille à la mer ou la perle de Vigny sont des *centres,* des objets en quelque sorte introvertis et médiateurs; mais ils ne sont pas expressément l'axe, bien qu'ils en contiennent médiatement la signification. La Bouteille contient métaphoriquement le geste du capitaine levant son bras nu vers le ciel, et en outre, une relation métonymique unit les deux images puisque le capitaine, en ce moment où il incarne l'axe de la terre, lance précisément la bouteille à la mer.

En somme, à partir de l'objet médiateur et à la condition qu'il ne s'agisse pas d'une médiation partielle, on peut aisément repérer l'axe, qui appartient à l'imagerie cosmologique de l'œuvre; mais la démarche inverse présente parfois des difficultés. Du tronc-devoir stendhalien, on ne peut pas immédiatement induire le rameau de Salzbourg. Du chêne lamartinien, on ne peut pas immédiatement induire la totalité de l'univers visible qui est, à elle-même, sa médiation.

Ces remarques permettent d'entrevoir la complexité d'une recherche portant sur la thématique des œuvres littéraires. L'organisation des représentations idéologiques et imaginaires de l'œuvre suppose nécessairement, à notre avis, un centre — que ce centre soit «plein» ou «vide» — mais il faut une connaissance approfondie des textes avant de pouvoir déterminer avec précision les concepts-images fondamentaux et la façon dont ils s'articulent les uns aux autres. Notons d'ailleurs que la médiation ou l'axe, chez un même auteur, peuvent revêtir plusieurs formes différentes. Il en est, cependant, qui semblent nous introduire plus immédiatement que d'autres à la totalité signifiante du texte.

Une des formes privilégiées de l'axe, chez Balzac, est cette colonne immatérielle, cette profuse coulée que forme, entre ciel et terre, la lumière du soleil, vaste flux d'« essence nourrissante[29] ». En elle se conjuguent la ligne droite, qui est la « loi » des « mondes spirituels », et la ligne courbe, loi des « mondes matériels[30] ». La lumière solaire est l'énergie fondamentale qui nourrit l'unique animal de la création (« Il n'y a qu'un animal. [...] L'animal est un principe qui prend sa forme extérieure, ou, pour parler plus exactement, les différences de sa forme, dans les milieux où il est appelé à se développer[31] »), et qui, diversement reçue et « fixée » par chacun, va donner naissance à l'infinie variété des types humains ou biologiques. La création est comparable à cette saxifrage que Séraphîta donne à Minna au sommet du Falberg[32] : c'est une « fleur unique », qu'on peut tenir dans une main et embrasser d'un seul regard ; et pourtant cette « plante hybride » est une « touffe ». Elle est *une* comme Dieu, double comme Séraphîtüs-Séraphîta, multiple comme la société. Elle contient la terre (« ... la touffe d'un vert transparent et brillant comme celui de l'émeraude, formée par de petites feuilles roulées en cornet, d'un brun clair au fond, mais qui, de teinte en teinte, devenaient vertes à leurs pointes partagées en découpures d'une délicatesse infinie ») et le ciel (« Çà et là, sur ce tapis, s'élevaient des étoiles blanches, bordées d'un filet d'or, du sein desquelles sortaient des anthères pourprées, sans pistil »). Matérialisation de l'énergie primordiale, cette touffe-fleur,

29. *Le Lys dans la vallée*, in *la Comédie humaine*, Lausanne, Rencontre, 1959, t. IX, p. 333.
30. *Séraphîta*, in *la Comédie humaine*, t. IX, p. 254.
31. « Avant-propos », in *la Comédie humaine*, Lausanne, Rencontre, 1958, t. I, p. 36.
32. *Séraphîta*, in *la Comédie humaine*, t. IX, p. 161.

cet objet hybride (Corps et Esprit, femme et homme) est l'image de tout être aimé chez Balzac. La Zambinella de *Sarrasine* est à la fois une femme et toutes les femmes: «Sarrasine crayonna sa maîtresse dans toutes les poses: il la fit sans voile, assise, debout, couchée, ou chaste ou amoureuse, en réalisant, grâce au délire de ses crayons, toutes les idées capricieuses qui sollicitent notre imagination quand nous pensons fortement à une maîtresse[33].» Et, on le sait, la Zambinella est homme et femme, étant un castrat: réplique dérisoire de l'angélique Séraphîta. La panthère d'*Une Passion dans le désert* est, elle aussi, un être hybride: sa queue est une «arme puissante, ronde comme un gourdin», mais sa tête présente «une vague ressemblance avec la physionomie d'une femme artificieuse[34]». Lucien de Rubempré, objet de l'amour de Vautrin, est homme et femme. Et Vautrin lit en lui comme les êtres passionnés lisent en ceux qu'ils aiment, comme Sarrasine, à travers les voiles qui le recouvrent, déchiffre le corps de Zambinella — non sans s'abuser d'ailleurs: car seuls les Spécialistes ont le don de Voyance. Seuls ils peuvent percevoir les «plaintives idées» qu'exprime la saxifrage. Minna, elle, ne voit dans le «phénomène inouï» que lui tend Séraphîtüs qu'«un caprice par lequel la nature s'était plu à douer quelques pierreries de la fraîcheur, de la mollesse et du parfum des plantes[35]».

Sarrasine, par une opération qui n'est pas sans rappeler la cristallisation, pare Zambinella de toutes sortes de grâces, d'ailleurs fondées en réalité; mais une sorte de point aveugle l'empêche de percevoir, au centre, dans l'étoile blanche bordée d'un filet d'or, la tare de ces anthères «sans pistil»... La touffe, comme la perle de Vigny, renvoie à l'immensité du monde; elle en est, d'ailleurs, l'expression beaucoup plus détaillée et fragile; mais son centre est vide, bien que l'éblouissante luminosité de l'ensemble masque cette absence. Le centre est vide, car

---

33. *Sarrasine*, in *la Comédie humaine*, Lausanne, Rencontre, 1958, t. III, p. 506.
34. In *la Comédie humaine*, t. III, p. 534.
35. *Séraphita*, in *la Comédie humaine* t. IX, p. 161.

il est la part du feu divin, le point par lequel la créature, plus ou moins positivement, participe de l'énergie créatrice. Ainsi, tous les aspects de la passion humaine — qu'elle s'appelle Avarice, Ambition, Amour paternel, etc. — convergent-ils vers un point d'ombre où la passion se consume en une Passion supérieure, consciente ou non, qui est celle de l'Absolu et à laquelle on n'accède que dans la mort. Chez Vigny, la rencontre du terrestre et du céleste donnait naissance à la perle qui figeait et fixait pour l'éternité la dialectique du Symbole, Idée nacrée par l'Image, Devoir irisé par les passions. Chez Balzac la fleur est éphémère, elle se consume (se fane) et son essence énergétique retourne à la Lumière originelle: « Perle sans tache... » (sans centre?), « ... désir sans chair, lien nouveau de la terre et du ciel, sois lumière[36]!» Passion pure, libérée *des* passions, et qui est à elle-même son propre devoir (chez Vigny, le Devoir était à lui-même sa passion).

Balzac, qui nous décrit un univers composé de deux abîmes, celui d'en bas et celui d'en haut, reliés par un fleuve vertical de lumière, est moins éloigné qu'on pourrait le croire de Victor Hugo. Concevons la même superposition de deux abîmes et relions-les, non plus par un vaste flux lumineux mais par un seul rayon sans épaisseur; ou mieux, par un fil, « un fil invisible, un fil impalpable» mais qu'on ne peut pas rompre et qui a la solidité du granit le plus dur[37]: nous aurons alors l'image de l'Axe hugolien. Axe sans détermination particulière, sans substantialité propre, telle que la Lumière (Balzac); irréductible à aucune représentation sensible qui en serait l'expression dérivée et englobante, telle que la perle ou le rameau de Salzbourg. Axe qui «dit», simplement: Quelqu'un. Ce quelqu'un, c'est Dieu.

Au centre du texte hugolien, une seule affirmation: Dieu existe. Rien de plus, rien de moins. Dieu est le fil invisible, impalpable mais incassable de nos

---

36. *Séraphîta*, p. 294.
37. « Préface philosophique», in *Œuvres romanesques complètes*, Paris, Pauvert, 1962, p. 895 A.

destinées. Autour de cet axe, qui est l'Axe à l'état pur, se déploie en ses modalités sans fin l'univers des rayons et des ombres.

Ce qui fait peut-être la position privilégiée de Hugo dans la littérature française et, sans doute, dans la littérature occidentale, c'est précisément que, chez lui, l'Axe se découvre à l'état pur, libre de toute représentation contingente — «Religion» sans les «religions», «Dieu» sans les idoles. Hugo pose la question du Centre : y a-t-il un Sens de l'univers? Il répond : Oui. Mais l'ombre du Non pèse de tout son poids sur la réponse. Ainsi Hugo est-il à la frontière entre l'Ancien et le Nouveau Testament de la conscience occidentale. Le « Je crois en Dieu» hugolien[38] précède et appelle immédiatement en quelque sorte, dans le Texte de l'époque, le grand cri nietzschéen : Dieu est mort. Hugo, essentiellement, est un homme pour qui Dieu existe, à une époque où Dieu pourrait ne plus exister. «—Dieu est peut-être mort, disait un jour à celui qui écrit ces lignes Gérard de Nerval, confondant le progrès avec Dieu, et prenant l'interruption du mouvement pour la mort de l'Être[39].» Hugo vient immédiatement avant Nerval, qui vient avant Nietzsche.

Dans un fragment de lettre publié par M. Henri Guillemin et daté d'avril 1856, l'exilé décrit sa relation à la nature, à son œuvre et à Dieu dans les termes suivants :

«Je vis dans une solitude splendide, comme perché à la pointe d'un rocher, ayant toutes les vastes écumes des vagues et toutes les grandes nuées du ciel sous ma fenêtre. J'habite dans cet immense rêve de l'océan ; je deviens peu à peu un somnambule de la mer, et, devant ces prodigieux spectacles et toute cette énorme pensée vivante où je m'abîme, je finis par ne plus être qu'une espèce de témoin de Dieu. C'est de cette éternelle contemplation que je m'éveille de temps en temps pour écrire. Il y a toujours sur

---

38. «Je crois en Dieu» est la dernière phrase et la conclusion lapidaire de la «Préface philosophique» (in *ibid.*, p. 895 B).
39. *Les Misérables*, p. 1260.

ma strophe ou sur ma page un peu de l'ombre du nuage et
de la salive de la mer. Ma pensée flotte et va et vient,
comme dénouée par toute cette gigantesque oscillation de
l'infini.
«Ce qui ne flotte pas, ce qui ne vacille pas, c'est l'âme devant l'éternité, c'est la conscience devant la vérité[40].»

Toute la pensée hugolienne se révèle
dans ce mouvement par lequel elle *s'abîme* dans le monde,
qui est lui-même abîme et qui est lui-même une «énorme
pensée vivante»; et par lequel, ultimement, elle se constitue
témoin de Dieu. C'est par un abandon complet de lui-même
à l'oscillation infinie des choses que l'être atteint à ce qui ne
flotte pas, découvre sa relation verticale à l'éternité. Une
telle représentation du moi et du monde rappelle Lamartine,
pour qui l'on devient le chêne en étant d'abord le torrent;
pour qui l'étendue du monde visible est soumise aux lois
d'une dérive perpétuelle. Mais l'abîme hugolien, comme
celui de Balzac, est double: il n'est aucun point fixe dans
«les vastes écumes des vagues» ni dans les «grandes nuées
du ciel», qui sont le plafond et le plancher de l'«immense
rêve de l'océan»; aucun point fixe sinon celui d'où s'élance,
mais pour y revenir, la rêverie du poète. Le *vague* hugolien,
au contraire de celui de Lamartine, est subordonné à un
centre. Et ce point est sans aucune étendue, comme le point
mathématique: le poète est «perché à la *pointe* d'un
rocher», et ce qu'il habite n'est ni la maison, ni la falaise,
mais son seul regard sur l'océan. Le rocher hugolien est toujours ce «*promontorium somnii*», ce promontoire des
songes d'où le poète, grâce au télescope de la rêverie, a-
grandit son regard aux dimensions de l'univers. Et le regard
du poète parcourant les abîmes est la réplique terrestre du
regard divin, vertical, dont le poème intitulé *Éclaircie*
montre bien la fonction médiatrice:

---

40. *Post-scriptum de ma vie*, Neuchâtel, Ides et Calendes, «Le sablier»,
   s. d., p. 42-43.

Le jour plonge au plus noir du gouffre, et va chercher
L'ombre, et la baise au front sous l'eau sombre et hagarde.
Tout est doux, calme, heureux, apaisé; Dieu regarde[41].

L'Axe est un Regard. Il est invisible; plus immatériel que la colonne de lumière de Balzac. Mais ce fil ne se rompt pas. Comme l'œil de *la Conscience*, il poursuit Caïn jusque dans la tombe[42]. Il traque Jean Valjean dans sa chambre fermée à clé, où le pauvre homme subit la «tempête sous un crâne». Toute l'aventure de Valjean, nous le verrons, est celle d'une identification progressive, douloureuse de lui-même à cette conscience qui parle en lui; et par là, d'une réduction de lui-même au seul fil qui ne casse pas.

L'Axe étant immatériel, sans substance; étant une forme paradoxale, parce qu'éminemment positive, du Rien (le Dieu de Hugo s'appelle l'Inconnu), la pensée, pour le manifester, devra s'accorder au Tout de l'univers matériel. De là l'ampleur incomparable de l'univers poétique et romanesque: tout peut et tout doit être le point de départ de l'inspiration; tout communique avec tout, renvoie au Tout qui s'organise autour de l'Invisible.

À cette mise en œuvre romanesque (ou poétique) de la totalité correspondra un des langages tout à la fois les plus déliés et les plus sûrs, les plus vastes et les plus précis de la littérature française. Victor Hugo est le dictionnaire de son époque — et ce dictionnaire a une âme. Cette âme est celle d'un homme, d'un siècle et de l'Homme même:

Mon âme aux mille voix, que le Dieu que j'adore
Mit au centre de tout comme un écho sonore[43]!

---

41. *Les Contemplations*, liv. VI, 10, in *Œuvres poétiques complètes*, Paris, Pauvert, 1961, p. 459 A.
42. *La Légende des siècles*, liv. II, 2, in *Œuvres poétiques complètes*, p. 493 A.
43. *Les Feuilles d'Automne*, I, in *Œuvres poétiques complètes*, p. 137 B.

L'ampleur de l'univers balzacien s'explique aussi par la présence en lui d'un axe à la fois puissant et indéterminé — c'est l'Énergie à l'état pur. Même s'il est plus déterminé que l'axe hugolien, il est malgré tout susceptible d'engendrer un grand nombre d'axes secondaires qui en sont les imparfaites répliques. Les passions qui consument les «deux ou trois mille types» que contient la société d'une époque sont les contrefaçons particulières de la Passion, cette passion de la Lumière qui brûle Séraphîta. Faisons appel à une métaphore plus triviale: de la passion individuelle à la Passion essentielle, la distance est la même qu'entre le cigare de Carlos Herrera (Vautrin) et la torche illuminante du vrai...[44] Mais si Balzac peut se projeter en chacun de ses personnages, c'est qu'un même feu les consume tous.

Les personnages de Hugo ne sont certes pas dénués d'intensité, mais leur nature n'est pas avant tout «énergétique». À la rigueur, tous les êtres sont susceptibles de figurer dans le roman hugolien. Car tous, quels qu'ils soient, sont rattachés à Dieu et, par là, sont susceptibles de symboliser l'Homme. «Faire le poëme de la conscience humaine, ne fût-ce qu'à propos d'un seul homme, ne fût-ce qu'à propos du plus infime des hommes...[45]» Certes Hugo privilégiera des êtres d'exception, en qui il lui est relativement facile de se projeter; mais il les imaginera sur le fond d'une humanité aussi réaliste et anonyme que possible. Ceci, bien entendu, n'exclut pas un traitement «lyrique» des personnages, et le réalisme hugolien se conformera secrètement à la logique d'une Vision; mais cette vision, qui est la manifestation du Regard créateur, n'attente pas au réalisme immédiat de l'ensemble. De sorte qu'on peut voir, dans les Misérables, aussi bien un roman social qu'un poème visionnaire.

---

44. «Lucien prit un cigare et l'alluma, comme cela se fait en Espagne, au cigare du prêtre, en se disant:«Il a raison, j'ai toujours le temps de me tuer» (la Comédie humaine, Lausanne, Rencontre, 1960, t. XVIII, p. 173).
45. Les Misérables, p. 230.

Résumons brièvement ce qui précède et soulignons, de Chateaubriand à Hugo, la dématérialisation progressive de l'Axe, qui finit par n'être plus qu'un fil invisible, qu'un Regard; et en même temps, cet Axe est de plus en plus défini en termes d'immanence. L'Éternel de Chateaubriand, ce Dieu d'amour, finissait par se résorber dans le Très-Haut, Dieu de la Toute-Puissance. Le Dieu de la *Préface philosophique* est l'Immanent[46], et la théologie hugolienne est immédiatement antérieure à l'anthropologie d'un Auguste Comte, qui par un mouvement inverse va ériger l'immanence en divinité *(Catéchisme positiviste)*. Aussi le discours poétique et romanesque deviendra-t-il, très vite, un discours sur l'absence de l'Axe, prélude certain au texte contemporain qui est, nous dit Barthes, un « texte absolument pluriel[47] », une structure dont le centre est lui-même structure, n'offrant à lire que son illisibilité, n'écrivant rien d'autre que sa scriptibilité.

Entre l'affirmation hugolienne de l'Axe et sa négation, sensible déjà chez un Musset *(Rolla)*, il y a place pour la fugitive expression de sa décadence. Barbey d'Aurevilly, réactionnaire et dandy, prend par masochisme le parti de l'Ordre et conçoit un axe qui est, paradoxalement, un poteau de torture. Cette attitude est sensible avant même sa conversion. *La Bague d'Annibal,* espèce de roman poème, contient cette « strophe » révélatrice :

« Mais l'orgueil était la colonne où je m'adossais... le poteau auquel *ils* m'avaient lié, et qui m'empêcha de fléchir. Comme Jésus, dans la flagellation sanglante, je ne tombai pas sous leurs coups ; mais, comme lui, je ne leur renvoyai point des paroles de miséricorde. — Et vous, les saintes Sébastiennes de ce monde, les martyres de votre amour pour moi, je pressai vos seins déchirés sur mon sein déchiré plus précieusement, plus étroitement encore, comme si les

---

46. In *Œuvres romanesques complètes,* p. 879 A. « Les plus forts esprits chancellent sous la pression des hypothèses, et c'est ainsi que les têtes se courbent devant l'immanent. La vague présence du possible crée les religions. »

47. S/Z, p. 12.

flèches qui vous avaient percées avaient pu se détacher et se
retourner sur mon cœur *seul*[48].»

L'orgueil est donc la colonne qui sou-
tient le moi, comme le devoir était, pour le héros stendhalien, le tronc d'arbre auquel il s'appuyait pendant
l'orage. Mais cette colonne est en même temps, contradic-
toirement, le poteau du martyre — un martyre bien profane
en vérité. Ce qui soutient est cela même qui tue.

Chez Vigny, nous trouvions la dé-
marche inverse: c'est dans la mort et par elle qu'on
acquérait la grandeur, et l'axe était synonyme d'une vie plus
réelle que la vie naturelle. Ici l'axe est au service de la
mort. D'ailleurs l'orgueil ne saurait constituer une relation
véritable et positive entre la terre et le ciel. Il est le sentiment «diabolique» par excellence. Barbey marque fort bien
en quoi son attitude n'a rien de chrétien: «comme [Jésus],
je ne leur renvoyai point de paroles de miséricorde». Après
sa conversion, le Sagittaire ne changera aucunement son attitude — bien au contraire! Et les romans et nouvelles de ce
catholique fielleux seront les peintures complaisantes du
Mal. Dans sa préface aux *Diaboliques,* il note justement que
ces histoires, «quand on s'avise de les écrire, il semble toujours que ce soit le Diable qui ait dicté!...» Barbey romancier, c'est «le Diable» et non «Jésus». Et la nature de
l'Axe est infernale, et non divine, ou peut-être est-elle
l'amalgame des deux, car, nous dit encore Barbey, «le Diable est comme Dieu. Le Manichéisme, qui fut la source des
grandes hérésies du Moyen Âge, le Manichéisme n'est pas si
bête. Malebranche disait que Dieu se reconnaissait *à
l'emploi des moyens les plus simples.* Le Diable aussi[49].»
En tout cas, c'est bien le Diable, cet envers exact de Dieu,
qui cautionne l'orgueil dont est fait le fond des personnages
aurevilliens. Les «misérables» de Hugo étaient des êtres à
la recherche de l'Axe; les «diaboliques» sont liés à l'Axe

---

48. In *Œuvres romanesques complètes,* Paris, Gallimard, «Bibliothèque
    de la Pléiade», 1964, t. I, p. 159-160.
49. Paris, Gallimard, «Le livre de poche», 1960, p. 11.

noir, au Contre-Axe qui est le Mal. Quoi de plus morbide que les valeurs défendues par Barbey, et qui font de ses créatures les victimes de leur dérisoire et inutile grandeur? «Comme ce fameux vêtement que porta Jean Bart tout un jour, cette splendide culotte d'argent, doublée de drap d'or, qui eut les résultats cruels d'un cilice, l'envers était encore plus précieux que l'endroit de sa personne; et, comme Jean Bart victime de sa doublure, c'était aussi le plus beau et le plus intérieur de son âme qui le faisait le plus souffrir[50].» Position paradoxale, intenable, discordante, qui confond Dieu et le Diable, le bien et le mal, le tortionnaire et le martyr.

Baudelaire et Flaubert, ces grands précurseurs de notre modernité, portent tous deux témoignage, chacun à sa façon, de la disparition de l'Axe.

Cette disparition a des effets divers. Le monde n'étant plus ordonné autour d'un centre fixe, présence pleine, qui *fondait* en nature la différence de ses éléments constituants, chaque chose acquiert un pouvoir de signification indéfini, une opacité rayonnante; tout entre en vibration, et le poète subit d'abord l'éblouissement des «correspondances». Le «pilier» supportant l'édifice de l'Univers ayant disparu, «la Nature», l'univers entier devient «un temple où de vivants piliers Laissent parfois sortir de confuses paroles[51]». Aucune instance supérieure ne règle plus les échanges signifiants, une multitude d'axes succèdent à l'Axe central, et chaque homme est régi par sa Chimère[52]. Au dualisme du Haut et du Bas, inhérent à l'Axe, succède le monisme — et la pluralité — des «transports de l'esprit et des sens». Mais l'enivrante découverte du libre jeu des sensations s'accompagne du sentiment poignant de l'Irréparable:

---

50. *La Bague d'Annibal*, in *Œuvres romanesques complètes*, p. 163.
51. *Les Fleurs du mal*, in *Œuvres complètes*, Paris, Gallimard, «Bibliothèque de la Pléiade», 1954, p. 87.
52. Cf. *Chacun sa chimère*, in *le Spleen de Paris (Œuvres complètes*, p. 287).

> *L'Espérance qui brille aux carreaux de l'Auberge*
> *Est soufflée, est morte à jamais!*
> *Sans lune et sans rayons, trouver où l'on héberge*
> *Les martyrs d'un chemin mauvais!*
> *Le Diable a tout éteint aux carreaux de l'Auberge*[53]*!*

Après les Diaboliques, les Damnés. L'«Être aux ailes de gaze», médiateur entre le ciel et la terre, n'existe plus qu'à l'état de souvenir. C'est la restitution de sa présence que le poète, en vain, demande aux chevelures parfumées ou aux «paradis artificiels».

Une foi permanente en la possibilité d'un salut personnel (ou collectif) animait le héros romantique, et sa quête ne se différenciait généralement pas de celle de l'auteur. À partir de Flaubert, il y aura une sorte de divorce entre le personnage romanesque et l'auteur. Ainsi Flaubert, dans une lettre à Mlle Leroyer de Chantepie, formule-t-il sa conception personnelle du salut, qui d'ailleurs ne fait appel à aucun Au-delà. Il évoque d'abord le «tourbillon d'idées et d'images où il me semblait que ma conscience, que mon *moi* sombrait comme un vaisseau sous la tempête[54]», ce qui est bien une métaphore romantique de la perdition; «mais, poursuit-il, je me cramponnais à ma raison. Elle dominait tout, quoique assiégée et battue.» La raison n'est pas, ici, transformée, comme l'était le rameau-devoir stendhalien par la cristallisation. Elle demeure aussi distincte de ce qui l'assiège (la folie) que la lune demeurait distincte des nuages dans le ciel orageux de Chateaubriand. Elle n'acquiert aucune dimension d'infini.

Mais si Flaubert se fabrique un axe à sa mesure, il n'en va pas ainsi de ses personnages qui sont, si l'on peut dire, les premiers «désaxés» de .a littérature moderne. Non pas qu'ils ignorent la notion (ou le sentiment) de l'axe; mais ce dernier ne peut plus se manifester que de façon éphémère, fugitive, trompeuse. Ainsi, Emma Bovary

---

53. *Les Fleurs du mal*, in *Œuvres complètes*, p. 129.
54. *Préface à la vie d'écrivain*, Paris, Seuil, «Pierres vives», 1963, p. 190.

recherche son salut dans l'amour. «Comme les matelots en détresse, elle promenait sur la solitude de sa vie des yeux désespérés, cherchant au loin quelque voile blanche dans les brumes de l'horizon. Elle ne savait pas quel serait ce hasard, le vent qui le pousserait jusqu'à elle, vers quel rivage il la mènerait, s'il était chaloupe ou vaisseau à trois ponts, chargé d'angoisse ou plein de félicité jusqu'aux sabords[55].» Ainsi, la présence salvatrice n'a rien de fixe. Elle apparaît au loin, peut venir jusqu'au «matelot en détresse»; sa nature est hypothétique: angoisse ou félicité. Mais tout le roman montrera que, si quelque navire peut en effet s'approcher, et si l'on peut s'y agripper, le navire finit toujours par s'éloigner — et c'est alors la noyade (suicide d'Emma).

Victor Hugo est un homme pour qui le salut est possible. Et ses héros sont encore de vrais héros: ils sauvent les autres et ils se sauvent eux-mêmes. Le héros moderne, depuis Flaubert, est (le plus souvent du moins) un anti-héros, un être qui se perd — qu'il s'appelle Meursault, Roquentin ou Bardamu. À la rigueur, il peut être un «conquérant», un révolutionnaire ou un esthète, comme chez Malraux; mais chez ce dernier les formes du salut sont nombreuses et «relatives», comme les Chimères de Baudelaire, et n'ont qu'une vérité subjective. Seule la mort est universelle, et il n'y a de «fraternité» qu'en elle.

Sans doute y a-t-il lieu de nuancer cette analyse; mais elle permet peut-être d'entrevoir la position de l'auteur des *Misérables,* à la frontière de ce que nous avons appelé l'Ancien et le Nouveau Testament de la conscience occidentale.

On peut voir en Hugo le dernier grand représentant — dans la littérature française du moins — d'une tradition occidentale où l'Épopée, fondée sur la présence d'un Héros incarnant la recherche d'un Axe, était possible; où la question métaphysique d'un Centre fini-infini du monde, intérieur-extérieur au monde, allait de soi. Après

55. *Madame Bovary,* Paris, Le livre de poche, 1961, p. 84.

Hugo, et dès Barbey d'Aurevilly, la littérature ne pourra plus impunément se faire l'expression, directe ou détournée, d'une Croyance. Claudel, Péguy, Bernanos et, peut-être, Mauriac sont de grands écrivains *catholiques,* avant d'être de grands écrivains. Hugo est un grand écrivain (tout court), son interrogation religieuse ne fait aucunement écran entre la littérature et le lecteur. Après lui, la littérature d'inspiration religieuse devient une spécialité de la littérature, au même titre que la littérature régionaliste. C'est que, chez Hugo, l'aventure spirituelle n'était aucunement distincte de l'aventure du langage, ou de la pensée. Le Dieu de Hugo appartient tout entier à son univers poétique, est justiciable d'une analyse littéraire. «Ce livre est un drame dont le premier personnage est l'infini. L'homme est le second», lit-on dans *les Misérables*[56]. Et c'est vrai. Le Dieu de Hugo est le dernier *personnage,* la dernière représentation actantielle (idéologique *et* imaginaire) de l'infini dans la littérature française. Après Hugo, Dieu cesse d'être un thème et devient thèse. C'est que Dieu est mort, au même titre que la monarchie en politique ou le «génie» en littérature. Hugo est un génie, mais Baudelaire, Mallarmé, Lautréamont sont des poètes. N'entendons pas par là une différence de stature mais de nature. On peut toujours parler, par métaphore, du génie de Baudelaire, mais on hésite à dire: Baudelaire est un génie. Dieu, héros, génie, ces notions expirent en même temps, d'un même souffle.

La notion de l'Homme survivra, et il est faux de prétendre que Sartre est le dernier écrivain du dix-neuvième siècle. Mais c'est là une autre «histoire», qui n'entre pas dans le cadre de la présente étude.

La mise en perspective des concepts-images fondamentaux, ou médiations thématiques, que nous avons tentée nous permettra de mieux comprendre les articulations internes de la thématique hugolienne. D'une certaine façon, nous ne cesserons de préciser le sens et la portée de l'Axe hugolien dans le reste de cet ouvrage. Mais

56. P. 526.

le point de départ de notre analyse des *Misérables* sera différent. Nous partirons des formes particulières de la trame narrative pour rejoindre, peu à peu, la thématique globale. L'analyse du *récit* nous mènera à l'analyse de l'*œuvre* (ou du texte : le texte hugolien, étant «clos» et «modérément pluriel», peut porter le nom d'œuvre). Désormais et jusqu'à notre conclusion, nous ne quitterons pas, sinon de façon épisodique, la perspective d'une description immanente du roman.

II
Transitif, intransitif, pronominal

On a pu comparer, avec justesse, *les Misérables* à l'océan, ce grand vis-à-vis du poète tout au long de son exil. « De même que les vagues sombres, légères ou terrifiantes se déroulent dissemblables mais rappelant toujours le flot dont elles dépendent, de même les multiples épisodes des *Misérables* sont-ils une succession de vagues toujours différentes l'une de l'autre mais qui toutes nous font entendre la voix d'une nature océanique. Victor Hugo ressemble à l'Océan et l'Océan ne ressemble qu'à Victor Hugo[1]. » C'est bien une impression de profusion extrême qu'éprouve le lecteur devant les innombrables séquences narratives qui constituent les divers fils de l'intrigue. Et le travail du critique qui s'intéresse au récit consistera d'abord dans l'établissement d'une classification. Les critères de classement des unités de récit (ou séquences narratives minimales) sont nombreux ; mais on peut retenir *a priori* deux grandes catégories : les événements (ce qui arrive aux personnages) et les actions (ce que font les personnages). Dans tout récit, il y a des personnages qui agissent et/ou qui sont agis.

Chez Hugo, cependant, ces deux catégories peuvent se ramener à une seule. Car les événements ont un auteur. Ils ne sont pas les fruits du

1. Louise de Vilmorin, Présentation des *Misérables*, in *les Misérables*, Paris, Librairie générale française, « Le livre de poche », 1963, t. I, p. 6.

hasard, c'est-à-dire de personne. La Fatalité, qui est au
centre du roman hugolien, est un personnage au même titre
que les autres, et ce personnage est une hypostase (nocturne) de l'infini personnel qui est Dieu. Souvenons-nous de
la phrase, déjà citée: « Ce livre est un drame dont le premier personnage est l'infini[2]. »

                       Ainsi, tout ce qui compose le récit est-il
action — de Dieu ou des hommes. Mais comment regroupe-
rons-nous ces actions?

                       Nous proposons, dans ce chapitre, un
modèle qui, à l'analyse, nous a paru fécond. Nous ne
prétendons pas qu'il soit le seul possible; mais nous
prétendons qu'il permet de « saturer », autant que possible,
les diverses unités du récit; qu'il permet une lecture des
Misérables satisfaisant conjointement aux exigences d'une
description et d'une interprétation; bref qu'il permet une
lecture rigoureuse, de cette rigueur qui n'a aucune
prétention à la « scientificité » et qui se passe fort bien des
contraintes de la formalisation, bien qu'elle ne les interdise
pas. Le modèle, tel que nous le concevons, ménage une
place aux aperçus personnels qui font la qualité d'une
interprétation et que laisse fuir l'application mécanique
d'une grille, si ingénieuse soit-elle. La vraie rigueur est ennemie de la rigidité.

                       Il nous a semblé que toutes les actions
du récit pouvaient être ramenées à six actions fondamentales, ou catégories actantielles, qui se présentent comme
trois couples complémentaires, chacun d'eux étant formé de
deux actions opposées (l'une « positive » et l'autre
« négative »). Il y a la Chute et la Montée, la Bonne Action
et la Mauvaise Action, l'Affrontement et la Conjonction.
Chacune de ces catégories est nettement caractérisée du
point de vue thématique (idéologique et imaginaire).

                       Mais, plutôt que d'imposer brutalement
notre schéma, laissons-le s'imposer de lui-même en
procédant à l'étude exhaustive des deux premiers livres de

---

2. *Les Misérables*, p. 526. Cf. notre chapitre premier, p. 44.

la première partie. Nous introduirons, au fur et à mesure, les quelques concepts théoriques utiles pour notre analyse.

Ce n'est pas sans raison que nous privilégions les deux premiers livres en en faisant la matière du présent chapitre. D'abord, ils forment un bloc narratif autonome à l'intérieur du texte global. On y trouve le récit de la conversion de Jean Valjean. Le misérable homme, qui a passé dix-neuf années de sa vie au bagne et que la captivité a rendu méchant et impie, fait la rencontre d'un «juste», monseigneur Bienvenu Myriel, qui réveille en lui la conscience morale et qui sera le modèle de sa conduite pendant tout le reste de sa vie. La conversion est la première étape de l'histoire de Valjean dans le roman. Un laps de temps considérable s'étendra entre elle et la rencontre de Fantine, qui en constituera la deuxième étape.

D'autre part, même si les deux premiers livres sont centrés sur deux, seulement, des six actions principales, la Bonne Action et la Chute, ils n'en contiennent pas moins les autres à l'état tout au moins embryonnaire. Tout roman est une totalité en marche. On peut isoler les éléments de cette totalité dès l'étape initiale, où ils apparaissent souvent sous leur forme la plus simple. Nous verrons d'ailleurs ce qui a pu amener l'auteur à privilégier la Bonne Action et la Chute au début de son livre. Ce choix n'est aucunement étranger à la mise en œuvre de l'ensemble du dispositif actantiel.

Enfin, il n'était pas superflu d'étayer notre interprétation par l'analyse textuelle élaborée d'un segment relativement court de ce roman de quinze cents pages[3]. Le modèle que nous en dégagerons nous permettra précisément de faire l'économie d'une analyse exhaustive de vastes pans narratifs, dont la compréhension nous aura été préalablement facilitée.

---

3. Dans l'édition de la Bibliothèque de la Pléiade, à laquelle renvoient toutes nos citations.

La Bonne Action

Le livre premier est un long portrait de l'évêque. Il est, avant tout, descriptif. On peut s'étonner de la longueur et de la minutie de la description car Mᵍʳ Myriel disparaîtra très vite du récit. Après la conversion de Valjean, il n'en sera plus question, de façon quelque peu étendue, que dans un chapitre du livre V de la première partie, qui raconte sa mort (I, 5, IV: «M. Madeleine en deuil»). Certes, le souvenir de l'évêque demeurera toujours vivant en Valjean, et on a pu écrire avec raison: «[Les Misérables] sont, avant tout, le roman de l'ascension dramatique de Jean Valjean, malgré persécutions et périls, jusqu'à cette grandeur, à cette charité, à cette sérénité qui sont celles du saint évêque[4].» Mais la biographie du saint évêque, cette montagne, n'en donne pas moins l'impression d'accoucher d'une souris. Elle n'est aucunement conçue comme une introduction fonctionnelle au récit essentiel des Misérables (l'histoire de Valjean). Elle lui est aussi étrangère que la bataille de Waterloo, l'historique du couvent du Petit-Picpus ou des égouts de Paris. Ces histoires s'inscrivent, en quelque sorte, verticalement et par un seul point dans le déroulement linéaire de l'action romanesque. Notons, au surplus, que l'histoire de l'évêque précède l'apparition de Valjean sur la scène textuelle. Elle constitue donc un faux point de départ. Pour le lecteur neuf qui s'engage dans la lecture des Misérables, sa «verticalité» n'apparaît qu'après coup. On peut, déjà, en conclure à un baroquisme de la structure narrative; baroquisme que la suite du récit confirmera amplement.

L'insertion dans le récit de ces histoires verticales n'a rien d'un hasard ou d'une faute de construction. Elle est justifiée, de l'intérieur même de l'argument romanesque, par le désir avoué de l'auteur de «faire le poëme de la conscience humaine, ne fût-ce qu'à propos d'un seul homme, ne fût-ce qu'à propos du plus

---

4. Maurice Allem, Introduction aux Misérables, in les Misérables, p. XI.

infime des hommes...[5]» Chaque existence individuelle peut servir de support, à la fois métaphorique et métonymique, à l'évocation de l'humanité tout entière. Le héros choisi par Hugo, ce Valjean qui, par sa condition de galérien, est au plus bas de l'échelle sociale mais qui, par sa grandeur d'âme, s'élèvera jusqu'aux plus hauts sommets, héroïsme et sainteté, n'est sans doute pas «le plus infime» des hommes: il a tout ce qu'il faut pour incarner positivement, directement la conscience humaine dans son immense effort d'accession à l'idéal. Mais chaque homme n'en est pas moins, à sa façon, une image de l'humanité, ce qui le met en *relation historique concrète* avec chaque autre homme; aussi la présence, dans le roman, de grands personnages historiques tels que Louis-Philippe et, surtout, Napoléon, ou de personnages d'exception tels que monseigneur Bienvenu, n'a rien qui doive nous étonner. Les histoires des grands hommes, comme des petits, si différentes et si éloignées soient-elles, sont bien, pour employer la formule de Breton, des «vases communicants». L'inscription des histoires verticales dans *les Misérables* est nécessaire à l'élargissement de l'épopée d'un individu à la dimension d'une épopée du genre humain[6]. Mais souvenons-nous aussi de ce que nous avons dit de l'Axe hugolien: ce Rien est en rapport avec le Tout. Ainsi Valjean, le «pivot» de ce «drame[7]», qui incarnera l'immense anonymat de la misère puis de la souffrance morale, est-il en rapport avec Napoléon, avec Jésus — ces médiateurs — aussi bien qu'avec Tholomyès ou madame Victurnien — ces médiocres.

Sans doute y a-t-il un lien métonymique entre l'histoire de Myriel et celle de Valjean, mais il y a aussi et surtout un lien métaphorique, qui justifie l'ampleur

5. *Les Misérables,* p. 230. Phrase citée dans notre chapitre premier, p. 38.

6. M. Pierre Albouy, dans *la Création mythologique chez Victor Hugo* (Paris, José Corti, 1963), étudie les divers projets de création d'une épopée du genre humain, dans la littérature romantique et chez Victor Hugo.

7. «... ce drame dont le pivot est un damné social, et dont le titre véritable est: *Le Progrès*» (*les Misérables*, p. 1266).

du traitement accordé à la biographie du «juste». Qu'est-ce que Mgr Myriel? C'est la Bonne Action.

Monseigneur Bienvenu, écrit Hugo, est «bienfaisant, et bienveillant, ce qui est une autre bienfaisance[8]». Chacune des journées de sa vie est «pleine jusqu'aux bords de bonnes pensées, de bonnes paroles et de bonnes actions[9]». L'évêque incarne, au seuil du récit, une des six grandes classes d'actions auxquelles toutes les actions particulières du récit vont se rapporter. Il l'incarne d'une façon aussi pure, aussi exclusive que possible. À lui s'appliquent, plus qu'à tout autre personnage peut-être, ces mots de Louise de Vilmorin: «*Les Misérables,* à mon sens, n'est pas du tout un roman mais un récit comparable à ces mystères du Moyen Âge dont les héros symbolisent à l'extrême un défaut ou une qualité, un vice, une tendance ou une vertu. Ces héros-là auront beau changer de position, d'entourage ou de contrée, ils n'en resteront pas moins aussi reconnaissables et immuables que les figures et les points du jeu de cartes[10].» Dans le «jeu» des personnages, l'évêque représente une valeur aussi simple, aussi univoque que possible: la bonté. Et nous aurons de nombreuses occasions de constater l'importance de cette valeur dans l'idéologie du roman — et l'importance de la Bonne Action dans le récit.

La Bonne Action est une catégorie actantielle facile à définir. La formule en est simple: *Je donne quelque chose à quelqu'un.* Appelons *bienfaiteur* le sujet de la proposition narrative, et bénéficiaire son complément d'attribution. Le don peut être matériel ou spirituel.

La structure syntaxique de la Bonne Action est transitive. Par structure syntaxique nous entendons la mise en relation d'un certain nombre de fonctions narratives (sujet, verbe, complément). La Bonne Action implique une *relation unilatérale* d'un personnage-sujet à un

---

8. *Les Misérables*, p. 53.
9. *Ibid.*, p. 59.
10. Louise de Vilmorin, Présentation des *Misérables,* in *les Misérables,* «Le livre de poche», t. I, p. 7.

personnage-complément d'objet (ou complément d'attribution, pour être plus précis) et c'est par là qu'elle est transitive : on donne toujours *à quelqu'un.*

Appelons *contenu sémantique* de la Bonne Action la nature immédiate du don (sa forme concrète) : aumône, soins de toutes sortes, etc.

D'un point de vue que nous pourrions appeler *stylistique,* la Bonne Action est généralement ponctuelle, et non durative, même si ses effets peuvent s'étendre dans une durée plus ou moins prolongée. Elle ne comporte pas, ou comporte rarement plusieurs phases. Elle est la simple transmission d'un bien : Mgr Myriel donne les flambeaux à Jean Valjean. Mais elle peut aussi avoir un caractère répétitif : ainsi, chaque année, Mgr Myriel donne quinze cents livres au petit séminaire, cent livres à la congrégation de la mission, cent livres aux lazaristes de Montdidier, etc.

La Bonne Action est sommable et institutionnalisable, comme le montrent bien la «Note pour régler les dépenses de ma maison» et les «Frais de carrosse et de tournées[11]». Aussi y a-t-il lieu de faire une distinction entre le «narratif» et le «dramatique» : la Bonne Action peut, en effet, comporter un aspect narratif, faire l'objet d'un récit (bien qu'elle puisse aussi faire l'objet d'une simple énumération, comme c'est le cas dans la «Note pour régler les dépenses de ma maison»), mais elle n'a jamais, en elle-même, un aspect dramatique. Pour devenir dramatique, elle doit s'enchâsser dans une autre action, ou en enchâsser une autre[12]. Illustrons brièvement ce dernier cas. Pour sauver Champmathieu, Jean Valjean devra se dénoncer lui-même. Pour accomplir une bonne action, il devra se perdre lui-même. Mais l'obstacle, ou la difficulté, est extérieur à la Bonne Action et fait intervenir d'autres catégories actantielles.

---

11. *Les Misérables,* p. 8 et 10.
12. T. Todorov étudie la notion d'enchâssement dans sa *Poétique,* in *Qu'est-ce que le structuralisme?* Paris, Seuil, 1968, p. 138.

Un récit qui ne serait composé que de
bonnes actions aurait, on le conçoit aisément, un caractère
statique très marqué. C'est d'ailleurs, en bonne partie du
moins, le cas du livre premier. Il est à peu près dépourvu de
ressort dramatique. «Toute la biographie quelquefois un peu
puérile, un peu niaise même, de l'évêque Myriel...» écrivait
Lamartine dans son Cours de Littérature[13]. Nombre de lecteurs achoppent à la lecture de ces soixante pages, qui
commencent si mal un «roman». Le narrateur rapporte les
faits et gestes de son personnage, raconte quelques épisodes
de sa vie. Mais tous ces petits récits, qui sont, pour la
plupart, des récits de bonnes actions, sont traversés par une
intention, en fin de compte, descriptive. Ils disent tous, à
leur façon: Mgr Myriel est bon. Au lieu de s'enchaîner les
uns aux autres et de former une trame continue, ils sont en
quelque sorte parallèles et n'ont qu'une fonction indicielle[14].
C'est normal: un saint, cela ne se *raconte* pas. Immobilisé
dans la perfection, il ne peut rien faire qui ne se résorbe,
d'entrée de jeu, dans une intentionnalité de l'être. Les bonnes actions coulent des mains du saint homme comme l'eau
de la source: elles ne le transforment pas. Par bonheur,
cependant, la sainteté de Mgr Myriel comporte quelques fail-
les — et une lecture un peu attentive nous permet de déceler,
au-delà de l'allure délibérément édifiante du premier livre,
les premiers bouillonnements d'une écriture romanesque
beaucoup plus mouvementée; laquelle, pour avoir été ainsi

---

13. Cité par Hugo lui-même dans son *William Shakespeare*, in *Œuvres
    dramatiques et critiques complètes*, Paris, Pauvert, 1963, p. 1407 A
    (note 1).
14. La notion d'indice est définie par Roland Barthes dans «L'analyse
    structurale du récit», *Communications*, n° 8, p. 8 et 9. L'indice ren-
    voie, «non à un acte complémentaire et conséquent, mais à un con-
    cept plus ou moins diffus, nécessaire cependant au sens de l'histoire:
    indices caractériels concernant les personnages, informations relatives
    à leur identité, notations d'«atmosphères», etc.» Dans une note,
    l'auteur précise: «On ne peut réduire les Fonctions à des actions
    (verbes) et les Indices à des qualités (adjectifs), car il y a des actions
    qui sont indicielles, étant «signes» d'un caractère, d'une atmosphère,
    etc.» C'est précisément le cas des récits de Bonnes Actions dans le
    livre premier.

contenue, ne se manifestera qu'avec plus d'éclat dans le
livre II. Ce dernier est aussi narratif que l'autre est,
médiatement du moins, descriptif. Autant la lenteur de l'un
a de quoi nous refroidir, autant la rapidité de l'autre, et son
intensité dramatique, nous emportent. Et c'est, finalement,
la seconde impression que l'on retient: le début des
Misérables est un coup de tonnerre. Georges Piroué écrit:
«Je l'avoue volontiers. Oui *les Misérables* ne sont que
cela: une conversion qu'on nous assène sans préparation
aucune dès le début d'un long roman. Voir d'ailleurs,
ajoute-t-il, si ce n'est pas là un de ces coups de maître dont
j'aimerais bien qu'on m'indiquât l'équivalent[15].»

Le livre premier, nous le verrons, ne
contient pas que des récits de bonnes actions, mais ceux-ci y
ont un caractère aussi pur que possible. Rien n'entrave la
réalisation des projets charitables de l'évêque. Examinons
quelques exemples.

Trois jours après son arrivée à Digne,
où il a été nommé évêque, Mgr Myriel visite l'hôpital puis
décide de faire don de son palais épiscopal aux malades et
d'aller se loger dans leur humble maison. Cette bonne action
fait l'objet d'un petit récit qui met en scène l'évêque et le
directeur de l'hôpital[16].

Un jour, on rapporte à l'évêque le cas
d'un condamné à mort qui doit être exécuté le lendemain et
qui est privé des secours de la religion. L'aumônier de la
prison est malade et le curé refuse de se déranger. L'évêque
se rend auprès du condamné et l'assiste dans ses derniers
moments. Ce récit débouche sur un autre, qui ne nous
intéresse pas ici: celui de la rencontre de Mgr Myriel avec
l'échafaud[17].

Un jour enfin, Mgr Myriel décide d'aller
rendre visite à une petite commune de bergers isolée dans la

15. *Victor Hugo romancier, ou les Dessus de l'inconnu*, Paris, Denoël,
    1964, p. 49.
16. *Les Misérables*, p. 6 et 7.
17. *Ibid.*, p. 16-19.

montagne, malgré la présence de brigands dans les parages.
Il ne fait pas de mauvaise rencontre mais lorsqu'il décide, à
la fin de son séjour, de chanter pontificalement un *Te Deum*,
le chef de bande, Cravatte, lui fait porter une caisse contenant «tous les vêtements pontificaux volés un mois auparavant au trésor de Notre-Dame d'Embrun». Mgr Myriel
«complète» le vol, en vendant les riches vêtements «au
profit des malheureux[18]».

La syntaxe de ces récits est simple. Le
bienfaiteur a conscience d'une situation malheureuse:
confort insuffisant pour les malades, isolement spirituel d'un
condamné, des bergers. Il corrige la situation: en se privant
lui-même de confort, en payant de sa personne, ou même en
exposant sa vie. Mais les obstacles à l'accomplissement de la
bonne action sont, en pratique, inexistants. Mgr Myriel a
vaincu, d'emblée, l'égoïsme naturel qui pourrait opposer une
résistance à sa générosité. La peur elle-même lui est
étrangère. Les seuls empêchements ne peuvent venir que de
l'extérieur: de son entourage immédiat, par exemple. Mais
l'auteur nous peint avec insistance la docilité de Mlle Baptistine
et de Mme Magloire, qui le secondent dans tous ses projets[19].
L'auteur, en somme, se garde bien de faire du personnage un
persécuté ou un martyr: le rôle en sera assigné à d'autres. Les
bonnes actions de Mgr Myriel ne deviennent pas des sacrifices,
au sens que nous définirons plus loin.

Un danger guette ce type de récits:
la redondance. Dans la première séquence, l'absence de ten-
sion dramatique justifie mal le déploiement de la mise en
scène. C'est le directeur de l'hôpital qui représente les
malades. Il est l'auxiliaire des bénéficiaires. Il répond aux
questions de l'évêque (bienfaiteur) sur les conditions de
salubrité de l'établissement, mais l'évêque connaît d'avance
toutes les réponses. Cela donne lieu à un «échange» fort
paradoxal:

«— Monsieur le directeur de l'hôpital, lui dit-il, combien en
ce moment avez-vous de malades?

---

18. Chap. VII: «Cravatte» (*les Misérables*, p. 27-31).
19. *Les Misérables*, p. 8, 27, 34, 37-38, 76.

— Vingt-six, monseigneur.

— C'est ce que j'avais compté, dit l'évêque.

— Les lits, reprit le directeur, sont bien serrés les uns contre les autres.

— C'est ce que j'avais remarqué.

— Les salles ne sont que des chambres, et l'air s'y renouvelle difficilement.

— C'est ce qui me semble.

— Et puis, quand il y a un rayon de soleil, le jardin est bien petit pour les convalescents.

— C'est ce que je me disais.»

Ce dialogue n'est, en fait, qu'un monologue de l'évêque avec lui-même. Le directeur de l'hôpital est un figurant, une ombre. Quand l'évêque lui fait part de sa décision de donner son palais aux malades, il a déjà disparu de la scène textuelle. Pourquoi cette mise en scène, ce dialogue? Sans doute s'agit-il de donner un tour concret, vivant à l'épisode du don. Mais cet épisode n'est, en fin de compte, qu'une sorte de périphrase narrative pour désigner la bonté de Mgr Myriel.

Les autres séquences sont, elles aussi, des périphrases. Il y a de l'enflure dans la réponse de l'évêque à ceux qui lui rapportent les paroles du curé, celui-ci prétextant que ce n'est pas sa «place» d'être aux côtés du condamné. L'évêque prononce ce mot à effet: «M. le curé a raison. Ce n'est pas sa place, c'est la mienne.» En fait, c'est la place de tout prêtre quelque peu charitable. Mais si la bonne action de l'évêque, malgré les paroles théâtrales, ne comporte rien de proprement dramatique, la situation du condamné, qui s'y rattache syntaxiquement, l'est au plus haut degré: «Cet homme allait mourir désespéré. La mort était pour lui comme un abîme. Debout et frémissant sur ce seuil lugubre, il reculait avec horreur...» Voilà un véritable drame. Il occupe une position secondaire à l'intérieur de la séquence narrative, mais il lui confère une importance qu'elle n'aurait pas autrement et, par sa couleur sombre, il préfigure la séquence conjointe de la rencontre de l'évêque avec l'échaufaud.

Enfin l'épisode de Cravatte, qui devrait être le plus dramatique puisque Mgr Myriel s'expose à un grave danger, consiste surtout dans le dialogue liminaire de l'évêque avec le maire qui veut le dissuader de poursuivre sa tournée. Le récit ne fait aucun cas des appréhensions qu'éprouverait l'évêque en son for intérieur ; on peut d'ailleurs imaginer qu'il n'en éprouve pas. Le maire s'en charge à sa place. Le tout finit à la façon d'une légende : la bête féroce vient lécher les mains du saint homme. Plus précisément, la bonne action de l'évêque (sa visite pastorale risquée) engendre la bonne action du bandit (il rend les vêtements volés) qui engendre à son tour une autre bonne action de l'évêque, légèrement teintée de « banditisme » : au lieu de rendre les vêtements au trésor d'Embrun, l'évêque achève de les voler au profit des malheureux, et il transforme ainsi le vol initial aux dépens de l'Église en bonne action de l'Église. La Bonne Action se complique donc ici de Mauvaise Action, mais ne perd pas pour autant sa transparence.

Sur le plan thématique, les récits de bonnes actions mettent en valeur la *place,* matérielle, sociale ou spirituelle, que l'on doit occuper. La vraie place de l'évêque, elle est dans un humble logis — qu'il appelle d'ailleurs son « palais[20] ». Elle est auprès des misérables (le condamné à mort), voire même des bandits : « C'est peut-être précisément de ce troupeau [de loups] que Jésus me fait le pasteur », répond Mgr Myriel au maire qui lui expose les dangers d'une rencontre des bandits. La revendication de la « bonne » place n'a rien, cependant, d'un affrontement ; elle n'a jamais l'allure d'une dénonciation, ne dérange pas l'ordre social, et l'évêque prend bien soin de le marquer par les *concessions* qu'il fait à ses opposants possibles. « C'est ce que j'avais compté... — C'est ce que j'avais remarqué... », etc., répond l'évêque au directeur de l'hôpital,

20. *Les Misérables,* p. 18.

avant de lui exposer sa décision. Il lui est alors facile
d'obtenir son approbation. «M. le curé a raison. Ce
n'est pas sa place, c'est la mienne», dit-il à ceux qui lui
rapportent le refus du curé de se déranger. Cette concession
vise à désamorcer l'indignation des témoins, à jeter un voile
sur le manquement à la charité. Le pur bienfaiteur qu'est
Mgr Myriel n'a rien d'un redresseur de torts. Certes, il
n'ignore pas d'où vient le mal: «[Mgr Myriel] disait: — Les
fautes des femmes, des enfants, des serviteurs, des faibles,
des indigents et des ignorants sont la faute des maris, des
pères, des maîtres, des forts, des riches et des
savants[21].» Mais la conscience de cette situation détermine
surtout, chez l'évêque, l'indulgence pour les faibles qui ont
péché, et non l'attitude dénonciatrice et militante qu'elle
pourrait tout aussi bien lui inspirer.

Dans l'épisode de la visite pastorale aux
bergers, autre exemple de concession: «Vous avez raison.
Je puis rencontrer [les bandits]. Eux aussi doivent avoir besoin qu'on leur parle du bon Dieu», dit l'évêque au maire.

Ces diverses formes de concession, qui
toutes consistent à donner «raison» à l'interlocuteur et dont
le caractère rhétorique, artificiel est en harmonie avec le
climat édifiant des récits, forment un contraste parfait avec
l'acquiescement pénible que le conventionnel G. arrachera à
Mgr Myriel, dans le plus important des récits d'Affrontement
du livre premier: «L'innocence n'a que faire d'être altesse.
Elle est aussi auguste déguenillée que fleurdelysée. — C'est
vrai, dit l'évêque à voix basse[22].» Dans les récits de Bonne Action, la vérité n'est pas le fruit d'une maïeutique. Elle
est donnée d'avance. Mgr Myriel fait des concessions à de
pâles interlocuteurs pour mieux affirmer sa propre vision des
êtres, des choses et de la *place* qui leur revient dans une
hiérarchie déterminée par l'esprit de l'Évangile. La Bonne
Action est inséparable de l'affirmation d'un Ordre des choses, qui est sans doute distinct de l'ordre établi mais qui

21. *Les Misérables*, p. 16.
22. *Ibid.*, p. 44.

n'entre pas en conflit avec lui, et qui ignore les ébranlements et les transformations possibles. Elle engendre chez le bienfaiteur la satisfaction: «Lui qui d'ordinaire revenait de toutes ses actions avec une satisfaction si rayonnante... [23]» Et, plus loin: «Il croyait le plus qu'il pouvait. *Credo in Patrem*, s'écriait-il souvent. Puisant d'ailleurs dans les bonnes œuvres cette quantité de satisfaction qui suffit à la conscience, et qui vous dit tout bas: Tu es avec Dieu [24].» La Bonne Action est une garantie contre le doute. Elle est affirmative, et non interrogative; apaisante, et non inquiétante. Comme elle procède d'une vérité donnée, d'une idéologie où le bien et le mal ont une existence fondée, elle suppose immédiatement l'existence de cet Axe, instaurateur des valeurs, dont nous avons reconnu l'existence chez Hugo. La Bonne Action est passablement étrangère à la conscience de l'homme du XXᵉ siècle, qui est une conscience du non-fondement des valeurs. Sans doute en reste-t-il des vestiges; mais la «sainteté sans Dieu» d'un Camus, qui en exprime peut-être la nostalgie, est inséparable d'une angoisse qui donne naissance aux fabulations plus convaincantes de la «chute»...

Homme de la Bonne Action, Mᵍʳ Myriel est un saint fixe (comme on dit: le beau fixe). Valjean au contraire sera, d'entrée de jeu, un homme-conversion. Il le sera tout au long du roman: sa sainteté n'aura rien d'un caractère acquis et ne cessera de faire l'objet d'une conquête. Valjean est un personnage romanesque, parce que dynamique, en marche vers son destin. Mᵍʳ Myriel est antiromanesque. Aussi «meurt»-il tout de suite. Dès l'entrée en scène de Fantine, il n'est plus question de lui qu'en passant. Son «histoire», qui a occupé tout le début du livre, est aussitôt finie: elle est le point de départ d'une autre histoire. Cette autre histoire, c'est le roman lui-même. Myriel se tient au seuil des *Misérables* mais il n'y entre pas. Il est le seuil, la porte par où doit passer Valjean pour accomplir son destin romanesque.

23. *Les Misérables*, p. 18.
24. *Ibid.*, p. 56.

La logique formelle du récit rejoint ici la logique thématique. Car la vocation de *seuil* est thématiquement liée au personnage. Mgr Myriel a la phobie des portes fermées. Dans un sermon, il s'élève contre l'impôt des portes et fenêtres qui oblige les pauvres à croupir dans des masures sans ouvertures[25]. La porte de sa maison n'est fermée qu'au loquet[26]. Sur la marge d'une Bible il note : «Voici la nuance : la porte d'un médecin ne doit jamais être fermée, la porte du prêtre doit toujours être ouverte[27]». Mlle Baptistine écrit à une amie : «Le diable entrerait dans la maison qu'on le laisserait faire[28]». Et effectivement le diable, un soir, se présente sous les traits d'un ex-forçat harassé et affamé. Mme Magloire, en ce moment même, sermonnait son évêque :

«... et je dis qu'il faut des verrous, monseigneur, ne serait-ce que pour cette nuit ; car je dis qu'une porte qui s'ouvre du dehors avec un loquet, par le premier passant venu, rien n'est plus terrible ; avec cela que monseigneur a l'habitude de toujours dire d'entrer, et que d'ailleurs, même au milieu de la nuit, ô mon Dieu ! on n'a pas besoin d'en demander la permission...

«En ce moment, on frappa à la porte un coup assez violent.

— Entrez, dit l'évêque[29].»

Lors d'un synode des évêques de France auquel il est invité, Mgr Myriel fait mauvaise figure. Il s'en explique ainsi : «Je les gênais. L'air du dehors leur venait par moi. Je leur faisais l'effet d'une porte ouverte[30].»

Cette vocation d'ouverture caractérise très bien le Bienfaiteur qui est un homme absorbé, avant tout, dans sa relation à l'autre (et à l'Autre). Le seuil, par définition, est un espace relationnel. Il départage un dedans

25. *Les Misérables*, p. 14.
26. *Ibid.*, p. 26 et 27.
27. *Ibid.*, p. 27.
28. *Ibid.*, p. 36.
29. *Ibid.*, p. 77 et 78.
30. *Ibid.*, p. 50.

et un dehors et n'a, pour ainsi dire, aucune étendue propre. Sa fonction «transitionnelle» l'absorbe complètement.

De là ce qu'on pourrait appeler la *transparence* de Mgr Myriel. Cet homme est sans dedans. Du moins il est dépourvu d'intériorité ténébreuse. Il est clair comme le jour. Le doute, les crises morales ne sont pas son fait. Il aime, d'un amour sans éclipse. Son amour des hommes s'appelle pitié, son amour de Dieu s'appelle prière. Il n'a aucun *secret*, aucune part réservée; et le peuple, «qui n'entend pas malice aux actions saintes[31]», reconnaît spontanément sa sainteté. Il est tel qu'il paraît être. Aucun divorce, chez lui, entre les «œuvres» et les «paroles[32]», la vie intérieure et la vie publique[33]. À ses yeux, le monde est certes plein de mystères, d'inconnu, de ténèbres; mais il ne cherche pas à les pénétrer. Il a «le grave respect de l'ombre[34]». Son attitude n'est pas celle de l'apôtre ou du prophète: «Les spéculations abstruses contiennent du vertige; rien n'indique qu'il hasardât son esprit dans les apocalypses. L'apôtre peut être hardi; mais l'évêque doit être timide. Il se fût probablement fait scrupule de sonder trop avant de certains problèmes réservés en quelque sorte aux grands esprits terribles. Il y a de l'horreur sacrée sous les porches de l'énigme; ces ouvertures sombres sont là béantes, mais quelque chose vous dit, à vous passant de la vie, qu'on n'entre pas[35].» Mgr Myriel n'entre pas, il reste l'homme du seuil clair, celui par qui on accède à la lumineuse présence divine. Il y a deux chemins pour arriver à Dieu: le jour, et l'ombre. L'un est le seuil, l'autre est le porche. Le porche est un seuil compliqué d'un gouffre. Nous verrons qu'il est thématiquement lié à Jean Valjean, cet «homme précipice[36]».

31. *Les Misérables*, p. 18.
32. Cf. le titre du chap. IV: «Les œuvres semblables aux paroles» (*ibid.* p. 13).
33. «La vie intérieure de M. Myriel était pleine des mêmes pensées que sa vie publique» (*ibid.*, p. 19).
34. *Ibid.*, p. 62.
35. *Ibid.*, p. 60.
36. *Ibid.*, p. 1433.

Mgr Myriel est donc un pur lieu de passage, un pur *intermédiaire*. Intermédiaire entre les deux couches sociales, celle d'en haut et celle d'en bas, celle des riche et celle des pauvres, il assure la juste circulation des biens, est «le trésorier de tous les bienfaits et le caissier de toutes les détresses[37]». Aucune allusion ici, bien entendu, à quelque lutte des classes. Aristocrate par sa naissance, Mgr Myriel est l'instrument par excellence d'une charité qui ignore l'existence d'une bourgeoisie et d'un prolétariat.

Sur le plan spirituel, il est l'intermédiaire entre les hommes et Dieu, la misère d'ici-bas et la félicité céleste. «Il cherchait à conseiller et à calmer l'homme désespéré en lui indiquant du doigt l'homme résigné, et à transformer la douleur qui regarde une fosse en lui montrant la douleur qui regarde une étoile[38].» Fosse et étoile sont les deux extrémités d'un axe dont l'évêque occupe le point intermédiaire. Le «lieu» propre de Mgr Myriel est dépourvu de dimension horizontale véritable. Sa maison, qui est sa *place* dans le monde, n'est pas sa maison mais celle de Jésus-Christ. Il dit à Valjean: «... ne me dites pas que je vous reçois chez moi. Personne n'est ici chez soi, excepté celui qui a besoin d'un asile[39].» Entre la fosse et l'étoile, la profondeur et la hauteur, la mort et la vie, les hommes sur qui il *se penche* («...il se penchait sur ce qui gémit et sur ce qui expie[40]») et le ciel qu'il contemple, se situe son endroit préféré: son jardin, qui est un «étroit enclos, ayant les cieux pour plafond[41]». Cette étroitesse sert cette hauteur. Mgr Myriel habite la verticale spirituelle de l'univers, et il n'habite qu'elle. Elle a un nom: la loi divine. Après la rencontre de l'échafaud, l'évêque reconnaît momentanément les limites de son attitude spirituelle et l'inexistence de son appartenance à l'horizontale

37. *Les Misérables*, p. 10.
38. *Ibid.*, p. 19.
39. *Ibid.*, p. 82.
40. *Ibid.*, p. 61.
41. *Ibid.*, p. 60.

humaine: «C'est un tort de s'absorber dans la loi divine au point de ne plus s'apercevoir de la loi humaine[42].»

Aussi, intermédiaire n'est pas médiateur. Le médiateur n'est pas que l'homme de la verticale, de la «loi divine». Il est aussi l'homme de l'horizontale. Son action déborde les cadres de la bonne action. À l'attitude du «juste», par exemple, qui est celle de Myriel, il adjoint au besoin celle du «juge», tout humaine et, en elle-même, fort négative (le juge est le complice de l'échafaud): ainsi devient-il le Justicier. Tel est, par exemple, le Christ dont parle le conventionnel G., et qui ressortit à un autre Évangile que celui auquel l'évêque se réfère: «Ah! monsieur le prêtre, vous n'aimez pas les crudités du vrai. Christ les aimait, lui. Il prenait une verge et il époussetait le temple. Son fouet plein d'éclairs était un rude diseur de vérités[43].»

Entendons «crudités» au sens propre, aussi bien qu'au figuré. Il y a du goinfre dans le justicier, car il y a du monstre[44]. Le Christ s'apparente dialectiquement à cet opposant de Mgr Myriel, ce sénateur matérialiste qui a pour principe de «flairer la vérité, fouiller sous terre, et la saisir[45]», telle une truffe. La vérité est un fruit du sol, une nourriture terrestre — aussi bien que céleste. Le médiateur, dont Hugo voit la personnification en deux figures exemplaires et d'ailleurs commutables, le génie et l'archange, ne rédime sa condition charnelle qu'en l'assumant:

«Montre-moi ton pied, génie, et voyons si tu as comme moi au talon de la poussière terrestre.
«Si tu n'as pas de cette poussière, si tu n'as jamais marché

---

42. *Les Misérables*, p. 19.
43. *Ibid.*, p.44.
44. Nous verrons que le monstre vorateur est le sujet par excellence de la Mauvaise Action. Cf, *infra*, p. 86 et suiv.
45. *Les Misérables*, p. 32.

dans mon sentier, tu ne me connais pas et je ne te connais pas. Va-t-en, tu te crois un ange, tu n'es qu'un oiseau[46].»

Mgr Myriel n'est pas de ces «génies» qui, «dans les profondeurs inouïes de l'abstraction et de la spéculation pure, situés pour ainsi dire au-dessus des dogmes, proposent leurs idées à Dieu[47]»; il n'est pas un *ange* même si, en le voyant, on éprouve «quelque chose de l'émotion qu'on aurait si l'on voyait un ange souriant ouvrir lentement ses ailes sans cesser de sourire[48]». Quelque chose de l'émotion n'est pas l'émotion complète... Myriel s'apparente, symboliquement il va sans dire, à l'oiseau. Même s'il est un «ex-pécheur» et s'il n'a «aucun des escarpements du rigorisme[49]», il lui manque de la poussière au talon. Il est simplement doux, humble et charitable. Il est la Bonne Action, qui n'est pas encore l'action médiatrice. Il est un «bonhomme», ce qui est, chez Hugo, l'équivalent d'un homme bon[50]. Valjean, lui, est un «misérable».

La Chute

La Bonne Action est, sans aucun doute, la catégorie actantielle privilégiée dans le livre premier. Elle n'est pas la seule catégorie en cause. Le récit de la jeunesse de M. Myriel, avant son entrée dans les ordres, ceux de sa rencontre avec Napoléon, de sa rencontre avec l'échafaud et, surtout, de sa rencontre avec le conventionnel G., mettent en œuvre d'autres catégories narratives. Nous aurons, plus loin, l'occasion de les examiner. La deuxième classe d'actions que

46. *William Shakespeare*, in *Œuvres dramatiques et critiques complètes*, p. 1415 A.
47. *Les Misérables*, p. 60 et 61.
48. *Ibid.*, p. 58.
49. *Ibid.*, p. 15.
50. À propos de Mme la marquise de R., que Valjean appelle «bonne femme», Hugo écrit: «La bonne femme, bien digne de ce nom en effet...» (*ibid.*, p. 73). L'air «bonhomme» est, chez Hugo, le reflet physionomique de la bonté.

nous étudierons est la Chute. Elle occupe une place centrale dans le livre II, comme son titre l'indique. « La Chute » est le récit de la rencontre de Valjean et de l'évêque, mais ce récit enchâsse celui du passé du forçat, qui lui donne son vrai sens.

La Chute est, par excellence, l'action dévolue au misérable, comme la Bonne Action était l'action dévolue au «juste». Le misérable, chez Hugo, ce peut être le défavorisé (physique ou social), le méchant ou le malheureux. Au sens fort, il est tout cela ensemble. Il y a donc, au départ, plusieurs formes de Chute possibles : dans la misère affective, la misère matérielle (indigence, maladie) ou la misère morale, ou dans une suprême misère qui les rassemble toutes ou en partie. Les Misérables sont d'ailleurs une vaste méditation sur les rapports qu'elles ont entre elles.

La Chute a, naturellement, un aspect de perdition, de déchéance, de dépérissement ou de dégradation. Elle est cette action qui consiste à perdre pied dans le monde, quand tout point d'appui se dérobe. « Action » paradoxale, certes, puisqu'elle est celle de tomber, qu'elle implique la manifestation, chez le sujet, d'une force d'inertie, d'un poids, d'une « gravité » contre laquelle il ne peut rien.

Du point de vue narratif, elle met en cause un seul personnage — individuel ou collectif. La société, comme l'individu, peut être soumise à un mouvement de perdition. Mais ce personnage-sujet n'est pas en relation avec un personnage-objet, comme c'était le cas dans la Bonne Action. La Chute est intransitive. Sa formule est : Je tombe. La structure syntaxique comporte seulement un sujet et un verbe. Le verbe exprime un rapport avec le réel, et ce rapport est disjonctif. La Chute est, dans un sens absolu, « dé-réalisante ».

Du point de vue de la stylistique narrative, elle est tantôt continue (Chute proprement dite), tantôt discontinue (la Descente), tantôt les deux à la fois, c'est-à-dire progressive (l'Enlisement). Elle est généralement durative.

La « chute » dont nous parle le livre deuxième est, en fait, une succession de chutes particulières qui s'étend sur plusieurs années. Parmi elles il en est une, la condamnation au bagne, qui a un caractère absolu et qui marque à jamais Valjean comme un misérable. C'est elle qui donne son nom au livre, malgré l'importance du récit de la conversion.

Toutes les formes de « chute » que nous avons mentionnées ont, bien entendu, un sens figuré. Ce sont les plus importantes du roman. Mais il ne faudrait pas oublier les chutes au sens propre qui, dans un roman comme *les Misérables*, ne font pas défaut. (Ex. : Valjean tombe du haut du mât de l'*Orion*.) D'autre part, il existe une forme atténuée de la Chute où se conjugent fort bien le sens figuré et l'aspect concret (ou matériel). C'est l'Errance, qui est une marche épuisante et sans but, et qui s'accompagne d'une véritable submersion dans le désespoir.

La première séquence narrative du livre deuxième est un récit d'Errance.

C'est « le soir d'un jour de marche » que Valjean fait son entrée dans la petite ville de Digne, « une heure environ avant le coucher du soleil[51] ». C'est sous le signe du crépuscule et de la nuit imminente que nous apparaît d'abord le héros du livre. Il n'y a rien là d'un hasard. La « chute cosmique » qu'est le coucher du soleil prélude à l'errance du personnage. Valjean porte sur lui les marques de la misère et de l'itinérance. « Il était difficile de rencontrer un *passant* d'un aspect plus *misérable*. » La misère qui passe, voilà l'Errance.

Dans la séquence narrative, le point de vue du narrateur coïncide d'abord avec celui des « rares habitants qui se trouvaient en ce moment à leurs fenêtres ou sur le seuil de leurs maisons » et qui ressentent, à la vue du passant misérable, « une sorte d'inquiétude ». Tout se passe comme s'il y avait une compatibilité naturelle entre la sédentarité villageoise, l'aisance et l'honnêteté d'une part ; entre l'errance, la misère et la férocité d'autre part. L'homme qui survient présente l'aspect d'un « ensemble délabré » et « sordide ». Le délabrement qualifie habituellement la maison et non l'aspect physique d'un homme, et il marque bien ici l'extranéité de Valjean par rapport à cet autre « ensemble » qui est celui des

51. *Les Misérables*, p. 63.

valeurs sociales et domestiques. Valeurs sociales et valeurs domestiques, dans la logique symbolique du roman, sont interchangeables puisque Javert, le policier, nous sera décrit plus loin comme un «dogue», gardien de l'ordre social[52]; et le même Javert, lors de l'arrestation de Fantine, verra la preuve de la non-culpabilité de M. Bamatabois dans le fait qu'il est «électeur et propriétaire de cette belle maison à balcon, qui fait le coin de l'esplanade, à trois étages et toute en pierre de taille. Enfin, conclura-t-il, il y a des choses dans ce monde[53]!» Les habitants de Digne, sur leur *seuil* ou à leurs *fenêtres,* s'érigent en gardiens de leurs maisons devant la menace que représente l'errant. On se souvient de Mgr Myriel, l'homme de la Bonne Action, qui «faisait garder sa maison» par Dieu seul et l'ouvrait à tout venant.

L'Errance a le caractère d'une Chute progressive, «degré par degré». La marche, dans la ville, de l'ex-forçat en quête d'un abri pour la nuit est une dégringolade dans le désespoir. Valjean se présente d'abord dans une belle hôtellerie, *la Croix-de-Colbas,* mais on l'en chasse, non sans politesse. L'aubergiste dit: «J'ai l'habitude d'être poli avec tout le monde. Allez-vous-en[54].» Auparavant, il a condescendu à répondre aux questions de Valjean et lui a laissé entendre la raison de son refus: le passeport jaune, que Valjean a dû montrer à la mairie et qui le dénonce comme ex-forçat. Valjean se rend alors au cabaret de la rue de Chaffaut, d'où on le chasse aussi, avec moins de ménagements[55]. Le guichetier de la prison, à qui il demande ensuite le gîte pour une nuit, lui réplique durement: «Faites-vous arrêter. On vous ouvrira[56].» Hôtellerie, cabaret, prison sont les premières étapes d'une quête décevante. Les maisons où s'adresse Valjean sont de moins en moins honorables ; les réponses se font de plus en plus brèves et arrogantes. Plus tard Valjean frappe à la porte d'une petite maison où l'on oppose, à sa demande d'un simple verre

52. *Les Misérables,* p. 179.
53. *Ibid.,* p. 206.
54. *Ibid.,* p. 67.
55. *Ibid.,* p. 68 et 69.
56. *Ibid.* p. 69.

d'eau, l'offre peu aimable d'«un coup de fusil[57]!» Il trouve enfin une sorte de hutte où il compte s'abriter contre le froid. C'est la niche d'un chien. Après les hommes, les animaux refusent la présence de l'Errant. Ce dernier se réfugie alors dans les champs, mais l'aspect sinistre du paysage, qui a «quelque chose de si profondément désolé[58]», l'oblige à rebrousser chemin. Toutes les portes sont fermées, même celles, métaphoriques, de la nature. Valjean dira à Mgr Myriel: «Je m'en suis allé dans les champs pour coucher à la belle étoile. Il n'y avait pas d'étoile[59].» On perçoit sans peine les résonances évangéliques de ce récit. Marie et Joseph ont dû, lors du voyage à Bethléem, se réfugier dans une étable — où, du moins, l'âne et le bœuf les ont accueillis. Plus fondamentalement, tous les récits d'errance chez Hugo sont des dérivés — en plus «profane», il va sans dire — de cet archétype qu'est le chemin de la Croix. Hugo dira d'ailleurs de Valjean, portant Marius dans les égouts: «Lui aussi porte sa croix[60]».

Au bout de son errance dans Digne, Valjean constate, une fois de plus sans doute, qu'il est étranger au monde, à la vie. Il n'habite pas la maison des hommes. Sa solitute est totale. Prise de conscience progressive, comme la marche qui en est le redoublement physique, et qui se présente comme une succession d'états d'âme en position de décrochage les uns par rapport aux autres. C'est la lente descente de l'âme dans les profondeurs du désespoir, le «voyage au bout de la nuit».

Le livre deuxième contient d'autres récits qui permettront de pénétrer plus avant dans la symbolique de la Chute.

Les chapitres VI et VII, qui occupent une position centrale dans ce livre de treize chapitres, décrivent le passé de Valjean comme un long enlisement, d'abord dans la misère matérielle, puis dans la misère

57. Les Misérables, p. 71.
58. Ibid., p. 73.
59. Ibid., p. 79.
60. C'est le titre de V, 3, IV (ibid., p. 1313).

morale. La misère matérielle, c'est celle du jeune homme illettré, tôt devenu orphelin et qui, à vingt-cinq ans, est le soutien de sa sœur, qui est veuve, et de ses sept enfants. Il exerce le métier peu payant d'émondeur à Faverolles. Les revenus sont insuffisants et la pauvre famille forme « un triste groupe que la misère enveloppa et étreignit peu à peu[61] ». Le sujet de la Chute, qui est graduelle et s'apparente à une Descente, n'est pas qu'individuel, il est aussi collectif. Le manque d'ouvrage accule Valjean à la famine et, un jour, pour nourrir les enfants, il vole un pain. On l'arrête et on le condamne aux galères. Dès lors, le processus de dégradation se précipite. Privée de son soutien, la famille se dégragrège et Valjean la perdra de vue tout à fait. Lui-même, de bon qu'il était, devient méchant et impie (Chute morale) et prend en haine la société tout entière, puis la providence elle-même. Après la constriction du malheur autour de lui, c'est l'expansion de la haine jusqu'à Dieu, et ces mouvements successifs forment une espèce de Chute absolue dont l'étape centrale est la condamnation — « irréparable abandon d'un être pensant », consommé par la société[62]. À partir de la condamnation au bagne, la destinée de Valjean devient un véritable « désastre[63] ». La nuit où sombre le malheureux s'appelle le Chaos.

On connaît l'importance du Chaos dans la thématique hugolienne[64]. Du point de vue de la sémantique du récit, comment le définirons-nous ? D'abord en ce qu'il est le point d'aboutissement de plusieurs Chutes particulières. Valjean, à Toulon, sombre dans une grande misère affective, sociale (évidemment), mais aussi morale. Nous verrons plus loin que la misère morale met en cause une autre catégorie actantielle que la Chute (la Mauvaise Action). La thématique du Chaos intègre et déborde celle de la Chute, et elle intègre même la thématique contraire. En effet

61. *Les Misérables*, p. 89.
62. *Ibid.*, p. 90.
63. *Ibid.*, p. 93.
64. Nous renvoyons de nouveau à l'étude de J.-P. Richard, in *Études sur le romantisme*, p. 177-199.

la chute de Valjean au bagne, sans cesser d'être Chute, se complique d'une certaine Montée. Sans nous étendre plus qu'il ne faut sur cette nouvelle catégorie, notons que le bagnard fait des progrès sur le plan intellectuel, qu'il apprend à lire, à réfléchir. Mais il ne demande à l'instruction qu'un aliment de plus pour sa haine. Le progrès est donc subordonné à la dégradation morale. Aussi l'auteur peut-il écrire: «Pendant ces dix-neuf ans de torture et d'esclavage, cette âme monta et tomba en même temps. Il y entra de la lumière d'un côté et des ténèbres de l'autre[65].» Or un tel mélange de lumière et d'ombre n'a rien d'un heureux équilibre. Il est essentiellement de l'ordre de la discordance, et la discordance est la définition même du Chaos. Le «monte-et-descend» — variante verticale du va-et-vient — représente peut-être un arrêt dans la Chute, mais c'est un arrêt au palier le plus bas, celui de la déréliction et de la mort spirituelle. De même que les évasions de Valjean (qui comportent un aspect de Montée) n'ont d'autre effet que d'aggraver sa peine et de le replonger dans l'abîme — cet abîme du bagne où «les réprouvés de la loi sentent peser de tout son poids sur leur tête cette société humaine, si formidable pour qui est dehors, si effroyable pour qui est dessous[66]» — de même les rapides éclairs de la conscience, qu'ils soient causés par un surcroît de colère ou par un surcroît de souffrance, ne font que rendre plus opaques et plus impénétrables les ténèbres ambiantes[67]. Icare (Montée) redevient toujours Atlas (Chute), et c'est sans doute là une bonne définition de Sisyphe, l'homme du Chaos. Terme de la Chute, le Chaos est en dessous de la nuit même, dans la

---

65. *Les Misérables*, p. 95.
66. *Ibid.*, p. 99.
67. «[Valjean] vivait habituellement dans cette ombre, tâtonnant comme un aveugle et comme un rêveur. Seulement, par intervalles, il lui venait tout à coup, de lui-même, ou du dehors, une secousse de colère, un surcroît de souffrance, un pâle et rapide éclair qui illuminait toute son âme, et faisait brusquement apparaître partout autour de lui, en avant et en arrière, aux lueurs d'une lumière affreuse, les hideux précipices et les sombres perspectives de sa destinée. L'éclair passé, la nuit retombait, et où était-il? il ne le savait plus» (*ibid.*, p. 97).

pénombre de l'ombre, dans ce creuset où nuit et jour hideusement se confondent, comme les eaux originelles sur lesquelles ne plane pas l'Esprit. «Je ne sais quel jour de soupirail éclairait habituellement son âme[68].» Il est une sorte de jour qui ne se distingue pas de la nuit.

La thématique du Chaos ne se réduit donc pas à celle de la Chute, mais celle-ci est nettement polarisée par celle-là. La longue allégorie du chapitre VIII, intitulé «L'onde et l'ombre», le montre bien. Elle est la description métaphorique de ces naufragés de l'existence au nombre desquels se trouve Valjean[69].

«Un homme à la mer!» Voilà décrite, d'un seul trait, la situation de l'homme en chute. Le misérable est un homme qui se noie. Cette image s'apparente immédiatement à celle du matelot en détresse qui symbolise, on l'a vu, la situation affective d'Emma Bovary[70]. Elle rappelle bien d'autres pages de la littérature du XIXe siècle, et en particulier de la littérature romantique. On se souvient par exemple de la Bouteille à la mer, poème où Vigny oppose la pérennité de l'esprit à la fragilité du corps:

> Quand un grave marin voit que le vent l'emporte
> Et que les mâts brisés pendent tous sur le pont,
> Que dans son grand duel la mer est la plus forte
> Et que par des calculs l'esprit en vain répond;
> Que le courant l'écrase et le roule en sa course,
> Qu'il est sans gouvernail, et partant sans ressource,
> Il se croise les bras dans un calme profond[71].

Ce qui frappe, dans ces vers de Vigny, c'est que la description de la tempête tient dans un ensemble de circonstancielles, grâce auxquelles la situation périlleuse est syntaxiquement, mais aussi thématiquement, subordonnée au «calme» du marin — comme l'Étendue

---

68. Les Misérables, p. 99.
69. Ibid., p. 100-102.
70. Cf. supra, p. 43.
71. Poésies complètes, p. 182.

l'est à la Profondeur, et le Corps à l'Âme. Il n'y a pas naufrage total chez Vigny, mais seulement naufrage de la
Matière.

   Chez Hugo, le désastre est beaucoup
plus total et se rapproche du désastre flaubertien. La proposition initiale («Un homme à la mer!») est développée en
deux longues pages et seule une courte proposition finale lui
fait, tant bien que mal, équilibre: «Qui la ressuscitera?»
(«La» désigne l'âme du noyé.)

   Cette résurrection, certes, constitue un
retournement radical de la situation désespérée et une solution véritable au problème de la Chute, alors que le navire
sauveur chez Flaubert (*Madame Bovary*) n'apporte à
l'homme qu'un bref sursis à la noyade. Chez Hugo il n'y a
pas de «remontée», de salut sans une mort préalable ; le
misérable doit s'enfoncer corps et âme dans l'«onde et
l'ombre» de l'existence.

   Ce qui caractérise d'abord la situation
de l'homme en détresse, c'est qu'il échappe soudain au train
d'existence collectif. «Qu'importe! le navire ne s'arrête pas.
Le vent souffle, ce sombre navire-là a une route qu'il est
forcé de continuer. Il passe[72].» Il se produit à ce moment
une sorte de renversement. Le navire, qui était le point
d'appui, l'assise matérielle de la vie, devient ce qui «passe»,
c'est-à-dire une image, sinon de l'errant, du moins de
l'itinérant. Son mouvement contient de l'inertie, puisqu'il
est déterminé par des puissances extérieures à lui, auxquelles il obéit aveuglément. De ce point de vue sans doute, le
navire est lui-même un Errant. Mais pour le misérable qui se
noie, il est une figure de l'Inexorable. Son mouvement est
analogue au mouvement aveugle de la locomotive lancée sur
les rails à laquelle sera comparé Javert[73]. Les métaphores
du navire qui poursuit sa route et de la locomotive ont un
sens d'autant plus voisin que l'un symbolise la société et
l'autre, son gardien ; et les deux expriment une même
indifférence à l'endroit de l'être tombé.

72. *Les Misérables*, p. 100.
73. Dans le livre intitulé «Javert déraillé» (*ibid.*, p. 1350).

Le navire est aussi l'objet d'une transformation dans son aspect matériel. Il devient, pour l'homme à la mer, «ce sombre navire-là», l'obscurité est son attribut et non celui de la mer, ce qui est en haut est plus noir que ce qui est en bas. Il y a là une constante de ce que nous pourrions appeler le paysage chaotique. Déjà, plus haut, dans la description des champs qui entourent la ville de Digne et où Valjean, après avoir essuyé le refus des aubergistes, avait cherché refuge, il y avait cette perversion des contraires :

«L'horizon était tout noir; ce n'était pas seulement le sombre de la nuit; c'étaient des nuages très bas qui semblaient s'appuyer sur la colline même et qui montaient, emplissant tout le ciel. Cependant, comme la lune allait se lever et qu'il flottait encore au zénith un reste de clarté crépusculaire, ces nuages formaient au haut du ciel une sorte de voûte blanchâtre d'où tombait sur la terre une lueur.

«La terre était donc plus éclairée que le ciel, ce qui est un effet particulièrement sinistre, et la colline, d'un pauvre et chétif contour, se dessinait vague et blafarde sur l'horizon ténébreux. Tout cet ensemble était hideux, petit, lugubre et borné. Rien dans le champ ni sur la colline qu'un arbre difforme qui se tordait en frissonnant à quelques pas du voyageur[74].»

Les nuages montent, opaques comme la colline elle-même, et la lueur tombe, sans illuminer le ciel. C'est une sorte d'éclaircie, mais d'éclaircie ténébreuse. Un poème des *Contemplations,* déjà cité dans notre chapitre premier et précisément intitulé *Éclaircie*, nous dépeint l'océan qui «resplendit sous sa vaste nuée», et l'assoupissement de l'onde qui «Fait de toute la rive un immense baiser[75]». Le poème exprime la réconciliation de tout l'univers autour d'un rayon qui est le regard même de Dieu. Ce Regard, avons-nous dit, est l'image par excellence de l'Axe médiateur hugolien. Mais dans la présente description des champs, nous avons une ima-

74. *Les Misérables*, p. 72 et 73.
75. In *Œuvres poétiques complètes*, p. 458B. Cf. notre premier chapitre, p. 36.

ge exactement contraire. Tout est vague, sinistre, et forme un hideux amalgame, comme dans certains tableaux
du peintre romantique anglais Turner. L'espèce de jour dans
lequel baigne la terre est identique au «jour de soupirail»
qui, on l'a vu, éclaire l'âme du bagnard. La terre n'est
éclairée que pour mieux faire ressortir l'opacité d'un ciel absolument fermé. Paysage contradictoire, d'où contours et
localisations particulières disparaissent. Ainsi l'arbre difforme
semble situé à la fois «dans le champ» et «sur la colline».
L'ambiguïté syntaxique de la phrase *est* l'ambiguïté même
du paysage, et ce dernier d'ailleurs, «ensemble... hideux,
petit, lugubre et borné», est comme l'extension cosmique de
«cet ensemble délabré» et «sordide» qu'était Valjean à son
arrivée à Digne[76]. Au terme de l'Errance et de la Chute, le
misérable, tel le schizophrène, se trouve devant un univers
«dé-réalisé», qui a perdu sa qualité d'*autre* et lui renvoie
l'exacte image de lui-même.

L'espace propre du Chaos, c'est donc
l'hétérotopie c'est-à-dire un espace hétérogène, hallucinant,
contradictoire. Les contraires y sont commutables, et la
conscience errante n'y trouve aucun point de repère sûr.
«Cet homme rude et illettré, dit de Valjean le narrateur,
s'était-il bien nettement rendu compte de la succession
d'idées par laquelle il était, degré à degré, monté et des-
cendu jusqu'aux lugubres aspects qui étaient depuis tant
d'années déjà l'horizon intérieur de son esprit[77]?»
L'Errance (dont la «succession d'idées» évoquée ici exprime le caractère progressif) conduit bien au Chaos en su-
bordonnant la Montée à la Chute et en leur donnant une
existence simultanée (la conjonction *et* qui relie *monté* et *des-
cendu* n'a pas le sens d'un *puis*), le Chaos étant le haut *et*
le bas; étant un espace d'avant l'espace et d'avant la conscience.

Aussi le navire, pour l'homme à la mer,
est-il «ce sombre navire-là»; il est l'Inexorable *et* l'Errant
tout à la fois — Salut et Perdition confondus. Mais il

76. *Les Misérables*, p. 63.
77. *Ibid.*, p. 97.

s'éloigne, il devient «spectre» et s'estompe dans l'être même comme il s'estompe dans le lointain, et le misérable se rend compte que «c'est fini[78]». C'est fini: formule rituelle dans le roman, qui caractérisera inévitablement l'état de l'homme en chute. Le désespéré n'existe plus désormais qu'en dehors du temps et de la vie, il est déjà dans l'infini. Tout à l'heure, il «allait et venait» sur le pont avec les autres, maintenant il «disparaît, puis reparaît, plonge et remonte à la surface». Au va-et-vient, au mouvement horizontal, à peine différencié mais mouvement de la vie même, dans ce qu'elle a d'inchoatif, s'oppose le mouvement vertical et chaotique de l'agonie. Plus de salut possible désormais; mais le corps à corps avec l'abîme, la nuit, le *monstre*.

C'est ici que la thématique de la Chute rejoint deux autres thématiques que nous étudierons bientôt: celles de la Mauvaise Action et de l'Affrontement. Ces trois thématiques en effet plongent leurs racines dans un même complexe ténébreux, qui est le pôle nocturne de l'imaginaire hugolien. Autour du pôle diurne prennent forme, on le sait, les trois thématiques, diversement euphoriques, de la Montée, de la Bonne Action et de la Conjonction.

Pour nous résumer, disons que la Chute est essentiellement, du point de vue thématique, le passage du jour à la nuit; mais ce passage tend à se prolonger dans l'accession au Chaos, espace anomique, hétérogène, où la Chute est en relation avec son contraire (la Montée), qu'elle se subordonne, et avec les termes voisins du paradigme nocturne. On pressent, par là, l'étroite interdépendance des six catégories actantielles et des thématiques qui leur sont liées. Nous aurons l'occasion de préciser plus nettement ces rapports.

Signalons pour le moment la présence, à vrai dire assez discrète, de récits de Chute dans le livre premier. Il y a par exemple celui de la vie de Charles Myriel

---

78. *Les Misérables*, p. 101.

pendant la Révolution[79]. «L'écroulement de l'ancienne société française, la chute de sa propre famille», l'émigration de M. Myriel en Italie, la mort de sa femme sont autant de chutes collectives et individuelles, décrites en un mot, qui déterminent la plongée du personnage dans un état de misère matérielle et affective. Le destin de M. Myriel présente donc des ressemblances précises avec celui de Jean Valjean: sa «chute» précède et, dans une certaine mesure, détermine sa conversion. Mais le narrateur passe vite sur cet aspect de la vie de l'évêque, voué à incarner avant tout la fonction de Bienfaiteur. La misère qu'a connue M. Myriel est d'ailleurs passablement différente de celle que connaîtra Valjean. Elle est déterminée, dans ses modalités, par les passions politiques de l'époque. Grâce à la Restauration, la condition de «paria» social qui était la sienne est effacée, alors que la condamnation au bagne marquera Valjean pour la vie: «Libération n'est pas délivrance. On sort du bagne, mais non de la condamnation[80].» Valjean ne sera donc jamais un pur Bienfaiteur; il ne cessera, tout au long de sa vie, d'incarner l'Errance.

Autre récit de «Chute», lui aussi très schématique: celui des derniers jours du condamné à mort. «Sa condamnation, secousse profonde, avait en quelque sorte rompu ça et là autour de lui cette cloison qui nous sépare du mystère des choses et que nous appelons la vie. Il regardait sans cesse au dehors de ce monde par ses brèches fatales, et ne voyait que des ténèbres.» La métaphore se rapproche de celle de l'homme à la mer. Le «lieu», l'espace de la vie est disloqué, la frontière entre le monde et le moi se fracture, le condamné est assailli par le «mystère des choses». Mais, poursuit le texte, «l'évêque lui fit voir une clarté.» On constate ici que le misérable, sujet de la Chute, est tout naturellement le complément d'attribution de la Bonne Action (ou Bénéficiaire). Tel sera Valjean, que Mgr Myriel va héberger.

79. Les Misérables, p. 3 et 4.
80. Ibid., p. 103.

Nous avons ici une première indication précise des rapports qui se tissent entre les diverses catégories actantielles. Mais anticipons sur l'analyse des livres à venir et notons que Bonne Action et Chute peuvent se conjuguer plus étroitement encore et donner naissance à une action dérivée, complexe, qui est le Sacrifice. Le Sacrifice est l'action de l'homme qui se perd (Chute) pour en sauver un autre (Bonne Action). Et Valjean, après sa conversion, sera essentiellement l'homme de cette action. Aussi n'est-ce point un hasard si les deux premiers livres sont centrés sur la Chute et la Bonne Action. De cette dualité initiale, qu'incarnent l'évêque et le forçat, sortira l'essentiel de l'action du roman. Valjean, répétons-le, sera le « porche de l'énigme », c'est-à-dire un « seuil » compliqué d'un « gouffre ». Le seuil relève de la thématique de la Bonne Action ; le gouffre, de la thématique de la Chute.

Sur ces fondations s'élèvera tout l'édifice actantiel et thématique des *Misérables*.

La Montée

Itinérance et misère composent le noyau sémique de l'Errance, qui est une forme progressive et concrète de la Chute. Mais il est d'autres sortes d'itinérance. Le récit de l'arrivée de Valjean à Digne se déroule en contrepoint avec celui du passage de l'empereur, sept mois plus tôt[81]. Le voyage triomphal de Napoléon, de Cannes à Paris, est une Montée. Elle ne l'est pas que du point de vue géographique, bien entendu ; elle l'est surtout du point de vue politique. L'illustre exilé rentre dans ses droits, reprend possession du pays et du pouvoir, au fur et à mesure qu'il se rapproche de la capitale. Nous avons donc là le contraire même de l'Errance, cette quête déçue : une Conquête. Entendons le mot dans un sens intransitif : non pas victoire *sur quelqu'un,* mais victoire tout court ; ou encore, prise de possession d'un aspect du réel ou du monde. Ainsi l'Errance ou la Chute impliquaient une déperdition, une

81. *Les Misérables*, p. 63-73.

perte de soi et un éloignement de l'Axe, fondement du réel. La Montée est *réalisation* de soi par une prise de possession de la réalité (sociale, politique, culturelle, morale...). Sa formule narrative est: *Je monte.*

Le champ sémantique de la Montée est aussi vaste que celui de la Chute. Il englobe, par exemple, le passage du malheur au bonheur, de la pauvreté à la richesse, de la maladie à la santé, de la laideur à la beauté, de la méchanceté à la bonté, de l'erreur à la vérité, de l'ignorance au savoir, de la peur à la confiance — en somme, du «négatif» au «positif» de l'existence. Il suffit d'inverser le mouvement pour obtenir autant de formes de Chute.

La structure syntaxique et l'aspect stylistique sont les mêmes pour les deux catégories: intransitivité; continuité, discontinuité ou progressivité, durativité (de façon générale).

Examinons de plus près l'évocation du passage de Napoléon à Digne. Elle s'inscrit comme en pointillé dans le récit de l'errance de Valjean. Ce dernier se rend d'abord à la mairie. Près de la porte, un gendarme est assis sur «le banc de pierre où le général Drouot monta le 4 mars pour lire à la foule effarée des habitants de Digne la proclamation du golfe Juan[82]». Puis Valjean s'arrêtera à l'auberge de *la Croix-de-Colbas* qui appartient, nous dit-on, à Jacquin Labarre, le cousin d'un autre Labarre qui avait hébergé l'empereur à l'époque du débarquement. Plus tard, Valjean se couchera sur un banc de pierre à la porte de l'imprimerie où «furent imprimées pour la première fois les proclamations de l'empereur et de la garde impériale à l'armée, apportées de l'île d'Elbe et dictées par Napoléon lui-même[83]». Ainsi, les divers lieux par où passe Valjean (de la mairie à l'imprimerie) se succèdent dans l'ordre inverse où l'armée les a traversés.

---

82. *Les Misérables*, p. 64.
83. *Ibid.*, p. 73.

Cet habile contrepoint a pour effet de préparer sémantiquement le récit de la bataille de Waterloo, qui ne se rapporte pas directement à l'action des *Misérables* mais qui, d'un point de vue thématique, s'intègre parfaitement dans l'œuvre. Notons que la comparaison entre Valjean qui «tombe» et Napoléon qui «monte» sera reprise au chapitre vii du livre II: «Le 22 avril 1796, on cria dans Paris la victoire de Montenotte remportée par le général en chef de l'armée d'Italie, que le message du Directoire aux Cinq Cents, du 2 floréal an IV, appelle Buona-Parte; ce même jour une grande chaîne fut ferrée à Bicêtre[84].» C'est le temps ici («le même jour») qui sert de support métonymique au rapprochement des deux hommes. Dans le récit précédent c'étaient les lieux (mairie, imprimerie).

Temps et espace constituent, entre le Conquérant qu'est Napoléon et le Misérable qu'est Valjean, entre l'infiniment grand et l'infiniment petit de la sphère sociale, une sorte de champ magnétique. Victor Hugo, dans un tout autre passage, explicitera la grande idée de l'interdépendance de tout — et de tous — qui justifiait déjà, nous l'avons vu, certains aspects de la composition du roman. «Qui donc peut calculer le trajet d'une molécule? que savons-nous si des créations de mondes ne sont point déterminées par des chutes de grains de sable? qui donc connaît les flux et les reflux réciproques de l'infiniment grand et de l'infiniment petit, le retentissement des causes dans les précipices de l'être, et les avalanches de la création? Un ciron importe; le petit est grand, le grand est petit; tout est en équilibre dans la nécessité...[85]»

Tout se passe comme s'il y avait interaction véritable entre la montée de Napoléon et la chute de Valjean, et cette métonymie ajoute à la véracité du lien métaphorique. Napoléon, dans *les Misérables*, incarne avant tout la fonction de Conquérant — eu égard aux spécifications que nous ferons plus loin. Il est la Conquête

84. *Les Misérables*, p. 90.
85. *Ibid.*, p. 904.

comme Mgr Myriel est la Bonne Action. Certes, le récit de Waterloo est celui d'une défaite (Chute); mais c'est la défaite exemplaire de celui qui ne sait que gagner. À l'échec du Conquérant s'opposera la lente ascension de l'homme du Sacrifice, la Montée de Valjean vers les sommets de l'héroïsme et de la sainteté, qui est en même temps une Descente au plus profond du gouffre social et de l'abîme intérieur.

Il y a d'autres récits ou embryons de récits de Montée dans le livre deuxième. Nous savons, par exemple, que Valjean à Toulon accomplit des progrès sur le plan intellectuel — progrès subordonnés à une Chute et qui, avec elle, déterminent l'accession à l'espace hétérogène du Chaos. Sur un autre plan, plus physique, Valjean a acquis, avant son entrée au bagne, une remarquable adresse au tir. «Il avait un fusil dont il se servait mieux que tireur au monde[86].» La locution archaïque, *mieux que... au monde,* est suggestive. La formule stylistiquement neutre serait: *mieux qu'aucun tireur au monde.* L'absence de l'adjectif indéfini entraîne une déportation de l'accent sémantique vers le dernier terme de la locution, et Valjean fait figure, curieusement, de tireur qui *n'est pas* au monde, qui habite d'emblée un en-deçà du monde où l'adresse, voire l'excellence sur le plan physique, rendraient apte à assurer la survie, à défaut de la vie.

Au bagne, Valjean fera encore des progrès en fait d'habileté. Il est doué d'une vigueur extraordinaire qui le rend capable de soulever et de soutenir «d'énormes poids sur son dos[87]» — il est donc capable de réaliser des exploits physiques qui comportent un aspect de Montée; le surnom de Jean-le-Cric rend compte de cette aptitude à soulever des fardeaux qui servira plus tard les entreprises du Bienfaiteur (sauvetage de Fauchelevent).

Valjean est aussi doué d'une souplesse qui le rend capable de «gravir une verticale, et trouver des

86. *Les Misérables,* p. 90.
87. *Ibid.,* p. 98.

points d'appui là où l'on voit à peine une saillie[88]». Rêvons
un peu sur cette notation et songeons que, sur le plan symbolique, la condition de l'errant comporte justement
l'impossibilité de trouver un *point d'appui* dans le monde.

Dans la pensée de Victor Hugo — on
sait qu'elle est «mythologique[89]» — il y a là quelque chose
des mythes antiques d'Atlas et d'Icare, auxquels nous avons
fait allusion plus haut. Certes, Atlas, condamné à soutenir le
ciel sur ses épaules, est un symbole de la Chute tout aussi
bien que la Montée. Vigueur et souplesse, bien qu'étant
étrangères à la Chute affective, morale ou sociale, peuvent
en quelque sorte être récupérées par elle, tout comme le
développement intellectuel; aussi, dans le cas de Valjean, la
«science des muscles[90]» fait-elle partie des «redoutables
talents d'un forçat[91]».

L'arrivée de Valjean à Digne fait con-
traste, on l'a vu, avec celle de Napoléon sept mois plus tôt.
Elle fait aussi contraste, par un certain côté, avec
l'installation à Digne de Mgr Myriel, qui en peu de temps
devient «monseigneur Bienvenu[92]». Grâce à ses bonnes actions, l'évêque conquiert peu à peu l'estime de tous, ce qui
est une forme sociale de la Montée. La réputation du saint
homme s'étend autour de lui de même que, dans un laps de
temps par ailleurs beaucoup plus bref, se répand la
réputation de forçat de Valjean (forme sociale de la Chute).

Dans le livre V, M. Madeleine, comme
Mgr Myriel, fera la conquête de l'estime publique; mais cette
conquête, à la différence de l'autre, ne sera pas complète.
Un homme, Javert, se dérobera «à cette contagion[93]» et

---

88. *Les Misérables*, p. 98.
89. Cf. Pierre Albouy, *la Création mythologique chez Victor Hugo.* Cet
    ouvrage est l'une des contributions les plus importantes aux études
    hugoliennes contemporaines.
90. *Les Misérables*, p. 98.
91. *Ibid.*, p. 473.
92. Cf. le titre de I, I, II: «M. Myriel devient monseigneur Bienvenu»
    (*ibid.*, p. 6).
93. *Ibid.*, p. 176.

empêchera l'établissement de Valjean dans ce rôle de Bienfaiteur qu'incarnera pour un moment M. Madeleine. Valjean retrouvera donc son identité de bagnard et sa déchéance sociale sera le facteur déterminant d'une Montée plus importante, d'ordre spirituel.

À la Montée, il faut rattacher la thématique du progrès social qui constitue sans aucun doute l'élément central de l'idéologie politique de l'auteur. Hugo affirme avec vigueur, dans un des chapitres les plus importants des *Misérables*, que le titre réel de son livre, c'est: *le Progrès* ; et l'idéologie politique rejoint ici l'idéologie personnelle globale qui irrigue tout le roman:

«Le progrès est le mode de l'homme. La vie générale du genre humain s'appelle le Progrès; le pas collectif du genre humain s'appelle le Progrès. Le progrès marche; il fait le grand voyage humain et terrestre vers le céleste et le divin; il a ses haltes où il rallie le troupeau attardé; il a ses stations où il médite, en présence de quelque Chanaan splendide dévoilant tout à coup son horizon; il a ses nuits où il dort; et c'est une des poignantes anxiétés du penseur de voir l'ombre sur l'âme humaine, et de tâter dans les ténèbres, sans pouvoir le réveiller, le progrès endormi. «... Qui désespère a tort. Le progrès se réveille infailliblement, et, en somme, on pourrait dire qu'il a marché, même endormi, car il a grandi[94].»

Dans ce texte se manifeste l'optimisme foncier de l'auteur, sa foi en l'avenir et en la récupération finale du mal par le bien (cette thèse, on le sait, est l'argument du gigantesque poème intitulé *la Fin de Satan*). Mais le passage cité a le mérite supplémentaire de mettre en perspective la Montée et diverses formes de Chute. Nous avons vu que le Chaos était le point d'aboutissement d'une Chute qui se surbordonnait la Montée. Dans une perspective exactement contraire, la Montée peut intégrer un nombre indéfini d'actions «nocturnes» (Affrontements, Chutes, Mauvaises Actions), qui sont extérieures à elle mais qui lui

94. *Les Misérables*, p. 1260-1261.

sont néanmoins nécessaires : la Chute sociale et affective
sera nécessaire à Valjean pour accomplir sa conquête de
l'infini.   Les parties IV et V du roman déve-
lopperont amplement la thématique du progrès. Mais on
en trouve un écho déjà dans les propos que tient le conventionnel G. à Mgr Myriel :
« Le droit a sa colère, monsieur l'évêque, et la colère du
droit est un élément du progrès. N'importe, et quoi qu'on en
dise, la Révolution française est le plus puissant pas du
genre humain depuis l'avènement du Christ. Incomplète,
soit ; mais sublime. Elle a dégagé toutes les inconnues
sociales. Elle a adouci les esprits ; elle a calmé, apaisé,
éclairé ; elle a fait couler sur la terre des flots de civilisa-
tion. Elle a été bonne. La Révolution française, c'est le
sacre de l'humanité[95].»

          Nous avons dit de Napoléon qu'il était,
dans les Misérables, l'homme de la Conquête. Il faut le dire
aussi, et surtout, du conventionnel G., qui est l'agent d'une
Montée supérieure : non pas individuelle et militaire, mais
collective et humanitaire. Le conventionnel G. est la
Révolution, c'est-à-dire l'humanité en marche. Son destin
reflète bien sa supériorité sur le vaincu de Waterloo.
Napoléon, le génie de la guerre, est défait par Dieu[96]. Le
conventionnel, qui est un saint et un héros comme le sera
Valjean, est défait par les hommes, qui résistent au Progrès.
Sa chute fait de lui, à la différence de Napoléon, un homme
plus grand encore ; et ce n'est pas un hasard si sa mort nous
est décrite à la façon d'une apothéose. Elle est l'ascension
dernière. Le destin de Valjean redoublera, tout en se situant
sur un autre plan (moins politique, plus individuel et affectif), celui du conventionnel G. Et la supériorité du
conventionnel sur Mgr Myriel, nettement affirmée par

---

95. Les Misérables, p. 43.
96. « Était-il possible que Napoléon gagnât cette bataille ? nous répondons
    non. Pourquoi ? À cause de Wellington ? à cause de Blücher ? Non. À
    cause de Dieu.[...] Napoléon avait été dénoncé dans l'infini, et sa chute
    était décidée. Il gênait Dieu » (ibid., p. 344).

l'auteur, préfigure la supériorité finale de Valjean; car Valjean, parti de plus bas que l'évêque, devra nécessairement — cela est inscrit dans les données mêmes de sa vie — monter «plus haut que l'évêque», devenir «ange», ou retomber «plus bas que le galérien» et devenir «monstre[97]».

Si *les Misérables* sont bien l'histoire de l'ascension d'un misérable vers la sainteté et l'héroïsme, on peut voir dans le récit global une seule et immense phrase dont la principale est une proposition exprimant la Montée et dont les subordonnées font appel à toutes les autres catégories actantielles. Mais, nous l'avons déjà laissé entendre, Valjean ne s'élève vers l'idéal qu'en raison même de son Sacrifice, c'est-à-dire de sa Chute (et de ses Bonnes Actions). Et ce qui caractérise peut-être le mieux le récit hugolien, c'est ce double mouvement d'une Chute et d'une Montée rigoureusement parallèles, que seule rend possible la conception d'un Axe limite, absolument dépourvu de substantialité, d'un Axe qui est pure relation entre le Oui et le Non de l'Être.

La Mauvaise Action

La Bonne Action consistait à donner un «bien», matériel ou spirituel (faire «du bien») à quelqu'un. La Mauvaise Action consiste à priver quelqu'un de quelque chose: d'un bien matériel (vol), d'un bien-être physique (mauvais traitements, torture, meurtre) ou même moral. Elle est, comme son contraire, transitive et fondée sur une relation unilatérale à l'autre: *Je prends quelque chose à quelqu'un* — ou *je prive quelqu'un de quelque chose.*

Tel est le vol d'un pain par Valjean. Mauvaise action *mineure,* certes; et c'est un fait digne de remarque que la Mauvaise Action fasse spontanément l'objet d'une évaluation, soit en termes de délit légal, soit en termes de péché, alors que la Bonne Action ne fait pas l'objet de

97. *Les Misérables,* p. 119.

quantifications aussi précises. La Mauvaise Action est aussi l'objet de répressions, de sanctions («humaines» ou «divines») alors que la Bonne Action, comme on dit, est à elle-même sa propre récompense. Il y a des tribunaux pour juger les délits (ou il y a le «tribunal de la pénitence») mais il n'y en a pas pour juger et sanctionner les actions «charitables».

Ceci dit, et malgré le peu de gravité de la faute et les circonstances atténuantes, le vol d'un pain par Valjean est, bel et bien, une Mauvaise Action: l'auteur ne le conteste pas, et le personnage non plus. Ce dernier «reconnut qu'il n'était pas un innocent injustement puni. Il s'avoua qu'il avait commis une action extrême et blâmable...[98]»

L'accomplissement de la Mauvaise Action nécessite souvent l'affrontement d'obstacles et la mise sur pied d'une stratégie; il comporte toujours des risques, et cela lui confère une qualité dramatique supérieure à celle de la Bonne Action. La Mauvaise Action suppose généralement de la part du sujet une attitude de révolte à l'endroit de la société, surtout lorsqu'elle est passée à l'état d'habitude. Cette révolte entraîne une lutte entre la société et le malfaiteur. Mauvaise Action et Affrontement sont contigus. Essayons cependant de dégager les traits propres à la Mauvaise action comme telle.

Ils apparaissent d'une façon particulièrement nette sur le plan symbolique. Le Malfaiteur, qui est le plus souvent un être humain (Thénardier), mais qui peut prendre la forme d'un animal ou d'un objet fabuleux, doué de vie (la pieuvre, dans *les Travailleurs de la Mer;* le canon de la corvette *Claymore,* dans *Quatre-vingt-treize*), est lié à une thématique, très élaborée chez Hugo, de la monstruosité et de la voration. Le Malfaiteur est un monstre qui dévore sa proie. Tel est, par exemple, l'océan dans l'allégorie, déjà citée, intitulée «L'onde et l'ombre». L'homme tombé à la mer devient l'objet d'une

98. *Les Misérables,* p. 93.

agression. «Il est dans l'eau *monstrueuse*. Il n'a plus sous les pieds que de la fuite et de l'écroulement. Les flots déchirés et déchiquetés par le vent l'environnent hideusement, les roulis de l'abîme l'emportent, tous les haillons de l'eau s'agitent autour de sa tête, une populace de vagues crache sur lui, de confuses ouvertures le *dévorent* à demi; ... d'affreuses végétations inconnues le saisissent, lui nouent les pieds, le tirent à elles; il sent qu'il devient abîme, il fait partie de l'écume, les flots se le jettent de l'un à l'autre, il boit l'amertume, l'océan lâche s'acharne à le noyer, l'énormité joue avec son agonie. Il semble que toute cette eau soit de la haine[99].»

Passage admirable! Il nous décrit tantôt l'action de la Chute (et le sujet des propositions s'y rapportant est «il» — le misérable), tantôt l'action de l'océan, ce monstre vorateur, sujet de la Mauvaise Action.

Nous avons vu déjà que, au terme de la Chute, le Misérable est face à un monde qui ne se distingue plus vraiment de lui, qui a les mêmes caractères: Valjean, «ensemble délabré», se trouvait face à l'«ensemble hideux et borné» de la nature. Ici l'océan «en haillons», l'océan «populace» est le double du misérable. Et ce dernier, sujet de la Chute, est le complément d'objet de la Mauvaise Action. On peut dire d'ailleurs que toute Chute est causée par l'intervention d'un agent malfaisant, que ce soit un homme ou une puissance surnaturelle (Fatalité, Providence). Lorsque *je tombe* (Chute), je tombe par la faute de quelqu'un; et la formule de la Mauvaise Action pourrait s'écrire ainsi: *Quelqu'un fait tomber quelqu'un*. De la même façon, la formule de la Bonne Action pourrait être: *Quelqu'un fait monter quelqu'un*.

Notons aussi, dans le passage cité, que le monstre, sujet de l'agression, est en même temps le *lieu* de ladite action: le misérable est *dans* l'eau *monstrueuse*, dans le monstre même, et l'on conçoit aisément que l'agression soit une voration. On conçoit aussi que le monstre façonne le misérable à son image: d'entrée de jeu, la frontière n'est-elle pas abolie entre l'un et l'autre? L'océan boit l'homme à la mer, qui boit l'océan. Cela explique que la Chute ait toujours, peu ou prou, une incidence morale. Tomber, c'est tomber par l'action du Mal dans le Mal, tout aussi bien que dans le Malheur. Conséquence d'une Mauvaise Action, la Chute est toujours en partie une Chute morale et fait du misérable un malfaiteur.

L'œuvre de Hugo contient de nombreuses descriptions convergentes de monstres. Ils ont tantôt une forme organique (l'hydre), tantôt une forme mécanique (le laminoir), et il convient d'en examiner quelques-uns en superposition avec celui de «L'onde et l'ombre».

Reportons-nous d'abord à un passage de *Ruy Blas*. Le héros découvre la sombre «machination» ourdie contre la reine et lui par don Salluste. La prise de conscience de l'affreux rôle qu'il joue dans la perte de la femme qu'il aime jette Ruy Blas dans l'«égarement» — forme psychologique de la Chute. Ruy Blas s'écrie:

Oh! je sens que je suis dans une main terrible [100]*!*

La main terrible, extension symbolique du Malfaiteur, don Salluste, est une première image de la préhensilité destructrice. Celle-ci revêt ensuite la forme allégorique de la «machine effroyable»:

Ô mon Dieu! voilà donc les choses qui se font!

Bâtir une machine effroyable dans l'ombre,
L'armer hideusement de rouages sans nombre,
Puis, sous la meule, afin de voir comment elle est,
Jeter une livrée, une chose, un valet,
Puis la faire mouvoir, et soudain sous la roue
Voir sortir des lambeaux teints de sang et de boue,
Une tête brisée, un cœur tiède et fumant,
Et ne pas frissonner alors qu'en ce moment

100. *Ruy Blas*, in *Œuvres dramatiques et critiques complètes*, p. 656 A.

> *On reconnaît, malgré le mot dont on le nomme,*
> *Que ce laquais était l'enveloppe d'un homme*[101]*!*

L'âme de la machine qui la rend effroyable et hideuse, c'est la Roue. Elle prend ici la forme des rouages sans nombre et de la meule. « L'onde et l'ombre » présentait aussi le motif de la Roue dans les « roulis de l'abîme » qui emportent le misérable. Et ce dernier, au terme du combat, « *roule* à jamais dans les profondeurs lugubres de l'engloutissement ». Ce mouvement est déterminé par la roue monstrueuse de l'Ombre. Quand à la meule, il y était fait allusion dans un chapitre précédent : Valjean, au bagne, a les mêmes pensées que, s'il pouvait en avoir, « le grain de mil sous la meule [102] ». Pourquoi cet aspect si maléfique de la Roue chez Hugo?

Parce qu'elle est, sans doute, un parfait symbole de la Matière. Sa circularité, sa fermeture, que nous retrouvons aussi dans la « voûte blanchâtre » du paysage chaotique [103], son extrême fonctionnalité aussi sont les attributs mêmes du monde « fini », borné où nous vivons. L'univers visible est régi par les lois de la gravitation, et la gravitation n'est rien d'autre que le Mal. On connaît ces vers de « Ce que dit la bouche d'ombre », où le poète expose ses théories théo-cosmogoniques :

> *Or, la première faute*
> *Fut le premier poids.*
> *Dieu sentit une douleur.*
> *Le poids prit une forme, et, comme l'oiseleur*
> *Fuit emportant l'oiseau qui frissonne et qui lutte,*
> *Il tomba, traînant l'ange éperdu dans sa chute.*
> *Le mal était fait. Puis, tout alla s'aggravant ;*
> *... Et de tous ces amas des globes se formèrent,*
> *Et derrière ces blocs naquit la sombre nuit.*
> *Le mal, c'est la matière*[104]*.*

101. *Ruy Blas,* in *Œuvres dramatiques et critiques complètes,* p. 656 A.
102. *Les Misérables,* p. 99.
103. *Ibid.,* p. 72.
104. In *Œuvres poétiques complètes,* p. 471 A.

L'«aggravation» est génératrice de globes, et les globes composent l'immense mécanique de la création. Le mal est rond; et l'homme, nous dit la Préface de *Cromwell*, est composé de deux êtres, «l'un charnel, l'autre éthéré, [... l'un] toujours *courbé* vers la terre, sa mère, [l'autre] sans cesse *élancé* vers le ciel, sa patrie[105]». La courbure est la forme naturelle de la matière. Le Fait (opposé à l'Idée) est courbe: rien d'étonnant dans le rapport d'équivalence que pose Ruy Blas entre «les choses qui *se font*» et la construction d'une machine monstrueuse, ensemble de rouages et d'une meule (roue broyeuse). Rien d'étonnant non plus dans la comparaison des rouages à des armes: ils concourent tous à l'*encerclement* de la victime et l'encerclement, on le devine, constitue la stratégie première de l'agression. L'homme à la mer, les flots «l'environnent hideusement»...

Le mal est rond, avons-nous dit; et il façonne le misérable à son image, il le «courbe vers la terre, sa mère». La psychanalyse dirait qu'il *est* la mère[106]. Mal, terre, matière, mère, mer et misère forment une même constellation imaginaire — et paragrammatique aussi, si l'on voit dans «matière» la conjonction phonémique de «mal» et de «terre».

La transmission de la courbure à l'objet de la Mauvaise Action (le misérable) est attestée par les passages suivants des *Misérables,* qui font appel à une métaphore identique pour décrire la situation affective de l'Errant. Le narrateur se demande d'abord, à propos de Valjean: «Le cœur peut-il devenir difforme et contracter des laideurs et des infirmités incurables sous la pression d'un malheur disproportionné, comme la colonne vertébrale sous une voûte trop basse[107]?»

---

105. In *Œuvres dramatiques et critiques complètes*, p. 144 A.
106. Cf. l'excellent ouvrage de Charles Baudouin, *Psychanalyse de Victor Hugo*, Genève, Mont-Blanc, «Action et Pensée», 1943. On lira, en particulier, le chapitre intitulé «Arachné-Anankè», p. 127-148.
107. *Les Misérables*, p. 96.

La marâtre Misère tient l'homme captif dans sa mutilante matrice et le contraint (affectivement et moralement) à la position fœtale. Fantine subit le même sort. La pauvreté l'oblige à habiter « un de ces galetas dont le plafond fait angle avec le plancher et vous heurte à chaque instant la tête ». Et, poursuit Hugo, « le pauvre ne peut aller au fond de sa chambre comme au fond de sa destinée qu'en *se courbant* de plus en plus[108] ». Il sera plus loin question du cœur « comprimé » de Cosette[109]. Le cœur « difforme » de Valjean, celui de Cosette, la tête heurtée à chaque instant rappellent « la tête brisée », le « cœur tiède et fumant » qui sortent sous la roue broyeuse où Ruy Blas, métaphoriquement, se voit précipité.

La pieuvre qu'affronte Gilliatt dans *les Travailleurs de la mer* est un organe tout entier préhensile, une incarnation superlativement hideuse de la main terrible. Sa tête molle (qui ne peut donc être brisée, comme celle du misérable) se confond avec son corps; et l'orifice qui s'ouvre en elle est à la fois bouche et anus[110]. Le système digestif est parfaitement circulaire et cela, déjà, apparente la pieuvre à la roue. Mais le monstre, qui n'a ni l'énormité de la baleine, ni la cuirasse de l'hippopotame, ni le sifflement de la jararaca, ni la corne du rhinocéros, ni le dard du scorpion, ni les pinces du buthus (etc.); qui n'a rien en lui de dur, ou de venimeux, ou d'incisif, est pourtant, nous dit Hugo, « la plus formidablement armée » de toutes les bêtes car elle possède ces « roues » sans nombre que sont les « ventouses ». « Qu'est-ce que la pieuvre? C'est la ventouse. » La pieuvre est roue, dans le détail et dans l'ensemble. « Cette loque avance vers vous peu à peu. Soudain, elle s'ouvre, huit *rayons* s'écartent brusquement autour d'une face qui a deux yeux; ces rayons vivent; il y a du flamboiement dans leur ondoiement; *c'est une sorte de roue;* déployée, elle a quatre ou cinq pieds de *diamètre.* Épanouissement effroyable. Cela se jette sur vous. » La

108. *Les Misérables*. p. 194.
109. *Ibid.*, p. 438.
110. In *Œuvres romanesques complètes*, p. 1052 et suiv.

pieuvre est roue, mais elle est aussi fleur et astre, elle a un épanouissement et un flamboiement. En fait elle est la sombre fleur du mal, ou l'«affreux soleil noir d'où rayonne la nuit[111]», ou encore, espèce de sac de peau qui vous aspire, elle est la matrice monstrueuse du mal — votre mère.
Plusieurs passages des *Misérables* reprennent et développent l'image du monstre en des termes très voisins de ceux que nous avons rencontrés dans le chapitre intitulé «L'onde et l'ombre». Dans la quatrième partie, Valjean adresse une «allocution solennelle» et d'ailleurs privée à Montparnasse, un jeune bandit qu'il vient de mettre hors de combat. Son monologue contient plusieurs traits identiques à ceux que nous avons relevés dans *les Misérables* (I, 2, VIII) et dans d'autres œuvres:

a) *La Saisie*. — «... As-tu vu une machine qui est redoutable? cela s'appelle le laminoir. Il faut y prendre garde, c'est une chose sournoise et féroce; *si elle vous attrape le pan de votre habit*, vous y passez tout entier[112].» — Ainsi Gilliatt, brusquement, «se sentit saisir le bras». Ainsi, «tout à coup vous vous sentez saisi» par le livre que vous lisez («un livre est un engrenage») et emporté dans les profondeurs d'une pensée[113]. À chaque instant, dans chaque circonstance de sa vie, le «monstre» peut s'emparer de l'homme et le tirer à lui.
b) *«C'est fini»*. — «...Cette machine, poursuit Valjean, c'est l'oisiveté. Arrête-toi, pendant qu'il en est temps encore, et sauve-toi! Autrement, *c'est fini...*» — «Il a glissé, il a tombé, *c'est fini*», écrivait aussi le narrateur de «L'onde et l'ombre».
c) *L'Engrenage*. — Valjean à Montparnasse: «... avant peu tu seras dans l'engrenage.» — «Un livre est un engrenage», lit-on dans le *William Shakespeare*. Cet engrenage est évidemment identique aux rouages sans nombre qu'évoque Ruy Blas, aux «roulis» de l'abîme Océan.

111. In *Œuvres poétiques complètes*, p. 471 A.
112. *Les Misérables*, p. 939.
113. *William Shakespeare*, in *Œuvres dramatiques et critiques complètes*, p. 1497 A.

d) La Main terrible. — Valjean à Montparnasse: «... La *main de fer* du travail implacable t'a saisi.» — Cette main est la même que la «main terrible» qui s'abat sur Ruy Blas, ou la «main fatale» qui ressaisit Valjean, tout au long de son voyage à Arras[114].

e) Le Désespoir. — Valjean à Montparnasse:«... Une fois pris, *n'espère plus rien.*» — L'homme à la mer est voué lui aussi au désespoir, «le *désespéré* s'abandonne, qui est las prend le parti de mourir».

f) La Damnation. — Valjean à Montparnasse: «... Ah! tu n'as pas voulu de la lassitude honnête des hommes, tu vas avoir la sueur des *damnés.*» Dans «L'onde et l'ombre»: «La mer, c'est l'inexorable nuit sociale où la pénalité jette ses *damnés.*»

g) Le Chant et le Râle. — Valjean: «... Où les autres *chantent,* tu *râleras.*» — *L'Onde et l'Ombre:* «[Les oiseaux, les anges] cela vole, *chante* et plane, et lui, il *râle.*»

h) Le Souvenir des Autres. — Valjean: «... Tu verras de loin, d'en bas, *les autres hommes* travailler; il te semblera qu'ils se reposent.» — L'homme à la mer se souvient des «autres» qui sont là-bas et avec qui il «allait et venait sur le pont».

i) Le Navire, fête pour qui est dedans, spectre pour qui est dehors. — Valjean à Montparnasse: «La barque en liberté dans le vent, quelle fête! — Mais pour l'homme à la mer, «quel spectre que cette voile qui s'en va!»

j) Le Monstre, agent et lieu de l'agression. — Valjean: «... La vie *se fera monstre autour de toi.*» — L'homme en détresse est «*dans l'eau monstrueuse*».

k) Le Va-et-vient et la Respiration. — Valjean à Montparnasse: «*Aller, venir, respirer,* autant de travaux terribles.» — L'homme à la mer regrette le temps où il «*allait et venait* sur le pont avec les autres, [où] il avait sa part de *respiration* et de soleil...»

114. *Les Misérables,* p. 258: «[Valjean] crut voir la main qui l'avait lâché reparaître dans l'ombre derrière lui, toute prête à le reprendre. [...] Il tressaillit, la main fatale l'avait ressaisi.»

Ces citations tirées de passages éloignés dans *les Misérables* ou appartenant à d'autres œuvres prouvent, sans qu'il soit besoin d'insister davantage, l'existence dans le texte hugolien d'une constellation d'images qui a pour noyau l'archétype du monstre. Le monstre peut revêtir les formes du gouffre liquide, du laminoir, de l'hydre, de la pieuvre, de toute espèce de machine. Il est le «symbole» de la misère, de l'oisiveté, de toutes sortes de vices; mais aussi, à l'occasion, de valeurs positives telles que la pensée *(William Shakespeare)* ou même, on le verra, l'amour. Car les contraires chez Hugo se contiennent l'un l'autre, selon des modalités que nous devrons examiner tout au long de notre analyse.

La biographie de Mgr Myriel (I, 1) contient l'évocation d'un monstre. C'est l'échafaud, instrument de la «vindicte» qui est une forme légale de la Mauvaise Action. Ce qui est une Bonne Action du point de vue légal peut être une Mauvaise Action du point de vue humain ou spirituel.

L'échafaud est plus qu'une machine, il est un être vivant, destructeur et insatiable. On connaît la lutte menée par Hugo, tout au long de sa vie, contre la peine de mort et son aversion profonde pour le gibet ou la guillotine. «L'échafaud n'est pas une charpente, l'échafaud n'est pas une machine, l'échafaud n'est pas une mécanique inerte faite de bois, de fer et de cordes. Il semble que ce soit une sorte d'être qui a je ne sais quelle sombre initiative; on dirait que cette charpente voit, que cette machine entend, [...] que ce bois, ce fer et ces cordes veulent. Dans la rêverie affreuse où sa présence jette l'âme, l'échafaud apparaît terrible et se mêlant de ce qu'il fait. L'échafaud est le complice du bourreau; *il dévore; il mange de la chair, il boit du sang.* L'échafaud est une sorte de *monstre* fabriqué par le juge et par le charpentier, un spectre qui semble vivre d'une espèce de vie épouvantable faite de toute la mort qu'il a donnée[115].» Manger de la chair, boire du sang: l'exécution

---

115. *Les Misérables*, p. 18.

du condamné nous est présentée comme une messe hideuse, dont le juge est l'officiant. L'échafaud est le Contre-Axe par excellence, l'axe nocturne autour duquel gravitent les choses de la mort.

Tout malfaiteur, dans l'œuvre hugolienne, tend à s'identifier symboliquement au monstre vorateur. Le malfaiteur est, ontologiquement, un affamé. « Il faut être mangeant ou mangé. Je mange. Mieux vaut être la dent que l'herbe», dit le sénateur matérialiste à Mᵍʳ Myriel[116]. Ces propos pourraient être tenus par Thénardier. Celui-ci s'écrie, dans le livre central du roman (« Le mauvais pauvre»): « Oh! je mangerais le monde[117]!» Et plus loin, après son sauvetage par Gavroche, il demande à ses comparses: « Maintenant, qui allons-nous manger? Il est inutile, commente l'auteur, d'expliquer le sens de ce mot affreusement transparent qui signifie tout à la fois tuer, assassiner et dévaliser. *Manger*, sens vrai: *dévorer*[118].»

Notons que la première mauvaise action de Valjean, le vol d'un pain, reçoit un éclairage particulier de cette association symbolique fondamentale entre Mauvaise Action et voration. Voler, c'est manger. Mais la faim qui pousse Valjean au vol doit être rattachée à la thématique de la Chute. La voracité du Malfaiteur est étrangère aux circonstances; elle n'est pas due au manque du nécessaire mais au besoin de tout posséder. On conçoit cependant que la misère de l'homme affamé puisse devenir la boulimie de l'homme méchant, et que toute chute soit un prélude à la Chute morale, génératrice de la Mauvaise Action. À sa sortie du bagne, Valjean est capable « de deux espèces de mauvaises actions: premièrement, d'une mauvaise action rapide, irréfléchie, pleine d'étourdissement, toute d'instinct, sorte de représailles pour le mal souffert; deuxièmement, d'une mauvaise action grave, sérieuse, débattue en conscience et méditée avec les idées fausses que peut donner un pareil malheur[119].»

116. *Les Misérables*, p. 33.
117. *Ibid.*, p. 762.
118. *Ibid.*, p. 1000.
119. *Ibid.*, p. 100.

La Mauvaise Action que commet Valjean à l'endroit de l'évêque qui lui a offert nourriture et abri, le vol des couverts d'argent, est liée d'une façon plus frappante encore au thème de la voration. Il est étonnant et significatif, en effet, que l'ex-forçat ne songe à dérober que les couverts, qui sont dans la chambre de l'évêque, et néglige le flambeau qu'il a posé lui-même sur une petite table près de son lit[120]. Au vol des couverts, qui sont naturellement liés à une thématique de la manducation, l'évêque répondra précisément par le don des flambeaux, qui ont la même valeur marchande (deux cents francs), mais qui ont une valeur symbolique toute différente. Valjean vendra les couverts et «emploie[ra] cet argent à devenir honnête homme», selon le souhait de l'évêque[121], mais il conservera les flambeaux toute sa vie et ils lui rappelleront, aux moments opportuns, les exigences de la loi divine. Les couverts d'argent se rattachent, par le thème de la manducation, à la thématique de la Mauvaise Action alors que les flambeaux, par le thème du rayonnement, se rattachent à la thématique de la Bonne Action. Lorsque Valjean, à la fin du roman, est sur le point de mourir, il allume les «chandeliers de l'évêque[122]» et, à leur clarté, rédige une lettre qui est sa dernière bonne action et son dernier sacrifice: image du saint Misérable qui est véritablement *dévoré* par sa bonté...

L'Affrontement

Les catégories actantielles que nous avons étudiées plus haut impliquaient un seul sujet — individuel ou collectif. Mais certaines classes d'actions engagent deux sujets distincts, qui sont aussi les deux compléments d'objet. Ce sont des actions «pronominales». Tel est, par exemple, le Combat *(Nous nous combattons)* ou, d'un terme plus général, l'Affrontement, qui suppose deux sujets

---

120. «L'homme posa le flambeau sur une petite table...» *(Les Misérables,* p. 87).
121. *Ibid.,* p. 113.
122. *Ibid.,* p. 1455.

également actifs et en relation de réciprocité. L'Affrontement est, par rapport à la Chute ou à la Mauvaise Action, ce que le dialogue est au monologue. Le dialogue n'est pas une simple juxtaposition de monologues — à moins, bien entendu, qu'il ne s'agisse d'un dialogue de sourds... Il emprunte au monologue certains de ses traits, mais les fond dans une unité de discours différente.

Ainsi l'Affrontement emprunte ses éléments constituants aux actions transitives et intransitives, mais il les transforme. En règle générale, il consiste dans la transformation organique d'une relation agresseur-agressé (Malfaiteur-Victime) en une relation vainqueur-vaincu (Conquérant-Conquis). Il « intègre » donc en lui la Mauvaise Action, la Montée et la Chute. De plus, la riposte de l'agressé peut souvent être interprétée en termes de Bonne Action (défense de certains droits, de certaines valeurs menacés), même si elle ne l'est pas de par sa nature même. (Le Saint répond par la générosité aux mauvais traitements qu'on lui inflige).

Fondé sur un rapport de forces, l'Affrontement comportera généralement une série de victoires (Montées) et de défaites (Chutes) partielles et généralement en alternance, pour chacun des sujets en cause ; mais chaque nouvelle étape n'est jamais la reprise pure et simple de la précédente : la situation se modifie à chaque instant, les « moyens » de l'agression évoluent, s'enrichissent généralement (malgré la déperdition d'énergie) et l'on passe d'un type de relations simple, entre les antagonistes du début, à un type de relations beaucoup plus complexe. L'Affrontement comporte une escalade (Montée des antagonistes) : on délaisse peu à peu le rapport de forces brutal pour un rapport de forces beaucoup plus subtil, où l'esprit a une part de plus en plus grande. Plus « riche » est l'escalade, plus grande est la Chute du vaincu.

L'Affrontement peut être physique (Corps à corps) ou moral ; individuel ou collectif. Il peut aussi être intérieur. Dans ce cas, un même être est « divisé » devant une décision à prendre, il lutte contre lui-même, deux principes ou deux «idées» se combattent en lui. «Qu'est-ce que les convulsions d'une ville auprès des émeutes de l'âme[123]?»

La rencontre de M. Myriel, alors curé de Brignolles, et de Napoléon nous fournit un premier exemple d'Affrontement[124]. Cette séquence narrative tient en quinze lignes seulement, dont la moitié sont consacrées à l'exposé des circonstances (situation initiale). Elle n'en a pas moins tous les caractères d'un récit complet, et son mérite est de laisser dans l'ombre ce qui nous permettrait de caractériser nettement chacun de ses moments en termes d'actions simples (transitives, intransitives) pour ne laisser transparaître que le mouvement de l'escalade conflictuelle. Elle comprend quatre phases:

a) *Acte désobligeant:* M. Myriel regarde Napoléon avec curiosité.

b) *Riposte:* Napoléon dit brusquement, sans s'adresser directement à M. Myriel: «Quel est ce bonhomme qui me regarde?»

c) *Contre-riposte:* M. Myriel réplique: «Sire, vous regardez un bonhomme, et moi je regarde un grand homme. Chacun de nous peut profiter.»

d) *Résultat:* Napoléon fait nommer M. Myriel évêque de Digne.

On ne connaît pas encore la sainteté de M. Myriel, ni cette «faille» dans sa sainteté que constitue son royalisme. On ne sait pas encore que le bon prêtre se garde ordinairement «de la curiosité, laquelle, selon lui, [est] contiguë à l'offense[125]», et que son regard inquisiteur sur Napoléon a quelque chose de la Mauvaise Action. Il s'agit, en tout cas, d'une forme d'agression, et plus précisément d'une mise en question ou d'une recherche de l'«identité» de son vis-à-vis. Et l'on verra que les affrontements chez Hugo, conformément à la dialectique hégélienne

123. *Les Misérables*, p. 1173.
124. *Ibid.*, p. 4.
125. *Ibid.*, p. 41.

du maître et de l'esclave, sont très souvent au départ, médiatement du moins, une contestation de la «maîtrise» de l'autre et une lutte pour la reconnaissance de sa propre dignité «ontologique». L'Affrontement débute par la question: *Qui* êtes-vous? Le regard de M. Myriel n'a pas d'autre sens.

À ce *qui?* désobligeant, Napoléon répond — mais sans reconnaître au vieux prêtre la qualité d'interlocuteur — par une phrase qui constitue la première étape d'une escalade. En disant: «Quel est ce bonhomme qui me regarde?» il met en cause explicitement la qualité de son «agresseur» (au lieu de lui demander la raison de son attitude) et, tout en se posant à voix haute la question «Qui est-il?», il y répond d'un même souffle: c'est un «bonhomme», terme empreint de mépris. Le mépris se manifeste aussi dans la transformation du «qui» en «quel»: ce «bonhomme» est une chose. Mais plus encore, c'est la situation initiale globale (X regarde Y) que Napoléon met en cause: au regard désobligeant, il répond par un regard sur ce regard, un regard «au second degré», et affirme par là sa supériorité non seulement sociale mais intellectuelle sur l'opposant.

Mais M. Myriel riposte en se plaçant à un point de vue plus élevé encore. Il affirme d'abord sa qualité d'interlocuteur «valable» en s'adressant directement à l'empereur, et il invite ce dernier à contempler leurs regards réciproques: vous regardez un bonhomme et je regarde un grand homme. Il y a non seulement réciprocité des regards, mais encore commun dénominateur et symétrie entre les vis-à-vis. Bonhomme et grand homme, ce sont deux façons d'être *homme:* l'une modeste, l'autre prestigieuse. Mais M. Myriel, en s'élevant ainsi au-dessus de lui-même *et du grand homme* pour contempler leur relation et en dégager la leçon, valable pour les deux, prouve sa supériorité morale. Il n'est pas que l'un des actants d'une rencontre, il se montre capable de thématiser la rencontre elle-même, de prendre du recul par rapport à sa propre action et à celle de son antagoniste et d'envisager leur réciprocité. Au terme de l'escalade, la rencontre devient donc son propre objet. Il y a là un dévoilement de l'Essentiel analogue à celui que nous avons observé dans notre analyse de la Chute, au terme de laquelle le Misérable se découvre face à lui-même.

« Chacun de nous peut profiter » : c'est dire que l'Affrontement, qui met en relation deux êtres opposés par leur nature (grand homme et bonhomme), mais égaux par leur action (X regarde Y qui regarde X) peut avoir de bons ou de mauvais effets ; peut être récupéré, en quelque sorte, par la sémantique de l'action transitive. Ainsi Hugo se demandera : « Faut-il trouver bon Waterloo[126] ? » Et le conventionnel G. dira à Mgr Myriel : «[La Révolution] a été bonne[127].» On voit que les diverses catégories actantielles, si distinctes soient-elles dans l'abstrait, communiquent entre elles et tendent constamment à se transformer l'une en l'autre. C'est en quoi, précisément, leur nature est « thématique ».

D'autre part, si «chacun de nous peut profiter», c'est que l'Affrontement peut être l'occasion d'une Montée (morale) des antagonistes. Et le résultat explicite de la rencontre entre Napoléon et Mgr Myriel, qui constitue une dernière «réplique» de l'empereur, n'est qu'une illustration imparfaite de ce «profit» auquel le prêtre fait allusion. Ce dernier est nommé évêque de Digne (Montée sociale), mais qu'en est-il de leur enrichissement moral? Mgr Myriel, pour sa part, restera royaliste comme devant, et il applaudira même à la chute de Napoléon[128].

Cela tient, on le sait, à la nature même du personnage. Nous avons suffisamment insisté plus haut sur le statisme du Bienfaiteur qu'est, essentiellement, Mgr Myriel. Nous y reviendrons en conclusion à l'analyse des deux autres récits d'Affrontement du livre premier.

La rencontre de Mgr Myriel avec l'échafaud[129] diffère légèrement de celle que nous venons

126. C'est le titre de II, 1, XVII (les Misérables, p. 363).
127. Ibid., p. 43.
128. Ibid., p. 52.
129. Ibid., p. 18-19.

d'analyser puisqu'il ne peut y avoir d'échanges de vues entre les antagonistes. L'échafaud n'en est pas moins un être animé, «terrible et se mêlant de ce qu'il fait». Il n'interroge pas, mais il oblige celui qui le voit à s'interroger sur lui-même, et sa vue déclenche un combat intérieur chez l'évêque. Il faut «prendre parti pour ou contre», répondre globalement à «toutes les questions sociales» qui «dressent autour de ce couperet leur point d'interrogation». Sa rencontre est un «choc», et Mgr Myriel «fut longtemps à s'en remettre». C'est dire l'intensité du dialogue qui s'est engagé dans sa conscience. Comme le dialogue avec Napoléon, il oblige l'évêque à prendre du recul par rapport à lui-même et à accéder à un point de vue supérieur. Le phénomène de l'escalade se reproduit donc, mais il est intériorisé. L'évêque en arrive à la conclusion suivante: «Je ne croyais pas que cela fût si *monstrueux*. C'est un tort de s'absorber dans la loi divine *au point de ne plus s'apercevoir de la loi humaine*.» L'évêque prend conscience de son rattachement exclusif à la verticale (ou axe spirituel) de l'univers et des limites de son action (Bonne Action).

Napoléon était un «grand homme»; l'échafaud est un «monstre». Mais Mgr Myriel étant royaliste, il est probable que l'empereur lui inspirait au départ des sentiments analogues à ceux que lui inspire la guillotine. Dans le troisième récit de rencontre du livre premier[130], c'est un «quasi-régicide», un homme «terrible» (comme l'échafaud), un ancien «puissant de la terre» (comme Napoléon) que Myriel a pour vis-à-vis. En réalité il en est tout autrement, le conventionnel G. est la personnification vénérable de la Révolution, du progrès et d'une justice fondée sur la loi humaine et la loi divine à la fois. Au cours d'une lutte serrée où s'affrontent le Juste et le Justicier, Mgr Myriel perd peu à peu ses préventions et reconnaît finalement en G.: «une lumière inconnue». C'est la lutte de Jacob avec l'ange. Elle comprend plusieurs phases, et d'abord la confrontation des identités. Mgr Myriel

---

130. Chap. x: «L'évêque en présence d'une lumière inconnue» (*les Misérables*, p. 38-49). C'est le récit le plus long du livre premier.

examine G. avec une attention malveillante, «quoiqu'il se gardât ordinairement de la curiosité, laquelle, selon lui, était contiguë à l'offense». Même début que dans la rencontre avec Napoléon. Puis le conventionnel contre-attaque et demande: «*Qui êtes-vous?* Vous êtes un évêque, c'est-à-dire un prince de l'Église, un de ces hommes dorés, armoriés, rentés; [...] cela ne m'éclaire pas sur votre valeur intrinsèque et essentielle, à vous qui venez avec la prétention probable de m'apporter de la sagesse. À qui est-ce que je parle? Qui êtes-vous[131]?»

Nous le constatons encore une fois: ce qui est en question dans l'Affrontement, c'est le moi véritable, et non la *place,* par exemple, que l'on occupe dans la hiérarchie sociale, ou la redistribution des biens qui peut en découler. Non pas l'avoir, mais l'être. L'évêque répond au conventionnel: *Vermis sum.* C'est la répétition du dialogue avec Napoléon, à ceci près que, dans le cas présent, la supériorité morale n'appartient pas à Mgr Myriel. Il a, du moins, assez d'humilité pour le reconnaître.

La discussion, qui porte sur la Révolution, s'élève de point de vue en point de vue jusqu'à la question suprême: peut-on concevoir le progrès sans la foi? Le conventionnel affirme alors: «Ô toi! ô idéal! toi seul existes[132]!» Cette profession de foi produit sur l'évêque «une sorte d'inexprimable commotion» analogue au «choc» qu'a été pour lui la vue de la guillotine. L'affrontement est donc, ici encore, l'occasion d'une transformation, d'un changement d'attitude. D'elle, l'évêque «peut profiter»; et «personne ne pourrait dire que le passage de cet esprit devant le sien et le reflet de cette grande conscience sur la sienne ne fût pas pour quelque chose dans son approche de la perfection[133]». L'approche de la perfection est bien une Montée, et l'Affrontement (qui finit par ressembler à une Conjonction) en est l'occasion.

131. *Les Misérables,* p. 45.
132. *Ibid.,* p. 47.
133. *Ibid.,* p. 49.

Mais ici se manifeste la partielle incohérence du personnage. Mgr Myriel, nous l'avons dit, est un « saint fixe ». Il personnifie la loi divine, la bonté, l'axe spirituel de l'univers. Aussi les récits de Bonne Action correspondent-ils à ses qualités actantielles à un bien plus haut degré que les récits de rencontre, qui comportent une intensité dramatique et un dynamisme étrangers à sa nature. Tous les affrontements semblent pouvoir aboutir à la conversion, partielle ou totale, des personnages : « Chacun de nous peut profiter. » — « ... il faut se décider et prendre parti pour ou contre ». — « ... Ne trouvez-vous pas qu'il serait regrettable que nous nous fussions rencontrés en vain[134] ? » Mais Mgr Myriel, en fait, ne bouge pas. Il ne s'élève pas contre la peine de mort mais se contente d'éviter de passer sur la place des exécutions. Son royalisme est inébranlable.

Aussi les récits d'Affrontement dans le livre premier ont-ils surtout pour fonction de mimer à l'avance, en quelque sorte, ceux du livre II et du reste du roman. Ils annoncent le récit de la conversion de Valjean, qui sera une conversion réelle alors que l'évêque est immobilisé dans sa bonté. De même qu'aucune action n'existe isolément et que la Bonne Action « contient » toutes les autres, le premier livre contient déjà en partie le deuxième, son caractère statique crée l'exigence d'un départ en trombe de l'action romanesque, après un long piétinement que ne parviennent pas à faire oublier les rares « aventures » de Mgr Myriel.

Les Affrontements du livre II ont surtout un caractère intérieur. C'est par exemple, dans l'épisode du vol des couverts d'argent, la mise en présence de « ce qu'il y a de plus violent » et de « ce qu'il y a de plus doux[135] ». Cette confrontation détermine en Valjean « une étrange indécision. On eût dit qu'il hésitait entre les deux abîmes, celui où l'on se perd et celui où l'on se sauve. Il semblait prêt à briser ce crâne ou à baiser cette main. »

134. *Les Misérables*, p. 4, 18 et 48.
135. *Ibid.*, p. 109.

Nous avons vu, dans notre premier chapitre, que le monde pour Hugo est constitué de deux abîmes superposés et que l'Axe est une pure relation entre les deux. La force égale des désirs qui poussent Valjean, l'un vers le haut, l'autre vers le bas, est bien conforme à cette représentation. La substantialité du Bien et du Mal est en quelque sorte neutralisée au profit de la relation qui les oppose. De même, dans la rencontre de Mgr Myriel et de Napoléon, « grand homme » et « bonhomme » étaient mis entre parenthèses au profit du *regard* réciproque qui les réunissait tout en les opposant.

Mais tout le drame se joue ici dans la conscience de Valjean. Son « étrange indécision » est l'effet du tiraillement entre deux actions possibles : la Montée ou la Chute morales. La Montée prendrait, dans le cas présent, la forme d'une Conjonction (baiser cette main), et la Chute, celle d'une Mauvaise Action (briser ce crâne). Valjean va résoudre provisoirement le conflit par une Mauvaise Action moins grave : le vol des couverts. Mais l'évêque, en disculpant Valjean auprès des gendarmes et en lui donnant les flambeaux (Bonnes Actions), va relancer le débat de conscience (Affrontement intérieur) du Misérable. L'absence d'intervention directe de l'évêque dans l'Affrontement qui précède la conversion est curieusement soulignée dans ces paroles par lesquelles le saint homme donne congé au forçat : « N'oubliez pas, n'oubliez jamais que vous m'avez promis d'employer cet argent à devenir honnête homme[136]. » Tout se passe comme si l'évêque était intervenu directement dans le débat de conscience de Valjean et lui avait arraché la promesse d'un repentir. Or il n'en est rien, précisément, et l'évêque ne fait, au fond, que mettre Valjean en face d'une virtualité d'action qui « travaillera » son âme de l'intérieur.

Dès le début de leur rencontre, l'Affrontement tend à prendre une tournure intérieure. L'évêque ne fixe pas un regard « curieux » sur Valjean, comme il le faisait sur Napoléon ou sur le conventionnel G.

136. *Les Misérables*, p. 113.

Il n'a aucune attitude offensive, ni aucune attitude
défensive. Il se met tout de suite hors de combat. C'est Valjean qui mène l'offensive, en se portant au-devant d'un refus
qui ne viendra pas. Il dit: «Voici. Je m'appelle Jean
Valjean. Je suis un galérien...», etc.[137] En somme, il répond d'avance à la question: *Qui êtes-vous?* qui marque le
plus souvent le début de l'Affrontement «extérieur».

À cette «réponse sans question»,
l'évêque répliquera: « Vous pouviez ne pas me dire qui
vous étiez»: le Bienfaiteur, on le sait, s'en tient volontiers à
une relation unilatérale au bénéficiaire. Mgr Myriel ajoute:
«D'ailleurs, avant que vous me le dissiez, vous avez [un
nom] que je savais.» Et ce nom, c'est «mon frère[138]». À la
réponse sans question du galérien, l'évêque en oppose donc
une autre et ce procédé, tout aussi bien que la réponse
elle-même, sont de nature à ébranler la connaissance que
Valjean a de lui-même. L'attitude, en outre, de l'évêque qui tait
son identité plutôt que «d'appuyer l'évêque sur le galérien
pour laisser la marque du passage[139]», ce qui constituerait bel et
bien un Affrontement extérieur, contribuera à l'ébranlement du
misérable quand il entendra les gendarmes s'adresser à
«monseigneur[140]». Valjean découvrira donc progressivement
qui est son bienfaiteur, et simultanément, *qui* il est lui-même; et
tout cet épisode se terminera par un constat décisif qui est une
réponse à la question *Qui suis-je?:* «Je suis un misérable[141]!»
À ce moment, Valjean ne se définit plus en fonction du contexte
social (je suis un galérien) mais en fonction d'un contexte
spirituel.

Il n'y a donc pas Affrontement direct
entre l'évêque et Valjean mais il y a Affrontement indirect,
car les Bonnes Actions de l'évêque déterminent puis alimen-
tent la crise intérieure du galérien. D'autre part, la dernière

137. *Les Misérables*, p. 78.
138. *Ibid.*, p. 82.
139. *Ibid.*, p. 85.
140. *Ibid.*, p. 112.
141. *Ibid.*, p. 118.

Mauvaise Action de Valjean (vol de la pièce de Petit-Gervais) entraîne un certain combat physique : Petit-Gervais lutte pour reprendre sa pièce. Ce bref corps à corps se termine par une victoire facile du Malfaiteur. Mais cette victoire (forme de Montée) sur l'innocent et sur l'*enfant* va déclencher le débat de conscience ultime. Examinons brièvement cet épisode.

Juste avant la rencontre de Petit-Gervais, qui porte sur lui comme une grâce le rayonnement de l'enfance, Valjean combat un «attendrissement étrange» auquel il oppose «l'endurcissement de ses vingt dernières années[142]». L'attendrissement du galérien est précisément lié aux souvenirs d'enfance que ressuscite l'odeur des fleurs et qui «lui étaient presque insupportables, tant il y avait longtemps qu'ils ne lui étaient apparus». On peut se demander si Petit-Gervais, qui est un Errant (comme Valjean) mais un Errant joyeux, n'est pas, dans la logique symbolique du roman, l'incarnation de l'enfance même de Valjean. En relation avec cette image de l'enfance, l'évêque incarnerait celle de la vieillesse, illuminée par un idéal de perfection évangélique, à laquelle peut aspirer le misérable repentant. Valjean, dans ces rencontres décisives, est donc mis en présence de l'Origine et de la Fin virtuelle de son existence, et ces mises en présence donnent toute son ampleur à l'Affrontement intérieur.

Au cours de la lutte finale, qui précède immédiatement la conversion, Valjean, curieusement, se dédouble. Il devient le spectateur du Combat qui se déroule en lui — ou plutôt, qui se projette au-devant de lui, sur l'écran de sa vision. «Ceci fut donc comme une vision. Il vit véritablement ce Jean Valjean, cette face sinistre, devant lui. Il fut presque au moment de se demander *qui était cet homme,* et il en eut horreur[143].» Entre Valjean, conscience visionnaire, et «ce Jean Valjean», il y a, réunies, les conditions d'un combat. L'un se demande (presque): Qui est l'autre? Mais l'antagoniste surgira de l'extérieur, et une

---

142. *Les Misérables*, p. 113.
143. *Ibid.*, p. 120.

médiation s'établira entre la subjectivité visionnaire et la réalité, à laquelle appartient le Bienfaiteur: «... à travers cette hallucination, il voyait, dans une profondeur mystérieuse, une sorte de lumière qu'il prit d'abord pour un *flambeau*. En regardant avec plus d'attention cette lumière [...] il reconnut qu'elle avait la forme humaine, et que ce flambeau était l'évêque[144].» L'image de l'évêque, associée à celle du flambeau (Bonne Action), grandira et resplendira (Montée), celle du galérien s'amoindrira et s'effacera (Chute). L'évêque est la personnification de la conscience morale de Valjean prenant le dessus sur sa méchanceté; mais cette conscience morale, on le voit clairement, consiste en une véritable introjection de l'image du Bienfaiteur — et en ce sens, on peut dire que c'est l'évêque qui convertit Valjean: l'Affrontement intérieur acquiert la même «réalité» qu'un Affrontement extérieur.

Le combat final amène Valjean à l'acceptation de cette curieuse transaction énoncée par Mgr Myriel à la fin du chapitre XII, et qu'on pourrait appeler le Bon Marché: «C'est votre âme que je vous achète; je la retire aux pensées noires et à l'esprit de perdition, et je la donne à Dieu[145].» Le Bon Marché relève à la fois de la Bonne Action, qui est transitive, et de l'Affrontement, qui est pronominal. Comme il suppose la transformation intime de l'Affrontement, qui est nocturne et disjonctif, en action charitable, on peut voir en lui une forme active de la Conjonction, que nous allons maintenant étudier.

La Conjonction

Le contraire de l'Affrontement est la Conjonction, qui consiste dans l'union bilatérale de deux êtres; et en cela, la Conjonction est une action pronominale: *Nous nous unissons.*

144. *Les Misérables*, p. 120 et 121.
145. *Ibid.*, p. 113.

L'Affrontement opposait souvent un «bon» et un «méchant» et transformait ce couple en un vainqueur (Montée) et un vaincu (Chute). La Conjonction réunit deux êtres semblables, égaux, et la relation qui s'établit entre eux prend volontiers la forme, sur le plan symbolique, d'un rayonnement et d'une réflexion réciproques. Tel est le mode de relation entre les Génies ou les chefs-d'œuvre. «Ni les loups, ni les chefs-d'œuvre, ne se mangent entre eux», écrit l'auteur du *William Shakespeare*, qui ajoute plus loin: «... les génies communiquent par leurs effluves comme les astres. Qu'ont-ils de commun? Rien. Tout. De ce puits qu'on nomme Ezéchiel à ce précipice qu'on nomme Juvénal, il n'y a point pour le songeur solution de continuité. [...] *L'Apocalypse* se réverbère sur la mer de glace polaire, et vous avez cette aurore boréale, les *Niebelungen*[146].» Entre les égaux, qu'ils soient méchants (les loups) ou sublimes (chefs-d'œuvre), aucune Mauvaise Action, et par conséquent aucun Affrontement ne sont possibles. Chacun rayonne vers l'autre et reçoit son rayonnement; chacun est, pour l'autre, simultanément lune et soleil.

La Conjonction suppose le respect mutuel des deux parties en cause et, plus encore, une «aimantation» qui est l'amour même. Il n'est pas étonnant que, dans *les Misérables,* le mot désigne explicitement la rencontre de Marius et de Cosette: le livre VI de la troisième partie s'intitule «La conjonction de deux étoiles[147]».

Les deux premiers livres du roman contiennent peu d'exemples de Conjonction. Aussi passerons-nous assez rapidement sur cette dernière catégorie actantielle, quitte à y revenir au cours de notre analyse de l'ensemble du roman. Citons cependant ce passage où l'auteur soulève l'hypothèse d'une communication entre le génie et les «esprits» de l'univers:

---

146. *William Shakespeare,* in *Œuvres dramatiques et critiques complètes,*
     p. 1370 B et 1373 B.
147. *Les Misérables,* p. 714.

«La méditation humaine n'a point de limite. À ses risques et périls, elle analyse et creuse son propre éblouissement. On pourrait presque dire que, par une sorte de réaction splendide, elle en éblouit la nature; le mystérieux monde qui nous entoure rend ce qu'il reçoit, il est probable que les contempleurs sont contemplés. Quoi qu'il en soit, il y a sur la terre des hommes — sont-ce des hommes? — qui aperçoivent distinctement au fond des horizons du rêve les hauteurs de l'absolu, et qui ont la vision terrible de la montagne infinie[148].»

Le texte fait d'abord état d'une relation de soi à soi («elle analyse et creuse son propre éblouissement»), instauratrice d'une action pronominale réfléchie. Mais la relation s'étend ensuite à la nature («elle en éblouit la nature»), une transitivité s'établit et se transforme aussitôt en réciprocité («le mystérieux monde [...] rend ce qu'il reçoit»). Par le truchement de la méditation, le génie est en rapport avec soi-même et avec les consciences invisibles de l'univers. Certes, ces consciences n'ont pas une qualité d'*autres personnels* fermement établie, et il vaut sans doute mieux parler ici de Conjonction intérieure, la Conjonction proprement dite impliquant deux sujets dotés d'un même degré de réalité. Dans un fragment délaissé des *Misérables*, Hugo écrivait: «Le premier des *bons ménages* est celui qu'on fait avec sa conscience[149].» C'est la formule même de la Conjonction intérieure. La relation heureuse de soi à soi passe toujours, cependant, par une tierce présence qui est celle du monde, de la nature ou de Dieu. Le génie, en accord avec lui-même, l'est avec la sombre «pensée» du monde.

Mais la Conjonction intérieure n'est pas le lot du seul génie. Mgr Myriel dans son jardin, «*seul avec lui-même*, recueilli, paisible, adorant, comparant la *sérénité de son cœur à la sérénité de l'éther*», entre en conjonction avec lui-même et, par là, en relation avec l'Inconnu. Il est

148. *Les Misérables*, p. 61.
149. *Ibid.*, p. 1642.

«allumé comme une lampe au centre de la nuit» et se répand «en extase au milieu du rayonnement universel de la création»: astre parmi les astres. Il «sentait quelque chose s'envoler hors de lui et quelque chose descendre en lui. Mystérieux échanges des gouffres de l'âme avec les gouffres de l'univers[150]!» Rappelons, à propos de cette dernière phrase, que les échanges conjonctifs se font toujours du même au même — des «gouffres» aux «gouffres». On peut s'étonner de l'association de l'image du gouffre à l'âme de l'évêque, dont nous avons dit qu'il était dépourvu d'intériorité ténébreuse; et s'étonner, d'une façon plus générale, de l'association d'images nocturnes aux sujets de la Conjonction: n'était-il pas dit que les chefs-d'œuvre, *comme les loups, ne se mangent pas entre eux*? C'est que, dans la mise en relation des égaux, toutes les dimensions de l'être sont réconciliées. De même que l'Affrontement intégrait les couples antinomiques Bonne Action / Mauvaise Action, Chute/Montée, et en exaltait le dynamisme conflictuel, la Conjonction intègre les mêmes antinomies mais les fond, en quelque sorte, dans une homogénéité lumineuse.

Affrontements et Conjonctions sont des formes élémentaires de rencontres. On peut fort bien concevoir qu'une rencontre débute par un Affrontement et se termine par une Conjonction. Tel est le cas de la rencontre de l'évêque avec le conventionnel G., à peu de chose près. Elle constitue, écrit Hugo, «ce qu'on pourrait presque appeler [une] conjonction[151]» — et la formule rappelle cette autre: «... on éprouvait *quelque chose* de l'émotion qu'on aurait si l'on voyait un ange souriant ouvrir lentement ses ailes sans cesser de sourire[152]». Mgr Myriel n'est pas tout à fait un ange, et il n'est pas l'*égal* du conventionnel G. Aussi n'y a-t-il pas entre eux double rayonnement et double réflexion, mais reflet unilatéral «de cette grande conscience sur la sienne[153]».

150. *Les Misérables*, p. 59.
151. *Ibid.*, p. 49.
152. *Ibid.*, p. 58. Phrase citée *supra*, p. 65.
153. *Ibid.*, p. 49.

Quand Valjean pénètre dans la chambre de l'évêque pour le voler[154], il se trouve — comme l'évêque devant le conventionnel — en présence d'une lumière inconnue. Cette lumière est celle d'un homme en conjonction avec lui-même et, selon une dynamique que nous avons déjà soulignée, avec la nature elle-même. «La nature, explique l'auteur, mêle quelquefois ses effets et ses spectacles à nos actions avec une espèce d'à-propos sombre et intelligent, comme si elle voulait nous faire réfléchir.» En effet, au moment où Valjean s'arrête devant le lit, il se produit une éclaircie (et l'éclaircie, d'entrée de jeu, est un motif poétique en harmonie avec la thématique de la Conjonction), et «un rayon de lune, traversant la longue fenêtre, vint éclairer subitement le visage de l'évêque.» Ce rayonnement extérieur rencontre un autre rayonnement qui est intérieur. «Toute sa face *s'illuminait* d'une vague expression de satisfaction, d'espérance et de béatitude. C'était plus qu'un sourire et *presque un rayonnement.* Il y avait sur son front l'inexprimable *réverbération d'une lumière qu'on ne voyait pas.* [...] Un reflet de ce ciel était sur l'évêque. [...] C'était en même temps une *transparence lumineuse,* car ce ciel était au-dedans de lui. Ce ciel, c'était sa conscience.» L'évêque est donc rayonnement et réverbération; il contient la source lumineuse (la conscience, ciel intérieur) qui est en même temps comme le miroir du ciel. Et le rayon de la lune «vint se superposer, pour ainsi dire, à cette clarté intérieure»: le moi, le monde, Dieu échangent leurs lumineux effluves. Ce spectacle de la Conjonction intérieure de l'évêque survient au moment où Valjean essaie d'échapper, par la Mauvaise Action (vol), à son Affrontement intérieur; et il aura pour effet d'intensifier encore le débat de conscience du forçat.

Disons, pour conclure, que la catégorie actantielle de la Conjonction est le plus souvent liée aux thématiques de l'amour, du bonheur, de la paix. Elle l'est aussi, nous le verrons plus loin, à celles de la gaîté et de la beauté.

---

154. *Les Misérables,* p. 108 et suiv.

Comme la Chute, elle est empreinte de passivité. L'une est un retour au Chaos, l'autre est souvent un retour à l'Éden, à l'unité première, à un temps sans «histoire». À la fin des temps, Satan redevient Lucifer et retrouve le Paradis perdu... La Conjonction est, par excellence, un point de départ et un point d'arrivée dans la chaîne actantielle qui constitue chacune des grandes étapes d'une existence ou d'un récit.

Le modèle des actions

Au terme de cette analyse, il convient de rassembler en un seul tableau les diverses catégories actantielles, et de nous poser quelques questions.

Chacune des grandes actions peut être caractérisée d'un double point de vue : formel ou syntaxique (intransivité, transitivité, pronominalité) et thématique (le Nocturne et le Diurne). Du point de vue sémantique, on peut aussi caractériser les actions en actions «passives» et «actives». Du point de vue stylistique, les actions intransitives sont généralement duratives, les actions transitives sont ponctuelles et les actions pronominales, qui intègrent les unes et les autres, sont tantôt duratives et tantôt ponctuelles.

On pourrait marquer la nature formelle des trois couples de catégories actantielles par l'utilisation des dénominations suivantes : *actions* proprement dites (pour les actions intransitives), *actes* (pour les actions transitives) et *transactions* (pour les actions pronominales). Mais le point de vue formel nous intéresse moins que le point de vue sémantique, et l'on pourrait proposer, pour les mêmes couples, les appellations suivantes : Chute et Montée sont des *aventures*, Bonne Action et Mauvaise Action sont des *conduites* (à l'égard d'autrui), Affrontement et Conjonction, comme nous l'avons mentionné déjà, sont des *rencontres*.

	intransitif	*transitif*	*pronominal*
nocturne	Chute (passif)	Mauvaise Action	Affrontement (actif)
diurne	Montée (actif)	Bonne Action	Conjonction (passif)
	(aventures)	*(conduites)*	*(rencontres)*

Il convient de rappeler et de souligner tout de suite que ces actions ont une tendance naturelle à se transformer l'une en l'autre (l'Affrontement peut être récupéré par une thématique de la Bonne Action, etc.), ou à former des actions dérivées, complexes (par exemple, le Sacrifice = la Bonne Action × la Chute), et qu'elles se manifestent dans le texte sous des formes parfois très diverses (la sémantique immédiate de la Chute va de l'appauvrissement ou de la ruine — Chute sociale — ou de la maladie à la déchéance morale, etc.). D'autre part, si tout récit met en œuvre des catégories actantielles, il peut arriver que les catégories actantielles, ou plus précisément les actions, fassent l'objet d'une simple citation ou d'une rapide évocation (cf. les « bonnes actions » de Mgr Myriel).

La question la plus importante que soulève notre modèle est celle de l'extension possible de son application : vaut-il pour les seuls *Misérables,* ou pour d'autre œuvres de Victor Hugo, ou de la littérature romantique française, voire même pour toute forme de récit ?

En somme, est-il apte à rendre compte des « réels narratifs hugoliens », ou de ces « possibles narratifs » dont on a prétendu établir la « carte[155] » ?

La réponse n'est ni simple, ni facile. Disons d'abord que nous avons emprunté nos catégories à l'œuvre même de Hugo. Mais elles ont un caractère d'universalité tel, qu'on pourrait sans doute les appliquer à

155. Cf. Claude Bremond, « La logique des possibles narratifs », *Communications,* n° 8, p. 60-76.

beaucoup d'autres œuvres. Ce n'est pas là un hasard : nous
considérons le texte hugolien comme le couronnement de
toute une tradition littéraire classique (ce que nous avons
appelé plus haut l'Ancien Testament de la conscience occidentale), et il nous semble que l'ampleur et l'universalité
de Hugo ne sont aucunement étrangères à cette prise en
charge « totalisatrice » de la tradition. La « différence »
hugolienne pourrait fort bien être, de ce point de vue,
l'aptitude du poète à se situer au centre même d'un immense
champ catégoriel exploré de façon plus partielle et plus subjective par les auteurs qui l'ont précédé, du moins dans la
littérature française du dix-neuvième siècle.

De toute façon, si les catégories actantielles sont les mêmes pour le récit hugolien et pour
nombre d'autres récits (le « récit » englobant le roman et une
foule de productions dites « poétiques »), les spécifications
sémantiques et thématiques de ces actions permettent de retrouver la différence hugolienne ; et le modèle des catégories
actantielles devient alors une base très précieuse pour la
mise en comparaison du texte hugolien avec les autres textes
de la « série ». De quel système de représentations idéologiques et imaginaires s'entoure chacune des grandes actions
dans les Misérables ? La réponse à cette question est un
préalable à toute tentative pour circonscrire la spécificité
du roman. D'ailleurs, il ne faudrait pas oublier la remarque
de Roland Barthes : la différence « n'est évidemment pas
quelque qualité pleine, irréductible (selon une vue mythique
de la création littéraire), elle n'est pas ce qui désigne
l'individualité de chaque texte, ce qui le nomme, le signe, le
paraphe, le termine ; elle est au contraire une différence qui
ne s'arrête pas et s'articule sur l'infini des textes, des langages, des systèmes : une différence dont chaque texte est le
retour [156]. »

Dans les chapitres qui suivent, nous
vérifierons l'aptitude de notre modèle à rendre compte des
actions impliquées dans l'ensemble des principales

156. S/Z, p. 9.

séquences narratives du roman. Nous approfondirons notre connaissance de la thématique et de la sémantique immédiate propres à chaque classe d'actions. Nous examinerons les nombreuses formes d'actions dérivées, dont la complexité ira croissant tout au long du roman ; enfin, nous verrons comment se constitue, pas à pas, la «parole» de l'œuvre contenue en germe dans cette «langue» dont nous avons fait l'esquisse. Notre but est d'en arriver à la compréhension la plus totale possible de l'œuvre considérée à la fois dans sa systématique et dans son déroulement. Notre modèle nous permet déjà de rendre compte d'un grand nombre de parallélismes au niveau des situations romanesques. Mais l'étude des enchaînements de séquences, dans les deux premières parties, permettra peut-être d'isoler les lois d'une syntagmatique actantielle des *Misérables*.

III

Lecture, I : Fantine

Le modèle que nous avons établi dans
le précédent chapitre nous dit *de quoi* il sera question, tout
au long des *Misérables*. Mais il reste à voir *comment* il en
sera question : comment s'articulent ou s'agencent, dans le
déroulement linéaire du récit, les diverses actions que nous
avons identifiées. Le roman est une totalité en marche. À
chaque point de son déroulement, les rapports entre les
éléments du tout se précisent, s'approfondissent, se font
plus complexes. Une dialectique romanesque s'achemine
vers son accomplissement. Nous en connaissons le point de
départ. C'est l'opposition entre la Bonne Action et la Chute,
incarnées par l'évêque et Jean Valjean. Cette opposition est
double : elle est celle du diurne et du nocturne, d'une part ;
du transitif et de l'intransitif, d'autre part. Elle ouvre le
roman à tout son avenir. D'emblée elle «programme» le
roman dans le sens — nous l'avons dit — du Sacrifice. Mais
aucune action n'a d'existence isolée, et c'est toutes ensemble qu'elle formeront la trame romanesque.

Revenons brièvement aux deux pre-
miers livres pour en dégager, cette fois, le scénario, ou, plus
exactement, la figure stemmatique, c'est-à-dire la disposition
et le mode d'agencement des diverses actions.

Il convient d'abord de distinguer deux
plans : celui des séquences narratives et celui des actions.
Les unes sont les formes immédiates que prennent les autres
dans le récit. Ainsi, le don de l'hôpital aux pauvres est une
séquence narrative (ou, si l'on préfère, un épisode), et la

Bonne Action est l'action qui lui correspond. La séquence
narrative fait rarement appel à une seule catégorie actantielle, même si elle en privilégie une seule. Le dialogue entre
l'évêque et le directeur de l'hôpital, par exemple, est un
récit de Bonne Action mais il fait appel aux structures narratives de la Rencontre et comporte un Affrontement ou une
Conjonction virtuels. Il s'agira pour nous de déceler, dans le
langage immédiat du récit, les véritables catégories actantielles en cause.

Certaines séquences comportent plu-
sieurs sous-séquences ; l'évocation du passé de M. Myriel en
comprend trois : 1) la ruine et l'exil (Chute) ; 2) le « coup au
cœur » : « Fut-il, au milieu d'une de ces distractions et de
ces affections qui occupaient sa vie, subitement atteint d'un
de ces coups mystérieux et terribles qui viennent quelquefois
renverser, en le frappant au cœur, l'homme que les catastro-
phes publiques n'ébranleraient pas en le frappant dans son
existence et dans sa fortune[1] ? » Ce coup, comme le « choc »
que ressentira l'évêque à la vue de la guillotine, est le premier moment d'un Affrontement intérieur ; et 3) l'entrée
dans les ordres, qui implique un changement de vie et une
Montée spirituelle.

Les diverses séquences (ou sous-
séquences) narratives peuvent se rattacher les unes aux autres par un simple lien de consécution (que nous indiquerons par le signe +). Ainsi, les divers épisodes de la
vie de Mgr Myriel à Digne sont indépendants les uns des
autres ; ce qui les rassemble, c'est une commune fonction
indicielle : ils éclairent la personnalité du Bienfaiteur.

Mais les séquences qui constituent
l'action centrale du roman, ou celles qui s'y rapportent,
s'enchaînent plus étroitement les unes aux autres et comportent, en plus du lien de consécution, un lien de cause à effet
ou, tout au moins, un lien de nécessité (l'existence de la
première de deux séquences est nécessaire à celle de la seconde). Nous indiquerons ce lien par le signe → .

1. *Les Misérables*, p. 4.

On peut concevoir une forme de lien intermédiaire : l'assistance que donne Mgr Myriel au condamné et la rencontre qu'il fait de l'échafaud correspondent à deux catégories actantielles différentes et sont le sujet de deux récits distincts mais contigus. Les actions sont simultanées dans les faits, mais elles se suivent dans le récit. Nous les relierons par le signe &.

Enfin, il peut arriver qu'une séquence romanesque assez étendue s'inscrive à l'intérieur d'une vaste chaîne de séquences (ou super-séquence) à titre, par exemple, de retour en arrière. Ainsi le passé de Valjean occupe une place centrale dans le livre II qui raconte sa rencontre avec l'évêque. Nous marquerons le rapport disjonctif entre cette séquence et celles qui la précèdent et la suivent en la mettant entre crochets et points de suspension : ...[]... Voici donc le tableau des principales séquences narratives et des actions du livre premier.

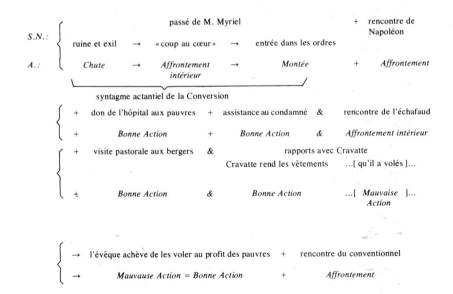

Il nous reste à commenter deux points de ce tableau. D'abord, nous avons qualifié la suite d'actions correspondant au passé de M. Myriel de «syntagme actantiel de la Conversion». On peut concevoir, en effet, l'existence de chaînes d'actions plus ou moins longues («binômes», «trinômes»...) qui forment des entités actantielles supérieures, sur le plan syntagmatique, de même que plusieurs actions simples peuvent se combiner pour former une entité actantielle supérieure sur le plan paradigmatique (ex.: le Sacrifice). La Conversion, dans *les Misérables,* correspond toujours au même scénario de base: Chute → Affrontement → Montée.

De plus, nous avons caractérisé l'action correspondant à la sous-séquence «l'évêque achève de les voler au profit des pauvres» comme suit: «Mauvaise action = Bonne Action». Il s'agit, en fait, d'une action paradoxale, qui fait appel simultanément à deux catégories actantielles contraires, et qui comporte une contradiction entre son apparence et sa nature véritable. Il va de soi que la nature véritable de l'action correspond au dernier terme de la dyade. Il n'en demeure pas moins que certains cas nous poseront des problèmes de notation. Ainsi, le soir de la bataille de Waterloo, Thénardier vole le colonel Pontmercy et, ce faisant, lui sauve la vie. Par son résultat, la Mauvaise Action est bel et bien une Bonne Action, et le geste de Thénardier sera interprété comme tel par le colonel et par Marius. Aussi peut-on écrire: Mauvaise Action = Bonne action, même si la Bonne Action est parfaitement involontaire. Mais on peut écrire, tout aussi bien: Bonne Action = Mauvaise Action, ce qui est perçu comme un acte généreux étant en fait un crime hideux. Il y a toute une gamme d'actions paradoxales dans le roman, et il est vain de prétendre en indiquer les nuances à l'aide de quelques signes seulement. On se doutera, cependant, qu'une «Mauvaise Action = Bonne Action» provenant de Thénardier (Malfaiteur) ne peut avoir le même sens que celle provenant de Mgr Myriel (Bienfaiteur) ou de Valjean (homme du Sacrifice).
        D'ailleurs nous ne prétendons pas rendre compte de toutes les nuances du texte dans nos ta-

bleaux des séquences narratives et des actions, mais mettre l'accent sur l'essentiel. Le tableau du livre premier nous permet de constater un certain couplage des récits d'Affrontement et de Bonne Action. La rencontre de Napoléon et le don de l'hôpital aux pauvres sont deux épisodes qui ont sensiblement la même longueur et qui sont rapprochés dans le texte. L'assistance au condamné et la rencontre de l'échafaud sont couplés de façon plus marquée, et enfin, les épisodes de Cravatte et du Conventionnel font chacun la matière d'un chapitre. Ce fait structurel doit être commenté à la lumière de l'ensemble des significations du texte (livre premier). On sait que le livre est le portrait d'un «juste» et que la Bonne Action y prédomine, même si souvent elle ne fait l'objet que de simples citations. Les récits d'Affrontement mettent tous en valeur un côté de la personnalité de l'évêque qui appelle, de la part de l'auteur, certaines réserves (son royalisme, son ignorance du fait social), et ils ont pour effet de montrer les limites de la Bonne Action.

D'autre part, des premiers aux derniers récits d'Affrontement ou de Bonne Action, on peut observer un accroissement de la complexité structurelle. L'épisode de Cravatte, malgré son côté «légende dorée», se termine sur une action paradoxale, un «bon vol», qui engage le récit sur la pente d'une véritable complexité dialectique. L'assistance au condamné était d'ailleurs une Bonne Action contiguë à un Affrontement. En ce qui a trait aux Affrontements eux-mêmes, celui du conventionnel G., qui se termine par une quasi-Conjonction, est plus dramatique que celui de l'échafaud, et ce dernier l'est plus que celui de Napoléon.

Même si les diverses séquences narratives du livre premier ont chacune, isolément, un simple rapport indiciel avec la rencontre de l'évêque et du forçat (en ceci qu'elles éclairent la personnalité du Bienfaiteur), il existe un rapport métaphorique global entre ces séquences et celles du livre II car l'accroissement de leur complexité structurelle et de leur «coefficient dramatique» prépare l'avènement du «drame» («... ce drame dont le pivot est un damné social...») qui commence vraiment avec l'entrée en scène de Valjean. On peut résumer l'essentiel du livre II de la façon suivante:

S.N.: { arrivée de Valjean à Digne → Mᵍʳ Myriel fait bon accueil à Valjean
A.: {   *Errance (Chute)* →   *Bonne Action*

{ → conversation avec l'évêque: ...[passé de Valjean   ]...
        début du débat de conscience   misère → vol d'un pain → condamnation
        de Valjean

   → *Affrontement intérieur*   ...[*Chute* →   *Mauvaise*   →   *Chute* ...]
                                                Action

{ → vol de l'argenterie → l'évêque disculpe Valjean et lui donne les flambeaux
   → *Mauvaise Action*   →   *Bonnes Actions*

{ → Valjean dans la campagne: → rencontre de Petit-Gervais
        suite du débat intérieur   vol de la pièce & bref combat pour la pièce

   → *Affrontement intérieur*   → *Mauvaise Action & Affrontement*

{ → crise finale de Valjean   → conversion

{ → *Affrontement intérieur*   → *Montée*

En fait, on pourrait résumer le livre plus rapidement encore et ne retenir que trois séquences fondamentales:

S.N.: { Valjean à Digne → Valjean chez l'évêque → conversion

A.: { *Errance (Chute)* → *Affrontement intérieur* → *Montée*

étant entendu que les Bonnes Actions de l'évêque et les Mauvaises Actions de Valjean se rattachent de très près à l'Affrontement intérieur du misérable, qu'elles suscitent, relancent ou suspendent provisoirement. Et l'on voit que tout le livre II est une mise en œuvre détaillée de ce que nous avons appelé plus haut le syntagme actantiel de la Conversion. La brève évocation du passé de Mᵍʳ Myriel, centrée sur sa conversion, occupe la même place, dans le cadre du livre premier, que le récit de la conversion de Valjean, dans le cadre du roman entier. Et à l'intérieur du bloc narratif que forment les deux premiers livres, les deux conversions occupent une position symétrique. Nous avons dit, déjà, ce qui en fait la différence : l'évêque, après sa conversion, pourra s'établir dans le pur rôle de Bienfaiteur alors que Valjean ne pourra sauver les autres, et se sauver lui-même, qu'en se perdant. L'un est un Saint, l'autre est un Martyr. Nous verrons que les saintes dispositions de Valjean sont constamment mises à l'épreuve et que le processus de la Conversion, en conséquence, est réactualisé tout au long du roman[2]. Aussi peut-on dire, en forçant un peu les mots, que l'histoire du forçat, sur le plan « syntagmatique », est celle d'une longue Conversion alors qu'elle est, sur le plan « paradigmatique », celle d'une série de Sacrifices.

Mais le roman n'est pas l'histoire d'un seul « misérable » ; et la première histoire secondaire qui se greffera sur celle de Valjean (à part celle de Mgr Myriel, qui d'ailleurs nous y introduit d'assez loin) est l'histoire de Fantine, dont les livres III, IV et V de la première partie nous racontent l'essentiel.

Le livre III

Le livre III contient le récit d'un événement qui est à l'origine de la déchéance de Fantine. Il a donc un rapport assez direct avec l'intrigue principale des Misérables (l'histoire de Valjean). Si l'on compare, du point de vue de leur importance, le système des personnages à un système solaire, on distinguera un personnage soleil (Valjean), quelques personnages planètes (Mgr Myriel, Fantine, Cosette, Marius, Thénardier, Javert) et des personnages satellites (Tholomyès n'apparaît dans le roman qu'en relation avec Fantine ; M. Gillenormand, le colonel Pontmercy, qu'en relation avec Marius, etc.). On pourra aussi parler de personnages comètes, qui appartiennent à un autre contexte que celui de la fiction romanesque (le contexte historique :

---

2. D'ailleurs il ne s'applique pas au seul personnage central. Fantine, Cosette, Marius subiront eux aussi des sortes de conversions.

Napoléon, Louis-Philippe, Cambronne, Bruneseau...). L'action du livre III met en cause un personnage planète, Fantine, et un personnage satellite, Tholomyès, ainsi que trois couples de comparses.

Le livre pourrait s'intituler «La surprise». Le quatuor masculin, en effet, prépare une surprise au quatuor féminin. Faire un cadeau à sa maîtresse est une action transtive, mais finalisée par une action pronominale. Elle vise à resserrer les liens entre les amants (Conjonction amoureuse). On sait que, dans le cas présent, la surprise va consister, tout au contraire, dans la rupture des liens amoureux. Il y aura, en elle, quelque chose du guet-apens (Mauvaise Action).

On pourrait donc la qualifier de Conjonction-Guet-apens. Elle sera, pour Fantine du moins, un choc générateur d'Errance affective et de déchéance (Chute) sociale. Elle constitue, de la part de Tholomyès, une Mauvaise Action.

Tholomyès est une sorte particulière d'Errant. Il ne s'agit pas dans son cas d'Errance sociale (il est riche), ni d'Errance avant tout morale ou intellectuelle (ses camarades et lui ne sont «ni bons ni mauvais, ni savants ni ignorants, ni des génies ni des imbéciles[3]»), mais d'une certaine déchéance affective et physique : «Tholomyès était l'antique étudiant vieux [...] Tholomyès était un viveur de trente ans, mal conservé. Il était ridé et édenté ; et il ébauchait une calvitie dont il disait lui-même : *crâne à trente ans, genou à quarante*. [...] Mais à mesure que sa jeunesse s'éteignait, il allumait sa gaîté ; il remplaçait ses dents par des lazzis, ses cheveux par la joie, sa santé par l'ironie, et son œil qui pleurait riait sans cesse. Il était *délabré, mais tout en fleurs[4]*.». Le délabrement, on s'en souvient, était l'apanage de Valjean lors de son arrivée à Digne. Ici comme là, il est le signe d'un délabrement intérieur. Mais Tholomyès est «tout en fleurs» et cette image relève

---

3. *Les Misérables*, p. 128.
4. *Ibid.*, p. 130 et 131.

d'une thématique de la Conjonction (intérieure). Tholomyès
est un Errant gai. Par là, on peut le rapprocher de Petit-
Gervais (dont l'Errance est sociale, et non affective). Petit-
Gervais est «un de ces doux et *gais* enfants qui vont de
pays en pays, laissant voir leurs genoux par les trous de leur
pantalon[5]». La gaîté de l'enfant, comme celle de Mgr Myriel,
appartient d'emblée à la thématique de la Conjonction; elle
est un rayonnement et le signe d'un accord avec soi-même
et avec le monde. Celle de Tholomyès cependant, tout en
renvoyant à une certaine forme de Conjonction, a quelque
chose de sinistre et s'apparente à l'ironie, qui est une disposition de l'esprit compatible avec la Mauvaise Action.

Il y a, dans le roman, un paradigme de
l'Errance gaie qui réunit plusieurs personnages nettement
caractérisés. Petit-Gervais et Tholomyès en occupent les
extrémités:

Errance gaie

(Mauvaise Action) ← cynisme		innocence → (Conjonction)	
insouciance	détresse	détresse	insouciance
Tholomyès Bamatabois	Grantaire	Gavroche	Petit-Gervais

Notons que Tholomyès et Grantaire,
l'admirateur d'Enjolras, ont plusieurs traits en commun et
qu'ils pratiquent un même genre d'éloquence caractérisée
par l'abondance des lazzis, la bizarrerie de l'érudition et le
décousu des idées. Ces traits sont le propre d'une certaine
forme d'Errance intellectuelle où se reflète la gaîté des personnages (gaîté tragique, dans le cas de Grantaire, bouffonne
dans le cas de Tholomyès).

De même que la gaîté de Grantaire est
plus tragique que celle de Tholomyès, celle de Gavroche

5. *Les Misérables*, p. 114.

l'est plus que celle de Petit-Gervais. Mais Gavroche est un enfant et ce «chérubin du ruisseau» a conservé l'innocence de son âge. C'est le seul trait par lequel il diffère de Grantaire, qui est bon mais qui cache sa souffrance sous des airs de cynisme.

Dans le livre III, les tirades de Tholomyès ont pour toile de fond la description admirablement décousue et érudite de l'«année 1817». À travers la poussière des faits et des événements évoqués par l'auteur, on sent la frivolité et la déchéance (forme d'Errance gaie) d'une société qui a perdu son centre de gravité — l'Empereur. La mauvaise surprise que préparent les étudiants à leurs maîtresses est en harmonie avec le fait collectif.

Tout le livre étant centré sur ce que nous avons appelé une Conjonction-Guet-apens, il est normal que la thématique de la Conjonction y soit passablement élaborée. Elle l'est surtout à propos de l'amour qui unit les personnages. On sait qu'il s'agit d'une passion véritable et profonde de la part de Fantine, et d'une «amourette» pour Tholomyès. L'amourette est une fausse Conjonction — un faux mode d'échange entre les êtres — fondée sur le pur attrait physique, et elle relève justement de l'Errance gaie; ce n'est pas un hasard si Tholomyès s'exclame: «Le propre de l'amour, c'est d'*errer*. *L'amourette* n'est pas faite pour s'accroupir et s'abrutir comme une servante anglaise qui a le calus du scrobage aux genoux. Elle n'est pas faite pour cela, *elle erre gaîment, la douce amourette*[6]!» Nous avons ici le cas d'une action (Errance gaie) qui sert de coefficient à une autre action (Conjonction) et cela nous donne une idée de la complexité possible des figures actantielles dérivées des six Actions primitives.

Autant Tholomyès, partisan de l'amourette, est physiquement «délabré», autant l'aimante Fantine est belle: «Les rares songeurs, prêtres mystérieux du beau, qui confrontent silencieusement toute chose à la

---

6. *Les Misérables*, p. 144.

perfection, eussent entrevu en cette petite ouvrière à travers la transparence de la grâce parisienne, l'antique euphonie sacrée[7].» La beauté, l'«euphonie» (grâce, harmonie, é-quilibre des traits) est la forme physique de la Conjonction intérieure (rapport de soi à soi) et, comme dans toute Conjonction, elle suppose la référence à une tierce présence (l'«antique euphonie sacrée») qui est l'Idéal. Il n'est pas inutile de remarquer que Fantine, après sa rupture avec Tholomyès, «descendra» jusqu'à un état physique fort voisin du sien. Nous avons vu qu'il était ridé, chauve et édenté. Nous avons là, en quelque sorte, le programme même de la Chute de Fantine : il sera d'abord question de ses rides («Un pli triste, qui ressemblait à un commencement d'*ironie, ridait* sa joue droite[8]»); puis Fantine, pour obtenir l'argent qui lui permettra de payer Thénardier, fera couper ses cheveux[9] et se fera arracher les palettes[10]. On constate, une fois de plus, que le Malfaiteur façonne sa victime à sa propre image.

La beauté, la gaîté naturelle, l'amour de Fantine renvoient tous à une thématique de la Conjonction. Et la même thématique irrigue la description de cette *fête* que constitue la partie de plaisir à laquelle les jeunes hommes convient les jeunes filles : «Les quatre joyeux couples, *mêlés au soleil, aux champs, aux fleurs, aux arbres, resplendissaient*[11].» Le rayonnement des couples est comme le reflet du rayonnement de la nature, et *vice versa*. L'euphorie partagée est un retour aux temps édéniques : «Et, *dans cette communauté de paradis,* parlant, chantant, courant, dansant, chassant aux papillons, cueillant des liserons [...] fraîches, folles, point méchantes, toutes recevaient un peu çà et là les baisers de tous, excepté Fantine, enfermée dans sa vague résistance rêveuse et farouche, et qui aimait[12].» Fantine ne participe pas complètement à la

7. *Les Misérables*, p. 134.
8. *Ibid.*, p. 155.
9. *Ibid.*, p. 191.
10. *Ibid.*, p. 194.
11. *Ibid.*, p. 135.
12. *Ibid.*, p. 135.

fête car il est une forme de Conjonction supérieure à la fête et à l'amourette, et pour laquelle elle se réserve.

En résumé, le livre III nous raconte le brusque passage d'une Conjonction amoureuse à une rupture de la Conjonction (chap. IX), qui aura pour effet la Chute de Fantine. La Surprise, qui doit couronner la partie de plaisir, est une Conjonction-Guet-apens, qui a pour auteur un «Errant gai», Tholomyès. Sa Mauvaise Action est d'ailleurs annoncée, sur le plan thématique, par le motif de la voration sous-jacent à l'épisode du repas chez Bombarda (chap. V et suiv.). Le propre du Malfaiteur est de manger. «Propos de table et propos d'amour[13]» se confondent, comme Mauvaise Action et Conjonction s'amalgament à l'intérieur de la Surprise.

Le livre IV

Après la Surprise, la Méprise. Tel est le mot qui décrit le mieux les rapports de Fantine avec les Thénardier. La Méprise est une autre forme de fausse Conjonction, ici encore doublée d'un Guet-apens. Le titre du chapitre premier nous met sur la piste de la Conjonction : «Une mère qui en rencontre une autre». La rencontre de deux êtres semblables (deux mères) correspond bien à la définition de la Conjonction. Et, effectivement, la femme Thénardier a un côté maternel susceptible d'entrer en relation de réciprocité avec celui de Fantine : elle était «touchante en ce moment-là, balançait les deux enfants au moyen d'une longue ficelle, les couvant des yeux de peur d'accident avec cette *expression animale et céleste propre à la maternité[14]*». Il y a le même mélange d'animalité et d'idéalité chez Fantine, qui regarde Cosette «avec cet air particulier d'une mère qui a nourri son enfant[15]». La Thénardier est flanquée de ses deux enfants qui

13. *Les Misérables*, p. 140.
14. *Ibid.*, p. 153.
15. *Ibid.*, p. 155.

«rayonnaient[16]» de même que rayonnaient les quatre joyeux couples du livre III. La présence monstrueuse du fardier devant l'auberge laisse cependant soupçonner la noirceur d'âme des aubergistes auxquels Fantine va malheureusement confier Cosette.

Le fardier comporte tous les traits de la machine effroyable (Mauvaise Action). Il se compose «d'un massif essieu de fer *à pivot* où s'emboîtait un lourd timon, et que supportaient *deux roues démesurées*[17]». Le motif de la circularité menaçante est manifeste. «Tout cet ensemble, ajoute l'auteur, était trapu, écrasant et difforme» — et dans l'ensemble «difforme», on reconnaît un objet identique à «l'ensemble délabré» et «sordide» qu'était Valjean lors de son arrivée à Digne, ou à l'ensemble «hideux, petit, lugubre et borné» que constituait le paysage chaotique[18]. Un autre motif vient s'ajouter à celui de la Roue monstrueuse. C'est la chaîne. «Sous l'essieu pendait en draperie une grosse chaîne digne de Goliath forçat. [...] elle avait un air de bagne, mais de bagne cyclopéen et surhumain, et elle semblait détachée de quelque monstre[19].» Le bagne est, évidemment, le lieu monstrueux par excellence, et la chaîne en est un élément constituant. On se souvient de la chaîne ferrée à Bicêtre, le jour même de la victoire de Montenotte. L'auteur de la Préface de *Cromwell,* dans un passage que nous avons cité en partie, parle de l'homme composé de deux êtres, «l'un charnel, l'autre éthéré, l'un *enchaîné* par les appétits, les besoins et les passions, l'autre emporté sur les ailes de l'enthousiasme et de la rêverie...[20]» La chaîne est thématiquement liée à la Matière et au Mal. Et c'est la même antithèse — chaîne des besoins, ailes de l'enthousiasme et de la rêverie — que nous retrouvons dans le couplage du fardier et des filles Thénardier: «Au-dessus et autour de ces deux têtes délicates, *pétries dans le*

16. *Les Misérables*, p. 153.
17. *Ibid.*, p. 152.
18. *Ibid.*, p. 73. Cf. *supra*, p. 74.
19. *Ibid.*, p. 153.
20. *Œuvres dramatiques et critiques complètes*, p. 144 A.

bonheur et trempées dans la lumière, le gigantesque avant-train, *noir de rouille, presque terrible,* tout enchevêtré de courbes et d'angles farouches, *s'arrondissait comme un porche de caverne.*» Présage, sans doute, de l'existence future d'Éponine et d'Azelma, qui seront dévorées par le monstre misère, le fardier est une image, aussi, de ces Malfaiteurs que deviendront les Thénardier. «C'étaient de ces natures naines qui, si quelque feu sombre les chauffe par hasard, deviennent facilement *monstrueuses.* [...] Tous deux étaient au plus haut degré susceptibles de l'espèce de *hideux progrès qui se fait dans le sens du mal.* Il existe des âmes écrevisses, reculant continuellement vers les ténèbres, *rétrogradant dans la vie* plutôt qu'elles n'y avancent, employant l'expérience à augmenter leur difformité, empirant sans cesse, et s'empreignant de plus en plus d'une noirceur croissante. Cet homme et cette femme étaient de ces âmes-là[21].» Le progrès à rebours, c'est la Chute morale dans toute sa splendeur. Chez les Thénardier, la Chute morale précède la Chute sociale, l'indigence, alors que Valjean était tombé de celle-ci dans celle-là. Les Thénardier, dans le roman, sont les Malfaiteurs, comme monseigneur Bienvenu est le Bienfaiteur. Il est assez curieux de constater, à ce propos, que la seule famille normalement constituée de tout le roman soit la famille Thénardier. La Mauvaise Action semble cimenter l'union des époux, alors que les Bienfaiteurs sont des veufs (M. Myriel) ou des célibataires (Valjean). Javert, le «Bienfaiteur» selon la Loi, le gardien de l'ordre social, est un célibataire comme Valjean, et il est le fils d'une tireuse de cartes et d'un galérien: d'un couple, là encore, de Malfaiteurs. Il semble que la famille, fondée sur le mariage, soit inconsciemment perçue par Hugo comme monstrueuse... Le mariage de Cosette et de Marius n'entraînera-t-il pas la mort de Valjean? Cette dernière épreuve ne sera-t-elle pas, pour le pauvre homme, la plus «monstrueuse» de toutes?

　　　　Les Thénardier étant ce qu'ils sont, il n'est pas étonnant que la rencontre des «deux mères» (Con-

21. *Les Misérables,* p. 161.

jonction) aboutisse à ce Mauvais Marché qui livre Cosette à ses bourreaux. Le Mauvais Marché rappelle le Bon Marché par lequel Mgr Myriel achetait l'âme de Valjean et la donnait à Dieu. Ici, une enfant est donnée à la misère. Et le dernier chapitre du livre IV nous décrit la Chute de Cosette. Chute affective et déchéance physique, qui font d'elle une Misérable au même titre que Valjean le forçat: «L'injustice l'avait faite hargneuse et la misère l'avait rendue laide. Il ne lui restait plus que ses beaux yeux qui faisaient peine, parce que, grands comme ils étaient, il semblait qu'on y vît une plus grande quantité de tristesse[22].»

La Méprise de Fantine fera le malheur de Cosette et contribuera aussi à son propre enfoncement dans le malheur, que nous raconte le livre V.

Le livre V

Par son titre «La Descente», le livre V rappelle le livre II intitulé «La Chute». *A priori*, on peut définir la Descente comme une forme atténuée et graduelle de la Chute, et de ce point de vue, la «Chute» de Valjean consistait essentiellement dans sa condamnation au bagne, action ponctuelle, qui était l'équivalent d'un plongeon dans la mer. Mais ce désastre avait été précédé, on s'en souvient, d'une dégringolade dans la misère.

L'Errance de Valjean dans Digne faisait contrepoint avec la montée de Napoléon vers Paris. De même la Descente de Fantine s'oppose à la Montée de M. Madeleine que nous racontent les sept premiers chapitres.

C'est la Montée sociale d'un Bienfaiteur; et on sait que M. Madeleine présente plusieurs points de ressemblance avec son modèle (René Girard dirait: son «médiateur[23]»), monseigneur Bienvenu. Les deux

---

22. *Les Misérables*, p. 164 et 165.
23. «Le disciple se précipite vers les objets que lui désigne, ou semble lui désigner, le modèle de toute chevalerie. Nous appellerons ce modèle le *médiateur* du désir. L'existence chevaleresque est l'*imitation*

sont humbles, bons, doux, et vivent en solitaires. Les deux pratiquent la pauvreté volontaire. M. Madeleine, cependant, est un bienfaiteur «progressiste»: il crée des emplois, enrichit le pays en agissant sur les structures économiques, l'élève moralement en agissant sur les structures sociales. Par ailleurs, même s'il vit dans la pauvreté, il songe à son avenir et met de côté une somme de «six cent trente ou quarante mille francs[24]». Cette somme, fruit d'un travail honnête, aura un destin analogue à celui des flambeaux de l'évêque; elle est, si l'on veut, la contrepartie positive des couverts d'argent (obtenus par une Mauvaise Action) et elle constituera finalement la dot de Cosette (elle devient alors un facteur de Conjonction, une «surprise» bien différente de cette «mauvaise surprise» dont il était question dans le livre III).

Le récit de la Montée de M. Madeleine inclut celui de la mort de l'évêque, et des années heureuses qui l'ont précédée (chap. IV). Devenu aveugle, Mgr Myriel vit avec sa sœur, Mlle Baptistine, dans un état de parfaite Conjonction. Leur Conjonction est fondée sur une identité de besoins: «... un être charmant, qui est là parce que vous avez besoin d'elle et parce qu'elle ne peut se passer de vous[25]». Sur la base de cette identité, les différences entrent en harmonie. La cécité de l'évêque devient un «paradis de ténèbres», d'où il passera à l'autre paradis[26]. Le paradis de ténèbres est l'expression exemplaire du maximum de bonheur possible sur la terre: bonheur «nocturne» en regard de la félicité céleste. Toute Conjonction, sur la terre, est paradisiaque et est un avant-goût du ciel. La Chute, on l'a vu, consiste dans un retour au sein maternel, version «nocturne»: celle de la matrice mutilante, du Chaos. La

d'Amadis au sens où l'existence du chrétien est l'imitation de Jésus-Christ» (*Mensonge romantique et vérité romanesque*, Paris, Grasset, 1961, p. 12). Ainsi, l'existence de Jean Valjean est-elle l'imitation de monseigneur Bienvenu.

24. *Les Misérables*, p. 174.
25. *Ibid.*, p. 174.
26. *Ibid.*, p. 175.

vieillesse heureuse de Mgr Myriel est, elle aussi, un retour au sein maternel, mais version diurne, édénique. «On sent de la chaleur qui approche, la voilà. On déborde de sérénité, de gaîté et d'extase ; on est un rayonnement dans la nuit[27].»

La mort de Mgr Myriel est donc une Conjonction, et ceci confirme ce que nous avons dit du statisme du Bienfaiteur. La mort du conventionnel G. était le couronnement d'une Montée, et celle de Valjean conjuguera Chute, Montée et Conjonction.

Le chapitre v nous ramène à M. Madeleine. Sa Montée sociale, décrite dans les trois premiers chapitres, se heurte à un obstacle: la méfiance de Javert. Valjean ne sera pas, comme son modèle, un Bienfaiteur tranquille. D'ailleurs, on l'a vu, ses Bonnes Actions se compliquent de Montées: il est un homme de progrès. Elles se compliquent aussi, parfois, de connotations paradoxales: «Il faisait une foule de bonnes actions en se cachant comme on se cache pour les mauvaises. Il pénétrait à la dérobée, le soir, dans les maisons; il montait furtivement des escaliers. Un pauvre diable, en rentrant dans son galetas, trouvait que sa porte avait été ouverte, *quelquefois même forcée,* dans son absence. Le pauvre homme se récriait: quelque malfaiteur est venu! Il entrait, et la première chose qu'il voyait, c'était une pièce d'or oubliée sur un meuble[28].» Nous avons ici une «Mauvaise Action = Bonne Action» qui n'a rien de vraisemblable, mais est quand même révélatrice de la personnalité de Valjean. Jamais ses Bonnes Actions ne seront de pures Bonnes Actions. Grâce à Javert elles revêtiront la forme, plus plausible et plus dramatique, de Sacrifices.

Il y a Sacrifice lorsque le bien fait aux autres s'accompagne d'un mal fait à soi-même. La Bonne Action entraîne alors la Chute du Bienfaiteur. Mais ce n'est jamais une Chute morale, et le Sacrifice est alors l'occasion d'une Montée sur le plan spirituel.

27. *Les Misérables,* p. 175.
28. *Ibid.,* p. 173.

On sait ce qu'il y a de profondément romantique dans le thème et l'action du Sacrifice. Il n'est besoin que d'évoquer le Père Goriot, ou encore l'allégorie, si célèbre, du pélican de Musset. Le mythe du Christ se profile sur nombre de pages où agonisent les héros de romans ou d'épopées romantiques.

Javert sera — avant Marius — l'instrument du Sacrifice de Valjean. Qui est-il? Du point de vue narratif, il est l'homme d'une action bien précise: la Poursuite. Action dérivée, transitive, la Poursuite se définit simultanément par rapport à l'Affrontement et à la Montée. Elle est un combat mené par quelqu'un qui possède, d'entrée de jeu, les chances de la victoire; qui a pour lui le droit (social) et le pouvoir.

Du fait de sa transitivité, la Poursuite pose une question au moraliste: est-elle bonne ou mauvaise? La réponse est complexe. Javert, on le sait, est un honnête homme. Mais il est du côté du juge, et non du juste. Il n'obéit pas à la loi divine, dont il ignore l'existence. De ce point de vue, Javert est tout le contraire de Mgr Myriel. Il y a quelque chose de monstrueux, et par conséquent de mauvais, dans le juge qui est le complice de l'é-chafaud. Ce qui est bien selon la loi est souvent mal selon l'esprit de l'Évangile. Javert est bon, mais sa bonté confine à la méchanceté: «Cet homme était composé de deux sentiments très simples, et relativement très bons, mais qu'il faisait presque mauvais à force de les exagérer: le respect de l'autorité, la haine de la rébellion...[29]» En somme, il incarne tout le mal que contient la loi humaine en regard de la loi divine.

Javert est un «chien fils d'une louve[30]». Ce Poursuivant est le fils de la Mauvaise Action. L'auteur nous dit: «Il eût arrêté son père s'évadant du bagne et dénoncé sa mère en rupture de ban. Et il l'eût fait avec cette sorte de satisfaction intérieure que donne la

---

29. *Les Misérables*, p. 179.
30. *Ibid.*, p. 178.

vertu[31].» Un père bagnard et une mère en rupture de ban:
Valjean ne cumulera-t-il pas les mêmes titres à la
considération du policier? Il n'est pas défendu de penser
que Valjean, poursuivi pour rupture de ban alors qu'il est
«maire» de Montreuil-sur-mer et qu'il porte le nom, bien
féminin, de M. Madeleine; poursuivi ensuite pour évasion,
représente pour Javert l'incarnation mixte et particulièrement troublante des figures parentales. On sait que la Malfaisance, dans le roman, est souvent le fait du couple. Le
Mal est conjugal. Javert, après avoir vu Fantine cracher au
visage de monsieur le maire, fera spontanément «un rapprochement hideux entre ce qu'était cette femme et ce que
pouvait être ce maire[32]». Plus tard, il n'hésitera pas à croire
que «Champmathieu» est une forme dérivée du nom de la
mère de Jean Valjean. Pour Javert, Valjean est le Mal dans
toute son horreur, père et mère mêlés...

Sur le plan thématique, un motif par-
ticulier est associé à la Poursuite. C'est l'œil-étoile. Javert a
«entre les deux yeux un froncement central permanent
comme une étoile de colère[33]» — sorte de troisième œil qui
est le signe même de l'acharnement et de l'inexorabilité.
Cette étoile de la poursuite, on la verra luire à plusieurs reprises dans le roman. Elle n'est pas toujours associée à
Javert, mais elle l'est toujours à la Poursuite. Elle apparaissait d'abord dans l'épisode de la rencontre de
Petit-Gervais: «En ce moment, il aperçut la pièce de
quarante sous que son pied avait à demi enfoncée dans la
terre et qui brillait parmi les cailloux. Ce fut comme une
commotion galvanique. [...] Il recula de trois pas, puis
s'arrêta, sans pouvoir détacher son regard de ce point que
son pied avait foulé l'instant d'auparavant, comme si cette
chose qui *luisait* là dans l'obscurité eût été un *œil ouvert fixé
sur lui*[34].»

31. *Les Misérables*, p. 179.
32. *Ibid.*, p. 202.
33. *Ibid.*, p. 179.
34. *Ibid.*, p. 116.

La pièce de quarante sous, cet œil-étoile, est l'œil même de la conscience (Poursuite spirituelle). Elle évoque immédiatement le vers célèbre du poème intitulé *la Conscience*: «L'œil était dans la tombe et regardait Caïn.» Ce regard, avons-nous dit plus haut[35], constitue l'Axe hugolien par excellence. Il est la relation directe du Créateur à la créature. Le regard de Javert, fixé sur Valjean, sera la réplique terrestre et sociale du regard divin.

Le même motif de l'œil-étoile réapparaît dans l'épisode du procès d'Arras, où il signifie encore la conscience poursuivant le misérable: «[Valjean] rentra dans la chambre du conseil. La première chose qu'il aperçut, ce fut la gâchette de la porte. Cette gâchette, ronde et en cuivre poli, resplendissait pour lui *comme une effroyable étoile*. Il la regardait comme une brebis regarderait *l'œil d'un tigre*. Ses yeux ne pouvaient s'en détacher[36].»

Certes le regard du poursuivant, s'agit-il de Poursuite spirituelle ou de Poursuite policière, a quelque chose d'inexorable et, par là, est dépourvu d'action médiatrice. La médiation s'instaure lorsque l'Affrontement, inclus dans la Poursuite, fait place à la Conjonction. Cette transmutation est possible dans le cas de la Poursuite spirituelle, mais non dans le cas de la Poursuite judiciaire ou policière: Javert n'a rien d'un médiateur.

L'étoile de colère qui brille au front du policier a le même sens que le regard curieux qui pose la question «Qui est-il?» et qui déclenche l'Affrontement. «Javert était comme un œil toujours fixé sur M. Madeleine. Œil plein de soupçons et de conjectures[37].» Il traquera Valjean tout le long du roman pour le remettre dans le chemin de l'Errance et de la sanctification.

Le sauvetage du père Fauchelevent est le premier Sacrifice de Valjean. En sauvant le vieillard, M.

---

35. Dans notre premier chapitre, p. 37.
36. *Les Misérables*, p. 276.
37. *Ibid.*, p. 180.

Madeleine confirme les soupçons de Javert sur son identité
véritable. La Bonne Action ne produit pas la « satisfaction »,
comme celles de l'évêque ou comme les opérations
policières de Javert, mais une « souffrance heureuse et
céleste » qui évoque simultanément la Chute et la Conjonction.
Le rachat de Fantine, doublé d'un Affrontement avec Javert, sera une action beaucoup plus
risquée encore.

Les chapitres VIII à XI racontent la Descente de Fantine. La pauvre femme est d'abord la victime
de Mme Victurnien, qui ressemble à Javert en ce qu'elle
épie Fantine, ce qui aura pour conséquence de lui faire
perdre son emploi. Nous avons ici une forme particulière de
Poursuite, dictée par la curiosité à l'état pur, et qu'on pourrait appeler la Persécution. La Persécution est la Poursuite
et la Mauvaise Action conjuguées.

Une fois Fantine réduite à la pauvreté,
Thénardier, avec ses demandes d'argent, prend le relais de
Mme Victurnien. Le Malfaiteur succède à la Persécutrice.
Fantine tombe finalement dans la prostitution, forme par
excellence de la déchéance de la femme dans la mythologie
romantique. La prostitution peut se définir simultanément en
rapport avec la Chute, la Mauvaise Action (puisqu'il y a
Chute morale) et la Conjonction (la prostitution étant une
caricature de l'amour). Elle est l'amourette, moins la gaîté.

La déchéance de Fantine diffère de
celle de Valjean, qui était liée à la seule Mauvaise Action
(vol), et qui était une Chute morale et sociale. Fantine
déchoit moins sur le plan moral que sur le plan affectif. Elle
était l'amour, elle devient la haine. Mais sa haine n'est pas
universelle, comme celle de Thénardier ou de Valjean au
bagne. Elle se fixera sur l'homme qu'elle croit être le responsable de ses malheurs, le maire. La déchéance est aussi
physique : Fantine vieillit et enlaidit. Elle contracte une
maladie de poitrine, dont elle mourra (comme la femme de

M. Myriel: n'y a-t-il pas un certain rapprochement à faire
entre M. Myriel et sa femme, d'une part, et Valjean et Fantine d'autre part?).

        À la déchéance physique de Fantine
fera pendant, dans le roman, l'embellissement de Cosette
(Montée), qui sera préalable à la «conjonction de deux
étoiles». Ces rapprochements permettent d'entrevoir avec
une certaine précision les liens thématiques qui se dessinent
entre le registre amoureux du roman et les autres registres
— spirituel et social — qui, dans les deux premières parties
des Misérables, se rattachent principalement à Jean Valjean.

        Le récit de la Chute de Fantine se ter-
mine par un chapitre («Christus nos liberavit») qui en dégage
la signification sociale et spirituelle. On y trouve une image
identique à celle de la noyade dans le chapitre intitulé
«L'onde et l'ombre», qui terminait le récit de la Chute de
Valjean. «Tombe sur elle toute la nuée et passe sur elle tout
l'océan! que lui importe! c'est une éponge imbibée[38].»
Comme dans «L'onde et l'ombre» les «deux infinis,
l'océan et le ciel», la nuée et l'océan, sont des extensions
cosmiques du Monstre vorateur. Cependant, «Christus nos
liberavit» se termine, non sur une interrogation («Qui la
ressuscitera?») mais sur une réponse: «Il s'appelle Dieu.»

        La Chute de Fantine est le corollaire de
la Mauvaise Action de la société, qui achète une esclave à la
misère: Mauvais Marché analogue à celui par lequel Fantine
abandonnait Cosette aux Thénardier. Monseigneur Bienvenu
avait acheté l'âme de Valjean pour la donner à Dieu (Bon
Marché): c'est M. Madeleine, maintenant, qui rachètera «la
Fantine».

        La dernière partie du livre V met en
présence Fantine, Valjean (M. Madeleine) et Javert. Il y a
un certain parallélisme entre la structure narrative du livre,
qui nous présente d'abord longuement M. Madeleine le
Bienfaiteur, puis Fantine la Misérable, et qui les met

_____

38. *Les Misérables*, p. 196.

finalement en présence, et celle des deux premiers livres où le portrait du Bienfaiteur précédait celui du forçat et le récit de leur rencontre.

La scène qui réunit Fantine et M. Madeleine est précédée de deux séquences narratives: l'agression de la prostituée par M. Bamatabois, et l'arrestation.

M. Bamatabois est un double de Tholomyès. C'est un Errant gai de même farine. Il appartient à «la grande espèce neutre», qui correspond en particulier chez Hugo à l'espèce «bourgeoise», et que caractérise l'absence de bonté ou de méchanceté, d'intelligence ou de sottise. Il est un «élégant de province» et un oisif. «M. Félix Tholomyès, écrit Hugo, resté dans sa province et n'ayant jamais vu Paris, serait un de ces hommes-là[39].» Et l'action par laquelle Bamatabois entre en contact avec Fantine appartient à la même classe d'actions que celle par laquelle Tholomyès en prenait congé: c'est une mauvaise Surprise, une «blague» cruelle: il plonge de la neige dans le dos de la pauvre prostituée. La «neutralité» morale de Bamatabois, comme celle de Tholomyès et de ses comparses, n'est nullement incompatible avec l'accomplissement de Mauvaises Actions.

Au début et à la fin de la Descente de Fantine, il y a donc une Surprise, une sorte de Guet-apens. Mais Fantine réagit vivement à l'agression et un corps à corps (forme physique d'Affrontement) s'ensuit. «Au bruit que cela fit, les officiers sortirent en foule du café, les passants s'amassèrent, et il se forma *un grand cercle* riant, huant et applaudissant, autour de ce *tourbillon* composé de deux êtres où l'on avait peine à reconnaître un homme et une femme...[40]» Le motif du tourbillon appartient à la thématique de l'Affrontement et correspond à une étape du combat où les opposants sont encore d'égale force mais se fondent, en quelque sorte, l'un dans l'autre et perdent leurs

39. *Les Misérables*, p. 197.
40. *Ibid.*, p. 198.

traits distinctifs. Dans les récits de bataille, les images de la tempête ou de la mer déchaînée exprimeront ce «*quid obscurum*», cette «mêlée» qui a quelque chose du Chaos. Le tourbillon relève non seulement de l'Affrontement, mais aussi de la Mauvaise Action: le Mal est rond. Le Combat dévore les combattants — et le «grand cercle» des spectateurs, qui prolonge la structure circulaire du tourbillon, symbolise bien, ici, la méchanceté d'une société qui compte la prostituée au nombre de ses «damnés».

L'intervention de Javert met fin au corps à corps. Il arrête Fantine, la juge et la condamne. Ce procès expéditif rappelle celui de Valjean, coupable du vol d'un pain. On peut essayer de définir le Procès du point de vue de la sémantique du récit. Ce n'est pas une «action», à proprement parler, mais plutôt une «opération» (judiciaire), analogue au Marché (opération «financière»). Mais cette opération est fondée sur une action. Le Procès comporte une part de délibération et, par conséquent, d'Affrontement. La confrontation de deux thèses, celles de la culpabilité ou de l'innocence (ou non-responsabilité) de l'accusé, donne lieu tantôt à cet Affrontement extérieur qu'est la joute oratoire des avocats (accusateur et défenseur), tantôt à cet Affrontement intérieur qu'est la délibération du jury ou du juge. Le débat porte sur la légalité d'une action transitive (est-elle bonne ou mauvaise?) et se termine par la victoire d'une thèse sur l'autre.

La première partie des *Misérables* contient plusieurs récits de Procès de types différents. Il y a d'abord le Procès proprement dit qui se déroule devant le tribunal: celui de Valjean (pour le vol d'un pain) ou celui de Champmathieu (I, 7, IX et suiv.). Mais il y a aussi ce qu'on pourrait appeler le Procès intérieur: celui de Valjean au bagne, qui se juge lui-même puis juge la société qui l'a condamné, et la condamne à son tour[41]. Il y a le Procès arbitraire: la surveillante de l'atelier des femmes où travaille Fantine «avait instruit le procès, jugé, condamné et exécuté

41. *Les Misérables*, p. 93-95.

Fantine[42]». Et, enfin, le Procès d'exception: nanti d'un pouvoir discrétionnaire, Javert fait office de juge dans les cas de prostitution, «son escabeau d'agent de police était un tribunal[43]».

C'est ce dernier Procès qui nous intéresse ici. Javert délibère sur le cas de Fantine, et cette circonstance pourrait être l'occasion d'un conflit intérieur (entre mansuétude et justice). Mais le policier, ce Poursuivant, mène l'affaire rondement et il condamne, sans prendre en considération les circonstances atténuantes. Il lui suffit que Fantine soit une prostituée et Bamatabois, le propriétaire d'une belle maison à trois étages. L'Errante a toujours tort devant le Nanti. La condamnation est parfaitement légale, mais du point de vue de la justice divine («... le Père éternel en personne n'y pourrait rien», dit significativement Javert à Fantine après avoir rendu sa sentence), elle a tous les traits d'une Mauvaise Action. Et Hugo, très souvent, dans ses œuvres, montre la «monstruosité» de la justice humaine, aveugle devant les circonstances qui entourent le délit.

La condamnation est, pour Fantine, un désastre analogue à celui qu'a constitué celle de Valjean. Par bonheur, M. Madeleine intervient. Ainsi commence, entre le Poursuivant et le Bienfaiteur, au sujet de l'Errante, une scène très importante d'Affrontement, qui rappelle la scène finale du livre II (crise morale du forçat). Dans cet Affrontement, on s'en souvient, Valjean était à la fois spectateur et acteur. Il voyait le Bienfaiteur (l'évêque) triompher du Malfaiteur («ce Jean Valjean»). Fantine va voir le maire, qu'elle vient d'outrager (comme Valjean avait volé monseigneur Bienvenu) affronter Javert pour la sauver. Elle sera la spectatrice de la «lutte» de «deux géants», et en même temps la spectatrice d'une Lutte intérieure qui double l'autre et la réfléchit. Elle se rendra compte, en effet, que celui qu'elle croyait «bon» (Javert) était «méchant», et

---

42. *Les Misérables*, p. 188.
43. *Ibid.*, p. 200.

vice versa. Elle apprendra, en somme, *qui* est M. Madeleine, qu'elle croyait être responsable de tous ses malheurs (c'est toujours la question : Qui est-il ?), de même que Valjean apprenait avec surprise que celui qu'il prenait pour un pauvre prêtre, «pas même curé», était un évêque. Et la découverte de son erreur produira en elle un «bouleversement étrange» et bénéfique.

M. Madeleine défend le point de vue spirituel contre le représentant de l'autorité civile et leur combat est comme la projection, sur l'écran de la réalité, des forces qui s'affrontent en Fantine. «... l'un parlait comme son démon, l'autre parlait comme son bon ange. L'ange avait vaincu le démon...[44]» Le scénario est le même que celui de la crise finale du forçat, à cette différence près : le démon, ici, ce n'est pas Fantine (cf. «ce Jean Valjean, cette face sinistre devant lui») puisque Fantine, comme il était dit au livre III, est «l'innocence surnageant sur la faute[45]» et (affirme M. Madeleine) n'a «jamais cessé d'être vertueuse et sainte devant Dieu[46]». Fantine n'est donc pas dans l'obligation de s'affronter elle-même ; sa crise intérieure est moins fondamentale, moins profonde que celle de Valjean, et plus liée à des circonstances extérieures, comme en témoigne l'importance de l'Affrontement entre Javert et M. Madeleine, entre la loi humaine et la loi divine, entre le «social» et le «spirituel». La crise de Valjean était totalement spirituelle ; c'était, à l'intérieur comme à l'extérieur, l'Affrontement du Bon et du Méchant.

De la conversion de Valjean au rachat de Fantine, il y a donc une évolution de la sémantique du Combat. La lutte du Bien et du Mal se complique d'une Lutte du social et du spirituel. Ce mouvement va se poursuivre dans les derniers livres de la première partie. En conclusion à l'étude des livres III, IV et V, voici le tableau des principales séquences narratives.

44. *Les Misérables*, p. 207.
45. *Ibid.*, p. 135.
46. *Ibid.*, p. 208.

S.N. ⎰ Fantine abandonnée par Tholomyès   →   Fantine trompée par les Thénardier
     ⎱   (surprise)   (méprise)

A.   ⎰   *Conjonction-Guet-apens*   →   *Conjonction-Guet-apens*

⎰ ...[→ misère de Cosette]...   M. Madeleine enrichit le pays   →   il devient maire
⎱ ...[→   *Chute*   ]...   *Bonne Action-Montée*   →   *Montée*

⎰ → Javert épie M. Madeleine   →   M. Madeleine sauve Fauchelevent   →   Bamatabois attaque
⎱   Fantine
⎱   (poursuite)   (sacrifice)   (surprise)

  → *Combat-Montée*   →   *Bonne Action-Chute*   →   *Mauvaise Action*

⎰ → Fantine riposte   →   Fantine arrêtée par Javert   →   intervention de M. Madeleine
⎱   (corps à corps)

  → *Affrontement*   →   *Chute*   →   *Bonne Action*

⎰ → affrontement maire-Javert & lutte intérieure de Fantine   →   Fantine sauvée
⎱
  → *Affrontement (extérieur & et intérieur)*   →   *Montée*

Si nous considérons à part les actions se rapportant à Fantine, nous constatons qu'elles consistent essentiellement dans une Chute (ou Descente) suivie d'un Affrontement et d'une Montée ; et nous retrouvons là le syntagme actantiel de la Conversion, déjà mis en œuvre à propos de M. Myriel et, surtout, de Jean Valjean.

Il faut noter l'importance de la thématique de la Conjonction dans les livres III et IV. La Conjonction y est traitée comme un état de bonheur d'où l'on est appelé à tomber. Cette Conjonction initiale diffère de la Conjonction finale dont la vieillesse de Mgr Myriel (livre V) est un parfait exemple. La Conjonction des livres III et IV est liée à une sémantique de l'amour charnel et maternel alors que l'affection mutuelle de Mgr Myriel et de sa sœur est beaucoup plus idéale et spirituelle : «On est caressé avec de l'âme[47].» Il n'est pas étonnant que la Conjonction amoureuse débouche sur la Chute, qui est nécessaire à sa purification.

En même temps que Fantine, deux personnages importants (deux personnages «planètes») font leur apparition dans le roman : Thénardier, le Malfaiteur,

47. *Les Misérables*, p. 175.

flanqué de sa compagne — ils forment un couple uni alors que Fantine, la vertueuse, est une femme abandonnée: le Mal et l'amour sont compatibles... — et Javert, le Poursuivant. C'est un fait digne de remarque que le Poursuivant n'est pas, d'entrée de jeu, à la poursuite d'un vrai Malfaiteur (comme Thénardier) mais d'un Bienfaiteur (M. Madeleine). Quand Javert arrêtera Thénardier, à la fin de la troisième partie, et constatera la disparition de la victime, il s'écriera: « — Diable! [...] ce devait être le meilleur[48]!» Valjean est, effectivement, le «meilleur» des «bandits», et il est bien significatif que Javert voie en lui un gibier de choix.

Avec Fantine, la thématique de l'amour (proprement dit) fait son entrée dans le roman. Dans le champ sémantique global des *Misérables*, l'amour est en relation avec le crime et la révolution. Les principales intrigues se rapporteront à ces trois grands thèmes. Mais n'anticipons point, et poursuivons notre étude de la première partie.

Les livres VI à VIII

Les trois derniers livres de la première partie comprennent la fin de l'histoire de Fantine, mais ils comprennent surtout un épisode important de l'histoire de Valjean. Le livre VI est centré sur Javert, le livre VII — le plus considérable — sur Valjean, et le livre VIII sur Fantine, qui subit le «contre-coup» de l'affaire Champmathieu.

Le chapitre premier du livre VI est un chapitre de transition. Il peint le «commencement du repos», qu'on peut interpréter en termes de Montée et de Conjonction. Fantine connaît le bonheur d'une vie vertueuse (Conjonction intérieure) et elle conquiert l'estime des religieuses qui la soignent. Sa santé, cependant, continue à se détériorer (forme physique de la Chute). Fantine espère revoir enfin son enfant; et nous avons ici une nouvelle forme

---

48. *Les Misérables*, p. 833.

d'action (Conjonction entre l'«ange» et la mère pardonnée) qu'on pourrait appeler la Conjonction optative. Chaque action peut exister sur le mode optatif avant d'exister sur le mode effectif.

Le chapitre II («Comment Jean peut devenir Champ») relance l'action dramatique en inaugurant une longue séquence narrative qui va de l'auto-dénonciation de Javert à l'auto-dénonciation de Valjean. L'auto-dénonciation de Javert aura surtout pour fonction, dans le récit, de déclencher une grave crise morale chez M. Madeleine, qui est mis au fait de l'accusation portée contre Champmathieu. Elle n'en est pas moins un épisode autonome, et qu'il faut analyser pour lui-même.

Javert se dénonce pour une faute qu'il a commise, et qui consiste précisément en une dénonciation, malheureusement pour lui non fondée. Du moins le croit-il, après la réponse négative et catégorique de la préfecture de police de Paris. Il a dénoncé M. Madeleine comme étant l'ex-forçat Jean Valjean, recherché pour rupture de ban et pour un vol de grand chemin (vol des quarante sous de Petit-Gervais). Si la dénonciation avait été fondée (et on sait qu'elle l'est, effectivement), elle aurait constitué à la fois une victoire (Montée) du Poursuivant sur le Malfaiteur, et une vengeance (Mauvaise Action) du subordonné humilié sur le maire qui l'avait éconduit. Javert, partisan de la loi humaine, ne s'embarrasse pas de scrupules d'ordre moral et la faute qui l'amène à se dénoncer consiste à ses yeux, non pas dans son désir de vengeance, mais dans l'erreur policière (ou professionnelle) elle-même. En dénonçant M. Madeleine, il a commis une «Mauvaise Action» sur le plan judiciaire; plus encore, son erreur a porté sur la personne d'un supérieur, ce qui en augmente, à ses yeux, la gravité.

Javert ne peut tolérer d'avoir ainsi «mésusé de la police» et il réclame pour lui-même un châtiment, la destitution (forme de Chute sur le plan professionnel et social), ce qui témoigne de son intégrité et constitue, certes, une sorte de Bonne Action. Notons que Javert ne semble pas avoir hésité longtemps avant de se dénoncer; il n'a pas subi de long Affrontement intérieur mais, fidèle à sa personnalité, s'est comporté comme un Poursuivant à l'égard de lui-même: «Quand je réprimais des malfaiteurs, quand je sévissais sur des gredins, dit-il à Valjean, je me suis souvent dit à moi-même: toi, si tu bronches, si jamais je te prends en faute, sois tranquille! — J'ai bronché, je me prends en faute, tant pis[49]!» Cette arrestation de Javert par lui-même est une action dérivée, complexe, qui s'apparente aux Sacrifices de Valjean. Comme eux, elle comporte une Bonne Action et une Chute. Elle est cependant dictée par le respect des lois humaines et non par la charité, et elle fait de Javert son propre vainqueur: il y a en elle une part de Montée (Montée de même nature que la Chute elle-même et symétrique à elle). L'auto-dénonciation de Valjean, contrairement à celle de Javert, surviendra au terme d'un long débat intérieur dont le chapitre célèbre, intitulé «Une tempête sous un crâne», nous fait le récit.

Le livre VII («L'affaire Champmathieu») comprend trois séquences narratives distinctes. Il y a d'abord la «tempête sous un crâne», puis le voyage de Montreuil-sur-Mer à Arras, et enfin, le procès.

Le caractère «intérieur» de l'Affrontement, dans la première séquence, est fortement marqué par l'auteur qui nous invite à regarder dans «les profondeurs de cette conscience[50]». On se souvient du chapitre VII du livre II, qui s'intitulait «Le dedans du désespoir». Valjean est, d'emblée, nanti d'une intériorité ténébreuse qui s'oppose à la transparence du pur Bienfaiteur. Par ailleurs, l'auteur semble généraliser le cas de Valjean et assimiler sa conscience à toute conscience humaine: «La conscience, c'est le chaos des chimères, des convoitises et des tentatives, la fournaise des rêves, l'antre des idées dont on a honte; c'est le pandémonium des sophismes, c'est le champ de bataille des passions[51].» En somme, c'est le lieu chaotique par excellence puisqu'elle est,

---

49. *Les Misérables*, p. 220.
50. *Ibid.*, p. 229.
51. *Ibid.*, p. 230.

tout à la fois, un lieu d'Errance (sophismes), de Mauvaise
Action (idées dont on a honte) et d'Affrontement (champ de
bataille). En y pénétrant, en s'enfonçant sous les porches de
l'énigme, l'auteur accomplit la même démarche que les
génies, ces sombres explorateurs de l'abîme. Aussi Hugo se
compare-t-il à Dante franchissant la porte des enfers.
« Alighieri rencontra un jour une sinistre porte devant laquelle il hésita. En voici une aussi devant nous, au seuil de
laquelle nous hésitons. Entrons pourtant[52]. » L'« Affrontement intérieur » du narrateur précède celui du personnage.
Par là, l'aventure du personnage est le prolongement,
sur le plan de la « représentation », de cette autre aventure qu'est l'« écriture » du roman.

Dans les livres précédents, les débats
de conscience des personnages ne nous étaient rapportés
que partiellement. On les observait d'abord à travers les
comportements des personnages. Seule la crise finale faisait
directement l'objet d'un récit. Dans le cas présent, nous
avons droit à une narration exhaustive. Toutes les phases de
la crise sont exposées en détail. L'auteur évoque d'abord,
au cours d'un retour en arrière où il résume la vie de Valjean depuis sa conversion, les circonstances particulières de
la crise, pose les données fondamentales de la situation
dramatique. Valjean avait vécu « paisible, rassuré et
espérant, n'ayant plus que deux pensées : cacher son nom,
et sanctifier sa vie ; échapper aux hommes, et revenir à
Dieu[53] ». En somme Valjean, à l'instar de Mgr Myriel, se
définit positivement en relation avec la loi divine, et
négativement en relation avec la société. C'est en cela que
M. Madeleine est, avant tout, un Bienfaiteur et que le destin
de Valjean, sur le plan humain, reste inaccompli.

Par bonheur — si l'on peut dire —
l'affaire Champmathieu vient tout remettre en question et
« les deux idées qui gouvernaient le malheureux homme »
entrent en conflit[54]. Une lutte terrible s'engage. Sur le plan

---

52. *Les Misérables*, p. 230.
53. *Ibid.*, p. 230.
54. *Ibid.*, p. 231.

métaphorique, le débat intérieur évoque ces autres formes
d'Affrontement que sont la bataille (Affrontement de deux
collectivités nationales ou sociales) et la lutte contre les
éléments (tempête): Valjean «se courba comme un chêne à
l'approche d'un orage, comme un soldat à l'approche d'un
assaut[55]». Entre l'assaillant et l'assailli, la disproportion est
immense. Elle rappelle celle de l'homme tombé à la mer,
«cette pauvre force tout de suite épuisée», et de
l'«inépuisable» qu'il combat[56]. C'est Gilliatt affrontant tout
l'océan et toute la tempête pour sauver la Durande[57]...

　　　　　Notons que Valjean a d'abord l'idée de
se dénoncer, mais qu'il «réprima ce premier mouvement
généreux et recula devant l'héroïsme[58]». La victoire
immédiate du spirituel sur l'humain, du Bienfaiteur (les
«saintes paroles de l'évêque» sont rappelées en la circonstance) sur le Misérable, aurait fait de Valjean un personnage
analogue à Javert, qui n'a pas hésité à se dénoncer. «Sans
doute, écrit l'auteur, il serait beau [que...] cet homme,
même en présence d'une si terrible conjoncture, n'eût pas
bronché un instant et eût continué de marcher du même pas
vers ce précipice ouvert au fond duquel était le ciel; cela
serait beau, mais cela ne fut pas ainsi[59].» Valjean
«bronche», et on se souvient que Javert désignait du même
terme la Mauvaise Action lorsqu'il se disait à lui-même:
«Toi, si tu bronches... sois tranquille!» Valjean devra donc
subir la lutte terrible du Bien et du Mal en lui, avant d'opter
pour la Bonne Action. En cela, il est un personnage
dramatique, bien accordé à cet âge dialectique de la
littérature européenne qu'est la période romantique.

　　　　　Le débat intérieur de Valjean comporte
des moments de stupeur, où Valjean est comme écrasé par
la situation. Cette stupeur relève de la thématique de la

55. *Les Misérables*, p. 231.
56. *Ibid.*, p. 101.
57. *Les Travailleurs de la mer*, in *Œuvres romanesques complètes*,
　　　p. 1036 A-1050 B.
58. *Les Misérables*, p. 231.
59. *Ibid.*, p. 232.

Chute. Elle ne fera que s'accroître, jusqu'au moment suprême de la dénonciation. Déterminée par la conscience aiguë des circonstances où il se débat, elle est un effet du Combat qui se déroule en lui et qui oppose deux thèses d'égale force formant un «tourbillon[60]» semblable à celui de Fantine et de M. Bamatabois.

Valjean, qui a réprimé son «premier mouvement généreux», est tenté par la Mauvaise Action: laisser aller les choses. Mauvaise Action d'ailleurs compliquée de Bonne Action puisque M. Madeleine peut ainsi continuer l'œuvre de relèvement économique et social qu'il a commencée à Montreuil-sur-Mer. Il va même jusqu'à interpréter sa non-intervention comme un désir de la Providence. Mais, dans un deuxième moment, il se ressaisit et opte pour l'auto-dénonciation, qui constitue certes «le plus grand des *sacrifices,* la plus poignante des victoires[61]». Chute et Montée se conjuguent étroitement avec la Bonne Action.

Cependant, une fois sa décision prise, il se rend compte que la Bonne Action est elle-même compliquée de Mauvaise Action. Elle aura des effets malheureux non seulement sur la vie du pays, mais aussi sur l'existence de Fantine, incarnation plus concrète, plus immédiate du prochain. Les devoirs de Valjean à l'endroit de Montreuil-sur-Mer sont avant tout d'ordre social; ses devoirs à l'endroit de Fantine sont plus importants encore: d'ordre moral et spirituel. La relation de M. Madeleine à Fantine n'est pas simplement celle du Bienfaiteur au Bénéficiaire; elle comporte aussi des aspects plus intimes qui ont trait à une certaine forme de Conjonction. Ce n'est pas un hasard si, juste avant de penser à Fantine au cours de son débat de conscience, il entend le son des cloches qui lui font penser à«une vieille cloche à vendre sur laquelle ce nom était écrit: *Antoine Albin de Romainville*[62]». Romainville, précise plus loin l'auteur, est «un petit bois près Paris

---

60. *Les Misérables,* p. 232.
61. *Ibid.,* p. 238.
62. *Ibid.,* p. 240.

où les jeunes gens amoureux vont cueillir des lilas au mois d'avril[63]». Cette thématique de la Conjonction intervient dans le récit juste avant la phase du Combat intérieur où Valjean revient sur sa décision de se dénoncer...

Le débat de conscience prend finalement la forme du dilemme suivant: «— rester dans le paradis, et y devenir démon! rentrer dans l'enfer, et y devenir ange[64]!» On peut prévoir, dès lors, que Valjean choisira d'être ange dans l'enfer plutôt que démon dans le paradis. Il n'y a plus parfaite équivalence entre les deux options; l'une est nettement plus «morale» que l'autre. Valjean a le choix entre deux agonies (deux Chutes): «l'agonie de son bonheur» (Chute affective et sociale) ou «l'agonie de sa vertu» (Chute morale)[65]. L'homme du Sacrifice choisit l'agonie de son bonheur. Mais la lutte aura été intense, et son intensité, en montrant la grandeur du Sacrifice, prouve l'attachement de Valjean à ces ténèbres qui, en lui, résistent à l'action divine. Aussi Valjean est-il un véritable médiateur. L'humain et le divin se rencontrent, se combattent en lui. Et l'auteur peut le comparer au Christ, de même qu'il avait comparé — mais en les opposant — le bagnard (l'Errant) à Napoléon: «Dix-huit cents ans avant cet homme infortuné, l'être mystérieux, en qui se résument toutes les saintetés et toutes les souffrances de l'humanité, avait aussi lui, pendant que les oliviers frémissaient au vent farouche de l'infini, longtemps écarté de la main l'effrayant calice qui lui apparaissait ruisselant d'ombre et débordant de ténèbres dans les profondeurs pleines d'étoiles[66].»

L'effrayant calice n'est-il pas un objet médiateur entre cet objet «élancé» (vers le ciel, Patrie) qu'est le flambeau, et cet objet creux, arrondi (comme la terre, Mère)

63. *Les Misérables*, p. 247.
64. *Ibid.*, p. 246.
65. *Ibid.*, p. 247.
66. *Ibid.*, p. 247.

qu'est l'assiette (cf. flambeaux et couverts d'argent de l'évêque)? Objet médiateur, sa profondeur ténébreuse entre en Conjonction avec les « profondeurs pleines d'étoiles ».

La « tempête sous un crâne » est
suivie d'un rêve dont il convient de dire quelques mots.
Charles Baudouin en a donné une interprétation psy-
chanalytique et il y voit une manifestation du « complexe
de Caïn » de l'auteur. Il y est fait allusion, en effet, à un
frère de Valjean dont il n'a jamais été question auparavant
dans le roman, et dont aucune autre mention ne sera faite
plus loin. Le rêve se ferait l'écho d'une vieille rivalité in-
consciente entre Victor Hugo et son frère Abel ; et l'oubli du
frère (« ce frère auquel je dois dire que je ne pense jamais et
dont je ne me souviens presque plus ») aurait un rapport
avec « la tentation de laisser condamner Champmathieu, ce
frère inconnu[67] ». L'interprétation est ingénieuse et mérite
d'être prise en considération. Cependant nous nous
situerons à un autre point de vue, qui est celui de la logique
des actions. La logique du récit onirique n'est pas fondamentalement différente de celle des autres séquences narratives du roman. L'auteur présente le récit manuscrit de
Valjean comme une relation de la « sombre aventure d'une
âme malade[68] » et nous savons que la « sombre aventure »,
l'aventure nocturne, correspond exactement à la définition
de l'Errance (ou de la Chute). Comme l'arrivée de Valjean à
Digne, la marche sans but du personnage-narrateur est
constituée de plusieurs étapes et s'accompagne d'un enfoncement graduel dans l'horreur.

Première étape : Valjean est avec son
frère et il parle avec lui d'une voisine d'autrefois. Cette
situation a évidemment trait à l'enfance du personnage, dont
le climat affectif est restitué. Puis ils rencontrent un
« homme tout nu, couleur de cendre, monté sur un cheval
couleur de terre ». Nous avons là une première figure du
monde adulte. L'homme tient à la main « une baguette qui

67. *Psychanalyse de Victor Hugo*, Genève, Mont-Blanc, 1943, p. 18 et 19.
68. *Les Misérables*, p. 248.

était souple comme un sarment de vigne et lourde comme du
fer» — symbole transparent de la virilité. Cet homme est
fort probablement une image du père. Autre étape : les deux
frères prennent par un chemin creux. Tout est couleur de
terre, même le ciel. Il y a donc comme un enlisement
dans un espace chtonien, qui a la même couleur que le
«père» entrevu. Le frère disparaît, et tout se passe comme
si le personnage-narrateur quittait son enfance pour la solitude du monde adulte. Il arrive dans un village qui est,
croit-il, Romainville. Romainville, on s'en souvient, est un
lieu associé à la jeunesse et à l'amour. Dans ce village,
cependant, il n'y a que des hommes, que Valjean rencontre
un à un et qui ne répondent pas à ses questions. Valjean
quitte le village, qui a pris les dimensions d'une ville, et se
met à marcher dans les champs. De même, à Digne, il avait
quitté la ville pour errer dans la campagne. Or les gens qu'il
avait rencontrés individuellement dans la ville forment maintenant une grande foule qui vient vers lui, l'entoure, et
quelqu'un lui apprend alors qu'il est mort depuis longtemps.
Le terme de l'Errance est donc la mort, et tout le rêve est
comme une représentation de l'existence — passée et future
— du personnage. La scène finale, où le personnage est en
présence de la foule, préfigure peut-être la scène finale du
procès d'Arras où Valjean, devant tous, se dénoncera et ac-
ceptera, de ce fait, de «mourir» à la société et de réintégrer le
bagne. Elle peut aussi préfigurer une mort plus lointaine. Au
cours de la guerre des barricades, Valjean sera mêlé à un
vaste fait collectif au cours duquel, en sauvant Marius, il
entaillera le dernier lien qui le rattache à la vie : sa relation
possessive à Cosette.

          Le rêve est donc la mise en œuvre
onirique d'un schéma d'Errance. Il succède tout naturellement à l'Affrontement intérieur qui s'accompagnait, chez
Valjean, d'une stupeur croissante (Chute). Et il est suivi du
voyage à Arras, qui a quelque chose du Chemin de la Croix.

Le voyage à Arras correspond à une action paradoxale intransitive. Il est, essentiellement, une Chute-Montée. D'une part, il se présente comme une entreprise difficile et menée jusqu'à son terme par Valjean. La victoire sur tous les obstacles est une Montée. D'autre part, se rendre à Arras, c'est se mettre dans les conditions propices à l'auto-dénonciation, poursuivre le terrible débat intérieur jusqu'au point où Valjean sera dans l'obligation absolue de se perdre en se sauvant ou de se sauver en se perdant. L'approche du but est de plus en plus douloureuse et équivaut à une Chute progressive.

Les obstacles à l'accomplissement de la Chute-Montée seront significativement symbolisés par les «bâtons dans les roues[69]». Ils permettent à Valjean d'échapper — provisoirement — à l'engrenage de la Fatalité monstrueuse. Lorsque le tilbury perd sa roue, c'est l'immobilisation, mais aussi le salut:

«Il sentit une immense joie.

«Il était évident que la providence s'en mêlait. C'était elle qui avait brisé la roue du tilbury et qui l'arrêtait en route. [...]

«Il respira. Il respira librement et à pleine poitrine pour la première fois depuis la visite de Javert. Il lui semblait que le poignet de fer qui lui serrait le cœur depuis vingt heures venait de le lâcher[70].»

Mais la joie est de courte durée. Le poignet de fer (la Main fatale) va se resserrer de nouveau et comprimer le cœur du misérable. Un *cercle* s'est formé autour du voyageur et du charron, et dans ce cercle, il y a un jeune garçon qui va chercher sa mère. Elle offre son vieux cabriolet. Valjean «crut voir la main qui l'avait lâché reparaître dans l'ombre derrière lui, toute prête à le reprendre». Un moment plus tard, «la main fatale l'avait

---

69. C'est le titre de I, 7, v (*les Misérables*, p. 251).
70. *Ibid.*, p. 257.

ressaisi[71]». La Mauvaise Action du destin précipite à
nouveau Valjean dans l'Errance. La scène rappelle celle de
l'arrestation de Fantine, où Javert rompait le cercle des
spectateurs pour mettre la main sur elle. Les motifs de la
roue et du cercle sont toujours liés à la thématique de la
Monstruosité vorace.

Notons la réaction violente de Valjean à
l'endroit du petit garçon qui lui demande un pourboire. «Lui
qui donnait à tous et si facilement, il trouva cette prétention
exorbitante et presque odieuse. — Ah! c'est toi, drôle? dit-
il, tu n'auras rien[72]!» On se souvient de son hostilité à
l'endroit de Petit-Gervais, juste avant sa conversion. Dans la
quatrième partie, au cours de la seule rencontre qu'il fera de
Gavroche, il lui extorquera, de façon très malhonnête, une
lettre destinée à Cosette. Les jeunes garçons n'ont guère de
chance dans leurs relations avec Valjean. Peut-être lui
rappellent-ils, comme le frère du rêve, une enfance depuis
longtemps ensevelie dans l'oubli. Dans les trois cas, la rela-
tive Mauvaise Action à l'endroit de l'enfant va précéder une
conversion ou un Sacrifice particulièrement coûteux: la
conversion proprement dite, l'auto-dénonciation au procès
d'Arras et le sauvetage de Marius.

Le paradoxe (Chute-Montée) du voyage
à Arras trouve dès le début son expression symbolique dans
le motif de l'étoile chtonienne. Après son cauchemar, Valjean s'était levé et avait aperçu dans la rue «deux étoiles
rouges dont les rayons s'allongeaient et se raccourcissaient
bizarrement dans l'ombre. Comme sa pensée était encore à demi submergée dans la brume des rêves: — Tiens! songea-t-il,
il n'y en a pas dans le ciel. Elles sont sur la terre
maintenant[73].» Ces étoiles sont les lanternes du tilbury qui
doit le transporter à Arras. Étoiles *tombées,* elles sont liées
à la thématique de la Chute bien que, par leur nature
d'étoiles, elles conservent quelque chose de la thématique

---

71. *Les Misérables*, p. 250.
72. *Ibid.*, p. 259.
73. *Ibid.*, p. 250.

contraire. De plus, elles évoquent tout naturellement le motif de l'œil-étoile, qui est le signe privilégié de la Poursuite. Valjean est précisément, en l'occurence, poursuivi par un mauvais destin. En outre, elles sont deux et font un contraste significatif avec les flambeaux de l'évêque dont il vient d'être question pendant la «tempête sous un crâne». Valjean a failli les jeter au feu pour les transformer en un «lingot méconnaissable[74]». Les flambeaux sont le symbole même de la nouvelle vie de Valjean, vie vouée à la sanctification (Bonne Action et Montée), et leur nombre (deux) exprime sans doute la Conjonction intérieure d'une conscience en paix avec elle-même. Les étoiles rouges sont la transformation, dans le double registre de la Poursuite et du Sacrifice, des flambeaux bénéfiques.

À l'autre bout du voyage à Arras, nous trouvons la «gâchette, ronde et en cuivre poli, [qui] resplendissait pour lui comme une effroyable étoile» et qui est alors, exclusivement, l'œil-étoile de la Poursuite.

Le procès de Champmathieu est une forme extérieure d'Affrontement qui met aux prises un individu et la société. La société a un adjuvant: l'avocat général. L'inculpé a un adjuvant: l'avocat de la défense. L'avocat général doit prouver que l'inculpé est bel et bien un Malfaiteur. Dans le cas présent, il doit prouver que Champmathieu est Jean Valjean, et tout le procès va reposer sur une question d'identité: «*Qui* était cet homme[75]?» C'est toujours, en somme, la question: Qui est-il? Champmathieu est-il un «innocent» — dans tous les sens du mot: non-coupable et simple d'esprit — ou un misérable et un homme particulièrement habile? En somme, est-il, oui ou non, Jean Valjean?

74. *Les Misérables*, p. 244.
75. *Ibid.*, p. 279.

L'Affrontement extérieur est intimement lié à l'Affrontement intérieur de Valjean. Dans la personne de Champmathieu, c'est lui-même que le pauvre homme voit aux prises avec la société. C'est le misérable qu'il était, à sa sortie du bagne de Toulon, lorsqu'il « entrait à Digne, plein de haine et cachant dans son âme ce hideux trésor de pensées affreuses qu'il avait mis dix-neuf ans à ramasser sur le pavé du bagne[76]». Le procès est, en quelque sorte, la reprise de la crise finale du livre II, où Valjean halluciné voyait «ce Jean Valjean, cette face sinistre, devant lui[77]». Mais ici, le misérable est aux prises avec la société, non avec l'évêque. Par bonheur cependant, « au-dessus de la tête du président, il y avait un crucifix[78]». Ce crucifix, ajoute l'auteur, manquait aux tribunaux d'autrefois — à celui qui avait condamné Valjean au bagne. Il présage le triomphe de l'Esprit sur la loi des hommes, et l'auto-dénonciation de M. Madeleine.

Le procès n'est pas que la reprise de la crise finale de l'ex-forçat, il est aussi la répétition hallucinante de sa condamnation vingt-sept ans plus tôt et ce sera l'occasion, pour Valjean, de récupérer en quelque sorte son passé, de le corriger, de le transformer, de lui donner un sens nouveau et positif.

Dans l'épisode de la conversion (I, 2, XIII), l'évêque triomphait du misérable: un des deux personnages de la «vision» l'emportait sur l'autre. Ici c'est le visionnaire lui-même (car le spectacle du procès est, pour Valjean, une vision) qui, transgressant son rôle de spectateur, va intervenir dans le Combat et sauver le misérable en prenant sa place. Le Combat intérieur et le Combat extérieur finissent par se fusionner complètement. Il y avait déjà un peu de cela dans l'épisode du rachat de Fantine (I, 5, XIII). Fantine était la victime de Javert (la loi), comme Champmathieu est la victime de l'accusation (la loi). Et

76. *Les Misérables*, p. 277.
77. *Ibid.*, p. 120.
78. *Ibid.*, p. 278.

cette victime, qui avait tenté d'attendrir Javert en plaidant sa cause (sorte d'Affrontement) devenait la spectatrice d'un autre Combat (entre le «juste» et le «juge»). Le triomphe de la justice divine sur la justice humaine, du maire sur le policier, déterminait en elle le triomphe de l'amour sur la haine et de la vertu sur le vice. Dans le procès de Champmathieu nous avons un peu la démarche contraire: ce n'est pas l'accusé qui devient spectateur mais le spectateur qui prend la place de l'accusé et qui, de ce fait, devient ce qu'il était déjà puisque c'est bien Jean Valjean qui est recherché. Affrontement multiple et très complexe, qui intègre en une seule structure toutes les scènes antérieures d'Affrontement et qui les totalise dialectiquement.

Dans cet Affrontement final de la première partie, on note cependant la poursuite de la socialisation du Combat. Contrairement à ce qui se passait lors de la conversion, ce n'est pas le misérable qui devient bon, mais le Bienfaiteur qui reprend son rôle social de paria. Valjean accepte de devenir «ange dans un enfer» et de poursuivre sa sanctification au plus profond de la misère sociale.

Du point de vue du roman dans son ensemble, on peut dire que l'histoire de Valjean inclut celle de Fantine; mais, à partir du livre III jusqu'à la fin de la première partie, c'est l'histoire de Fantine qui inclut celle de Valjean. Même si les livres VI à VIII sont surtout centrés sur Valjean, les séquences se rapportant à Fantine y occupent une position stratégique: au début du livre VI, au milieu du livre VII et dans tout le dernier livre.

Le chapitre central de «L'affaire Champmathieu» (I, 7, VI) met en scène Fantine. On laisse croire à la pauvre mère que monsieur le maire est allé chercher son enfant. L'espoir grandissant de Fantine constitue une Montée sur le plan affectif et, par contrecoup, sur le plan physique. Le médecin déclare: «Cela va mieux. Si le bonheur voulait qu'en effet monsieur le maire arrivât demain avec l'enfant, qui sait? il y a des crises si étonnantes,

on a vu de grandes joies arrêter court des maladies; [...]
Nous la sauverions peut-être[79].»

Cette Montée, liée à ce que nous avons
appelé une Conjonction optative (souhait de retrouver
l'enfant), est en rapport de symétrie avec la Descente
du livre V, qui était déterminée par une Conjonction-Guet-apens (livres III et IV). Fantine avait perdu,
coup sur coup, son amant et son enfant. Elle avait été
trompée par Tholomyès et par Thénardier. En M. Madeleine elle retrouve un protecteur, et elle va ravoir Cosette. Le ménage est donc reconstitué, sur des bases
beaucoup plus solides et gratifiantes. Bien entendu, il n'est
pas question d'«amour» entre Fantine et Valjean; cependant, on se souvient que Valjean, dans son rêve, associait
Fantine à Romainville. Et lorsque Fantine sera morte, Valjean deviendra le père spirituel de Cosette (donc le substitut de
Tholomyès et de Thénardier); et, dira l'auteur, « en prenant les
mots dans leur sens le plus compréhensif et le plus absolu, on
pourrait dire que, séparés de tout par des murs de tombe, Jean
Valjean était le Veuf comme Cosette était l'Orpheline. Cette
situation fit que Jean Valjean devint d'une façon céleste le
père de Cosette[80].» De qui Valjean sera-t-il le Veuf, sinon
de Fantine?

Mais la Conjonction tant désirée entre
Fantine et Cosette ne se réalisera pas. L'espoir non fondé
de la pauvre mère est une duperie du destin, semblable à la
Surprise et à la Méprise qui l'ont précipitée dans la misère.
L'illusion sauvait Fantine, la vérité va la tuer. C'est dans ce
contexte que se développe le thème du Mensonge salvateur,
qui justifie l'importance relativement grande accordée à la
sœur Simplice. La sœur Simplice est la religieuse qui ne
ment pas. De même qu'il est des actions optatives, il est des
actions négatives: la non-Mauvaise Action en est une. Cette
bonne religieuse est l'adjuvante du Bienfaiteur et ressemble,
par certains traits, à Mlle Baptistine, l'adjuvante (et la sœur)

79. *Les Misérables*, p. 269.
80. *Ibid.*, p. 454.

de Mgr Myriel. L'auteur leur rendra hommage en des termes fort semblables[81]. La sœur Simplice ne contribuera pas directement à fortifier l'espoir de Fantine par le mensonge, mais elle ne la détrompera pas non plus. Elle ne dira pas la vérité (non-Bonne Action), au nom même de la bonté (non-Bonne Action = Bonne Action). Cette action est un premier pas vers les deux mensonges qui sauveront Valjean poursuivi par Javert (Mauvaise Action = Bonne Action), dans le dernier chapitre du livre VIII.

C'est Javert qui détrompe Fantine en provoquant la scène où Valjean lui demande trois jours pour aller chercher Cosette, et en dévoilant l'identité véritable de M. Madeleine ; et par ces « vérités », il tue la pauvre femme (non-Mauvaise Action = Mauvaise Action)

Le Mensonge salvateur est donc une Bonne Action paradoxale destinée à faire échec aux Guetsapens du destin et aux faux devoirs de la Poursuite. Comme le « bon vol » de Mgr Myriel, il témoigne de l'impossibilité pratique où est le Bienfaiteur de s'en tenir aux seules exigences de la loi divine. Ce n'est pas un hasard si ce thème apparaît au moment même où Valjean se voit enlever son rôle de Bienfaiteur et contraint de « devenir ange dans un enfer ».

Les principales séquences narratives des livres VI à VIII forment donc les deux chaînes suivantes.

| S.N. : | auto-dénonciation de Javert | → | tempête sous un crâne : combat intérieur de Valjean | → | le rêve |
| A. : | Bonne Action-Montée-Chute | → | Affrontement intérieur | → | Errance (Chute) |

| | → voyage à Arras | → | le procès : société contre Champmathieu | & | Valjean spectateur : suite du combat intérieur |
| | → Chute-Montée | → | Affrontement | & | Affrontement intérieur |

81. « Pauvre sainte fille ! Doux souvenir disparu ! » (les Misérables, p. 76).
— « O sainte fille ! vous n'êtes plus de ce monde depuis beaucoup d'années ; vous avez rejoint dans la lumière vos sœurs les vierges et vos frères les anges ; que ce mensonge vous soit compté dans le paradis ! » (p. 313).

$\begin{cases} \rightarrow \quad \text{auto-dénonciation de Valjean} \\ \qquad \text{(Sacrifice)} \\ \\ \rightarrow \quad \textit{Bonne Action-Chute-Montée} \end{cases}$

et :

S.N. : Fantine espère ravoir son enfant   →   la sœur Simplice ne la détrompe pas

A. :   *Conjonction optative*   →   *non-Bonne Action = Bonne Action*

$\begin{cases} \rightarrow \quad \text{Javert la détrompe} \\ \\ \rightarrow \quad \textit{non-Mauvaise Action} = \\ \qquad \textit{Mauvaise Action} \end{cases}$ →   la sœur Simplice ment à Javert :
                                                                              mensonge salvateur

→   *Mauvaise Action = Bonne Action*

En conclusion à notre analyse de la première partie, dégageons quelques lignes d'évolution.

La Mauvaise Action, dans les deux premiers livres, prend d'abord la forme du vol (vol d'un pain, vol des flambeaux) puis elle évolue peu à peu vers le mensonge (d'abord à travers la surprise, puis le mauvais marché, formes de duperies). Elle finit par se conjuguer avec la Bonne Action (mensonge salvateur).

La Bonne Action d'ailleurs a subi une évolution convergente : d'abord don (bonnes actions de l'évêque), puis « bon marché » (une âme pour les flambeaux), elle s'est peu à peu chargée d'ambivalence : l'auto-dénonciation de Valjean cause effectivement la ruine et la désintégration sociale de Montreuil-sur-Mer et contribue indirectement à la mort de Fantine, comme le prévoyait Valjean lors de la « tempête sous un crâne ». Elle contribue aussi au triomphe de la loi humaine (Javert) sur la loi divine (Valjean), du Poursuivant sur le médiateur. C'est tout le « mauvais du bon[82] » qui triomphe en la personne de Javert, et c'est tout le bon du mauvais qui triomphe dans les mensonges de la sœur Simplice.

En ce qui a trait à la Chute, on note que, d'une part à travers les Chutes successives de Valjean, de Fantine et de Cosette, elle tend à devenir de plus en plus sociale et physique, de moins en moins morale ; d'autre part, elle tend

82. *Les Misérables*, p. 304.

de plus en plus à se combiner avec la Bonne Action pour donner naissance au Sacrifice (Valjean). Corrélativement la Montée est de moins en moins sociale, de plus en plus spirituelle, et exige des Sacrifices de plus en plus grands.

Le Combat, par ailleurs, fait une part de plus en plus grande aux données sociales. D'abord axé sur l'intériorité et la dimension morale et spirituelle (Valjean et l'évêque), il évolue vers la confrontation du social et du spirituel (affrontement Javert-Valjean au sujet de Fantine) et met finalement aux prises la société et son paria (affaire Champmathieu).

La Conjonction est d'abord, dans les deux premiers livres, d'ordre intérieur (l'évêque lumineux). Puis elle est extérieure mais compliquée de Guet-apens (Surprise, Méprise) ou d'abjection (prostitution). À la fin du livre VII cependant, on peut parler d'une véritable Conjonction entre Valjean et la foule qui assiste au procès d'Arras[83]. Et dans le dernier livre, une autre Conjonction s'établit entre Fantine morte et Valjean redevenu paria. Immédiatement après la mort de la pauvre femme, Valjean se penche vers elle et lui parle à voix basse. «Que lui dit-il? Que pouvait dire cet homme qui était réprouvé à cette femme qui était morte? Qu'était-ce que ces paroles? Personne sur la terre ne les a entendues. La morte les entendit-elle? Il y a des illusions touchantes qui sont peut-être des réalités sublimes. Ce qui est hors de doute, c'est que la sœur Simplice, unique témoin de la chose qui se passait, a souvent raconté qu'au moment où Jean Valjean parla à l'oreille de Fantine, elle vit distinctement poindre un ineffable sourire sur ces lèvres pâles et dans ces prunelles vagues, pleines de l'étonnement du tombeau[84].» C'est l'échange entre l'ange qui est dans l'enfer et l'ange qui est dans le paradis.

83. *Les Misérables*, p. 293. «Le propre des spectacles sublimes, c'est de prendre toutes les âmes et de faire de tous les témoins des spectateurs. Aucun peut-être ne se rendait compte de ce qu'il éprouvait; aucun, sans doute, ne se disait qu'il voyait *resplendir là une grande lumière*; tous intérieurement se sentaient *éblouis*.»
84. *Ibid.*, p. 308.

IV

Lecture, II : Cosette

Les actants de la première partie étaient des individus : l'évêque, Valjean, Fantine, les Thénardier, Javert, Champmathieu. Il y avait aussi les deux «quatuors» du livre III, mais ils ne formaient pas des groupes nettement caractérisés : ils étaient, tout aussi bien, quatre couples juxtaposés. La deuxième partie met en scène, au début et à la fin, de vastes collectivités. Ce sont les armées de la bataille de Waterloo et les religieuses du Petit-Picpus. L'introduction dans le texte d'actants pluriels contribue à l'élargissement de l'histoire de Valjean aux dimensions d'une épopée du genre humain.

Le livre premier

Le récit de la bataille de Waterloo est l'un des «hors-d'œuvre» les plus fameux des *Misérables*. On sait qu'il a été rédigé en dernier, et que son rapport métonymique avec l'histoire des *Misérables,* centrée sur Valjean, est fort ténu : le soir du 15 juin 1815, après la bataille, Thénardier dépouille le colonel Pontmercy qu'il croit mort et, sans le vouloir, il lui sauve la vie. Point n'était besoin de raconter par le menu toutes les péripéties de l'événement historique pour nous introduire à cette scène, qui tranche sur les précédentes par son apparence a-necdotique et la portée de son rayonnement, limité à quel-ques individus.

La raison d'être de « Waterloo », il faut la chercher ailleurs que dans la logique narrative immédiate. Où donc? Dans un rapport métaphorique, qui n'est pas dénué de complexité.

Il y a deux grandes batailles dans le roman. Elles se font pendant, l'une étant au début et l'autre, à la fin du livre. Elles se complètent: Waterloo est l'Affrontement de deux collectivités nationales, résumées en deux hommes: Wellington et Napoléon. La bataille du 5 juin 1832 est l'Affrontement intérieur de la France, partagée entre la voie du passé et la voie de l'avenir. Guerre impériale d'un côté, guerre révolutionnaire de l'autre. Guerre nationale d'un côté, guerre civile de l'autre. L'une met aux prises deux vastes armées, l'autre met aux prises une poignée d'hommes et une multitude. La guerre impériale est fondée sur l'instinct de domination, l'insurrection est inspirée par la grande idée du Progrès. De l'une à l'autre, il y a intériorisation et mise en contestation du « phénomène guerre », et cette évolution, conforme à la loi du Progrès, est aussi parallèle à l'évolution des luttes individuelles dans le roman: les luttes de Valjean se dérouleront à des niveaux de plus en plus intimes et profonds de la conscience.

Waterloo fait donc contrepoids, dans le texte global, aux événements du 5 juin 1832 auxquels seront mêlés Marius et Valjean. Mais il y a, entre Waterloo et le reste de la deuxième partie, des liens thématiques plus précis que fera ressortir notre analyse.

« Waterloo », bien entendu, c'est l'Affrontement. On ne peut imaginer un cas plus patent d'action pronominale nocturne, que celle qui met aux prises deux armées ennemies. Quand Valjean, lors de l'Affaire Champmathieu, subissait la « tempête sous un crâne », il se courbait « comme un soldat à l'approche d'un assaut[1] ». La bataille comporte un plus haut degré de généralité que le débat intérieur. Elle est un des universaux les moins con-

---

1. *Les Misérables*, p. 231.

testables de l'expérience humaine. Nous tenterons de dégager la forme particulière qu'elle prend ici et de la mettre en relation avec l'ensemble des significations du roman.

De même que le récit de la «tempête sous un crâne», celui de la bataille de Waterloo est précédé d'une introduction où l'auteur se met en scène lui-même. Dans le premier chapitre du livre premier, il raconte son arrivée à Hougomont. On ne pénètre pas dans la conscience de l'Histoire avec moins de tremblement que dans celle d'un homme. L'une et l'autre sont en rapport intime avec la conscience de l'auteur. Et Hougomont, l'auteur le précise, c'est «Hugomons» (le mont Hugo), manoir qui fut «bâti par Hugo sire de Somerel». Ce n'est pas le premier homonyme dont Hugo fasse état dans son roman (ou, pour être plus exact, dans ses romans). Mgr Myriel, dans une dissertation, examinait «les œuvres théologiques de Hugo, évêque de Ptolémaïs, arrière-grand-oncle de celui qui écrit ce livre[2]». Renseignement fantaisiste, s'il faut en croire les commentateurs. Dans une note, Maurice Allem précise : «Cet arrière-grand-oncle évêque de Ptolémaïs (ou Saint-Jean d'Acre) est un grand-oncle bien suspect ; les poètes romantiques se donnèrent des généalogies étonnantes : ainsi les Musset se rattachaient à Jeanne d'Arc[3].» Quoi qu'il en soit, le plaisir évident que prend l'auteur à citer tel ou tel homonyme témoigne d'une tendance évidente à se projeter, à s'«inscrire» dans la substance romanesque elle-même. Tout extraverti qu'il est, Hugo n'échappe aucunement au subjectivisme romantique, et la «réalité» historique qui sert de toile de fond à ses romans n'est jamais que le déguisement d'une vision — de même que le procès Champmathieu était, pour Valjean spectateur, une «vision inouïe, une sorte de représentation du moment le plus horrible de sa vie, jouée par son fantôme[4]».

2. *Les Misérables*, p. 21.
3. *Ibid.*, p. 1493, n. 8, chap. v.
4. *Ibid.*, p. 278.

Ce n'est donc pas un hasard si le récit de la
bataille de Waterloo commence par celui de l'arrivée de
l'auteur à Hougomont et par le récit des événements qui s'y
sont déroulés :

« — Comment s'appelle cet endroit-ci ? demanda le passant.
— Hougomont, dit la paysanne.
Le passant se redressa. Il fit quelques pas et s'en alla regarder au-dessus des haies. Il aperçut à l'horizon à travers les
arbres une espèce de monticule et sur ce monticule quelque
chose qui, de loin, ressemblait à un lion.
Il était dans le champ de bataille de Waterloo[5].»

Le passant («celui qui raconte cette
histoire») pose une question toute semblable au *Qui est-il ?*
qui marque le début de l'Affrontement. Quel est cet
endroit ? C'est le «mont Hugo». Et il fait face au dérisoire
«monticule», là-bas, de la victoire. Hugo, face à Wellington. Le penseur et le sabreur. Car, «... grâce au ciel, les
peuples sont grands en dehors des lugubres aventures de
l'épée, dira plus loin Hugo. Ni l'Allemagne, ni l'Angleterre,
ni la France, ne tiennent dans un fourreau. Dans cette
époque où Waterloo n'est qu'un cliquetis de sabres, au-
dessus de Blücher l'Allemagne a Goethe et au-dessus de
Wellington l'Angleterre a Byron[6].» «Hugomons» et le
mont Saint-Jean, c'est le génie de la France face à la
méprisable victoire d'un sabreur anglais — revanche double :
nationale et spirituelle.

Hougomont, c'est aussi l'Affrontement
dans ce qu'il a de plus pur. C'est, avant le récit de
l'ensemble de la bataille, celui d'un engagement terrible qui
la reflète en plus petit. «... voilà cette cour dont la conquête
fut un rêve de Napoléon. Ce coin de terre, s'il eût pu le

5. *Les Misérables*, p. 316.
6. *Les Misérables*, p. 359. L'auteur écrit aussi: «Les sabreurs ont fini,
   c'est le tour des penseurs. Le siècle que Waterloo voulait arrêter a
   marché dessus et poursuivi sa route. Cette victoire sinistre a été vaincue par la liberté» (p. 364).

prendre, lui eût peut-être donné le monde[7].» Dans son verger, Hougomont contient le drame tout entier: «Le verger
est terrible. Il est en trois parties, on pourrait presque dire
en trois actes[8].» Il est toute la guerre en miniature, comme
Valjean, comme Hugo lui-même — et lui surtout — est
l'humanité en raccourci.

Ce sont surtout les vastes scènes
d'Affrontement qui sont, pour Hugo, l'occasion de se projeter dans la substance textuelle. L'importance accordée à
«Hougomont» en est un exemple. Mais il en est d'autres
plus frappants encore. Il n'est pas rare que, dans les
épisodes cruciaux de ses romans, l'auteur donne au lieu de
l'Affrontement la forme d'une immense «H» majuscule, son
initiale. Telle est, par exemple, Notre-Dame de Paris, avec
ses deux tours et sa galerie supérieure illuminées dans la
nuit, lorsque Quasimodo verse le plomb bouillant sur la
foule des truands[9]. L'«H» apparaît aussi, et textuellement
cette fois, dans les Travailleurs de la mer: «L'espèce
d'immense H majuscule, formée par les deux Douvres ayant
la Durande pour trait d'union, apparaissait à l'horizon dans
on ne sait quelle majesté crépusculaire[10].» C'est sur les
Douvres que Gilliatt va livrer combat à la tempête, lui qui
s'est donné pour mission de sauver la Durande.

La barricade de la rue de la Chanvrerie,
dans les Misérables, avec l'omnibus couché sur le flanc qui
la surmonte, reproduit aussi la structure de l'«H». Et la
résonance symbolique de cette lettre transparaît encore dans
une note, de plusieurs années antérieures aux œuvres de
l'exil et publiée dans le reliquat de Littérature et Philosophie
mêlées: «Les mots ont une figure. Bossuet écrit thrône,
selon cette magnifique orthographe du dix-septième siècle
que le dix-huitième a si sottement mutilée, écourtée,
châtrée. Oter l'h du trône, c'est en ôter le fauteuil. H ma-

---

7. Les Misérables, p. 317.
8. Ibid., p. 321. La guerre des barricades aura aussi un épisode initial en
«deux actes»: cf. IV, 14, I et II.
9. In Œuvres romanesques complètes, p. 340 A.
10. Ibid., p. 1011 B.

juscule c'est le fauteuil vu de face, h minuscule c'est le fauteuil vu de profil[11].» Si l'H est le trône, on comprend que l'H majuscule formée par les Douvres et la Durande apparaisse «dans on ne sait quelle *majesté* crépusculaire».

Les grandes scènes d'Affrontement auxquelles l'H est liée sont les plus dramatiques, les plus denses sur le plan thématique, et par conséquent les plus caractéristiques de Hugo. Dans le Combat, il y a la Bonne Action et la Mauvaise Action, la Montée et la Chute. L'H symbolise le Combat dans ce qu'il a de plus exactement contraire à la Conjonction dont elle est, en quelque sorte, la figure nocturne. La Conjonction suppose, en effet, deux termes égaux et une relation bilatérale entre eux. Les flambeaux de l'évêque sont ainsi des symboles de la Conjonction intérieure de Valjean : ils rayonnent l'un vers l'autre. Les jambages de l'H sont cette dualité, et le trait d'union figure cette relation, mais dans le contexte d'un combat total et médiateur.

Or, Waterloo, ce n'est pas encore l'«H» des barricades, Waterloo, nous dit l'auteur, c'est «A[12]». L'auteur s'explique :

«... Le jambage gauche de l'A est la route de Nivelles, le jambage droit est la route de Genappe, la corde de l'A est le chemin creux d'Ohain à Braine-l'Alleud. Le sommet de l'A est Mont-Saint-Jean, là est Wellington ; la pointe gauche inférieure est Hougomont, là est Reille avec Jérôme Bonaparte ; la pointe droite inférieure est la Belle-Alliance, là est Napoléon. Un peu au-dessous du point où la corde de l'A rencontre et coupe le jambage droit est la Haie-Sainte. Au milieu de cette corde est le point précis où s'est dit le mot final de la bataille. C'est là qu'on a placé le lion, symbole involontaire du suprême héroïsme de la garde impériale[13].»

---

11. In *Œuvres dramatiques et critiques complètes*, p. 1250 B.
12. «A» est le titre du chap. IV (*les Misérables*, p. 325).
13. *Ibid.*, p. 325 et 326.

Et tout le combat sera comme un parcours de l'immense lettre, l'aile gauche et l'aile droite de l'armée française se lançant à l'assaut du plateau de Mont-Saint-Jean qui est «le triangle compris au sommet de l'A».

Sans accorder plus de mérite qu'il ne faut à un type d'interprétation qu'on est en droit de juger fantaisiste, demandons-nous si la différence graphique entre l'A et l'H n'est pas l'indice d'une différence sur un autre plan, celui des significations. Alors que le «trait d'union» de l'H figure une parfaite relation bilatérale, la corde de l'A comporte au centre un point de rupture qui semble déterminé par la projection sur elle du point d'intersection des jambages. C'est «le point précis où s'est dit le mot final de la bataille» et où l'on a érigé le «symbole involontaire» de l'héroïsme des vaincus. Waterloo, en somme, est un paradoxe, «une victoire prodigieuse et médiocre», une «victoire sans victorieux», un «mensonge dans une catastrophe», et la lettre A, dont les jambages convergents figurent, selon notre hypothèse, l'amalgame des contraires, serait l'expression anagraphique de ce paradoxe.

Plus loin, dans la même partie, l'auteur fera appel à la lettre Y pour décrire le lieu où Valjean échappe à Javert qui le poursuit[14]. Et dans la quatrième partie, il utilisera la lettre N pour figurer la disposition des rues où vont se dérouler les combats[15]. L'N se rapproche de l'H fatidique de la barricade. Après la «guerre entre quatre murs», Valjean s'enfuira dans les égouts dont les branches forment tantôt un «chaos de T et de Z sous l'hôtel des Postes et sous la rotonde de la halle aux blés jusqu'à la Seine où il se termine en Y[16]», tantôt «l'espèce d'F qui est sous la Bastille[17]». L'utilisation des lettres est donc courante dans les scènes d'Affrontement et de Poursuite. Notons, cependant, que les lettres en général figurent la disposition des rues (ou des «branches» de l'égout), alors que

14. *Les Misérables*, p. 467.
15. *Ibid.*, p. 1108.
16. *Ibid.*, p. 1304.
17. *Ibid.*, p. 1314.

la lettre H figure une construction ou une formation
naturelle: église Notre-Dame, les Douvres, les barricades.
Les autres lettres s'en distinguent tant par leur
«horizontalité» que par le fait qu'elles n'impliquent pas de
référence directe à l'auteur. L'importance que revêt la lettre
A dans la description du champ de bataille et la proximité du
développement sur Hougomont justifient cependant le rapprochement de l'A avec l'H.

Mais quittons le terrain dangereux des
spéculations anagraphiques et résumons brièvement les
grands moments de la bataille qui nous est racontée. Il y a
d'abord la mêlée, le «*quid obscurum*[18]», qui correspond à
un Affrontement chaotique, c'est-à-dire mêlé de Chute pour
les deux armées adverses. À cause de la pluie, tout est déjà,
matériellement, boue et enlisement. L'action s'en ressent,
elle est trouble: «... le milieu de cette bataille est presque
indistinct et participe du sombre de la mêlée[19]». Les
groupes antagonistes fusionnent, comme dans le tourbillon
(celui de Fantine-Bamatabois), et perdent leurs caractères
propres: «... dans l'action, les deux plans des deux chefs
entrent l'un dans l'autre et se déforment l'un par l'autre[20].»
La bataille est une «oscillation[21]», une affaire d'onde et
d'ombre.

Cependant, peu à peu, elle se précise. La
situation de l'armée anglaise se détériore: commencement de
victoire (Montée) pour Napoléon, de défaite (Chute) pour Wellington.

Napoléon, à ce moment, se croit
«d'accord» avec le destin (Conjonction), qu'il a «assigné
[...] à jour fixe sur ce champ de Waterloo»; mais, ajoute
Hugo, «Napoléon se trompait. Ils n'étaient plus

18. Titre du chap. v: «Le *quid obscurum* des batailles» *(les Misérables,*
    p. 327.
19. *Ibid.,* p. 329.
20. *Ibid.,* p. 329.
21. «Qu'est-ce qu'une mêlée? une oscillation... Pour peindre une bataille,
    il faut de ces puissants peintres qui aient du chaos dans le pinceau...»
    (ibid., p. 330).

d'accord[22].» La non-Conjonction prendra la forme brutale d'une immense duperie, analogue à celle de Fantine par Tholomyès (I, 3) puis par Thénardier (I, 4). Fantine, à Montfermeil, avait cru voir «au-dessus de cette auberge le mystérieux ICI de la providence[23]». Napoléon à Waterloo nourrit une illusion semblable. Son rapport avec le destin, qu'il traite en égal, va se solder par une véritable Conjonction-Guet-apens. Homme de la Conquête et de la Victoire (Montée), Napoléon sera la victime (Chute) d'un combat plus qu'humain et d'une action plus que «militaire». Qui a pu ainsi lui faire échec? Dieu lui-même: «Napoléon avait été dénoncé dans l'infini, et sa chute était décidée. Il gênait Dieu[24].» Celui qui ressuscite l'âme, devenue cadavre, des misérables[25] peut aussi briser l'ascension des magnifiques.

La plaque tournante de la bataille est une Surprise. Le chemin creux d'Ohain va briser l'élan des cuirassiers et précipiter la défaite. Ce chemin, c'est l'«inattendu[26]», c'est le piège. Il contient du Guet-apens.

Et la Surprise est suivie immédiatement d'une Méprise: «On connaît la poignante méprise de Napoléon; Grouchy espéré, Blücher survenant; la mort au lieu de la vie[27].» La Surprise faite à Fantine était elle aussi suivie d'une Méprise, et cette mère qu'elle rencontrait allait être la

---

22. *Les Misérables.*, p. 333.
23. *Ibid.*, p. 157. Un autre passage de «Une mère qui en rencontre une autre» fait penser à plusieurs passages de «Waterloo»: «Une personne qui est assise au lieu d'être debout [dit Hugo à propos de la Thénardier, moins effrayante dans cette posture], les destinées tiennent à cela» (p. 157). Dans «Waterloo»: «On pourrait presque dire que de ce signe de tête d'un paysan est sortie la catastrophe de Napoléon» (p. 344).
24. *Ibid.*, p. 344.
25. Souvenons-nous de la question posée à la fin de «L'onde et l'ombre» à propos de l'âme noyée: «Qui la ressuscitera?» (p. 102), et de la réponse donnée à la fin de «*Christus nos liberavit*»: «Il est seul. Il s'appelle Dieu» (p. 196).
26. «L'inattendu» est le titre du chapitre IX, p. 341.
27. *Ibid.*, p. 349.

marâtre de son enfant. Même enchaînement des actions, ici et
là. La Chute de Napoléon et de l'armée française répète la
Chute de Fantine — dans l'ordre du récit et non de la
chronologie des événements puisque celle-ci est en fait posté-
rieure à celle-là. Le syntagme actantiel sous-jacent aux deux
vastes séquences narratives (II, 1 et I, 3 et 4) est:
Conjonction→Surprise→Méprise→Chute.

Le parallélisme qui se dessine entre le
fait collectif et militaire, d'une part, le fait individuel et
amoureux, d'autre part, sera repris plus loin dans le roman
et nous aurons l'occasion de l'examiner plus à fond.
Indiquons seulement, pour l'instant, que le destin de
Napoléon est aussi celui de ses soldats, et plus particulièrement du colonel Pontmercy, qui apparaît dans la scène finale
du récit de Waterloo. L'analogie, toute lointaine qu'elle est,
entre les destins de la mère de Cosette et du père de Marius
(dont Napoléon est d'ailleurs, dans l'esprit du jeune homme,
une sorte de substitut mythique) n'est pas étrangère aux se-
crètes résonances thématiques de l'«Idylle rue Plumet», si
intimement liée à l'«Épopée rue Saint-Denis». «Waterloo»
et «L'année 1817» préfigurent, séparément, les jours de juin
1832 où Marius passera de la Conjonction à l'Affrontement,
de l'amour à la révolution.

Mais revenons au récit de la bataille, et
plus précisément à cette page, fameuse entre toutes, de
l'assaut des cuirassiers. L'auteur écrit: «Il semblait que
cette masse était devenue monstre et n'eût qu'une âme.
Chaque escadron ondulait et se gonflait comme un anneau
du polype. [...] tumulte discipliné et terrible; là-dessus les
cuirasses, comme les écailles sur l'hydre[28].» Nous avons là
un cas manifeste de fusion des thématiques nocturne et
diurne. Les cuirassiers sont lancés à la conquête du plateau
de Mont-Saint-Jean (Montée), ils revêtent momentanément
l'aspect d'un monstre, et de ce monstre par excellence
qu'est l'hydre (Mauvaise Action). Nulle part, l'auteur ne fait
mieux ressortir l'horrible beauté de la guerre. Bien entendu,

28. *Les Misérables*, p. 342.

en comparant les cuirassiers au polype, il ne porte pas un jugement de valeur négatif sur leur action (bien que la guerre en soi fasse plus loin l'objet d'une condamnation de sa part), mais souligne le caractère plénier, à la fois transitif et intransitif, nocturne et diurne de leur action. Ce sont des médiateurs, ces êtres d'ombre lancés vers les hauteurs, à ce moment décisif de la bataille. Comme les «antiques hippanthropes», les Titans des vieilles épopées orphiques, les cuirassiers sont «horribles, invulnérables, sublimes; dieux et bêtes[29]». Êtres faits de terre et de ciel, ils sont la terre à la conquête du ciel. Et l'on constate une fois de plus la parenté entre l'Affrontement et la Conjonction puisque l'amour maternel de la Thénardier (Conjonction) lui donnait une «expression animale et céleste[30]». L'amour et la guerre sont deux modes d'existence pareillement médiateurs, deux mises en présence opposées mais complémentaires de l'Ombre et de la Lumière.

Après la Surprise et la Méprise, c'est la déroute et l'extermination, qui sont des formes collectives et militaires de la Chute. À ce point du récit se situe l'épisode de Cambronne. Il y a d'abord l'agonie du dernier carré de la garde, qui «répliquait à la mitraille par la fusillade, rétrécissant continuellement ses quatre murs[31]». Tout ce que le Combat peut comporter de Chute est bien exprimé par l'image des quatre murs, qui sont à la fois le «lieu» contre lequel est dirigé l'assaut, et les assaillis eux-mêmes; le contenant et le contenu. On se souvient que le misérable, l'homme à la mer, était «dans l'eau monstrueuse», son assaillant et le lieu de son combat étaient une seule et même chose. Nous avons ici la même métaphore, mais inversée.

Les quatre murs sont à la fois une redoute et une prison, une protection et un piège. Ils sont le salut (Montée) et la perdition (Chute). Dans les «quatre murs» du Petit-Picpus, Valjean échappera aux poursuites de

29. *Les Misérables*, p. 342.
30. *Ibid.*, p. 153.
31. *Ibid.*, p. 355.

Javert. La guerre des barricades, qui consistera essentiellement dans la résistance de quelques insurgés voués à la mort, s'intitulera à juste titre «La guerre entre quatre murs» (V, 1).

Dans le passage qui nous intéresse, le carré rétrécit peu à peu ses quatre murs puis, avant l'extermination finale, un «cercle» de «mèches allumées pareilles à des yeux de tigre» se forme autour de lui[32]. Le cercle, comme dans l'épisode du corps à corps de Fantine et de Bamatabois, c'est le Monstre. Quelques lignes plus haut, la situation des survivants de la garde était ainsi évoquée: «Ces combattants avaient *autour d'eux* comme un *fourmillement de spectres,* des silhouettes d'hommes à cheval, le profil noir des canons, le ciel blanc aperçu à travers les *roues* et les affûts; la colossale *tête de mort* que les héros entrevoient toujours dans la fumée au fond de la bataille, *s'avançait sur eux et les regardait*[33].» La monstruosité vorace se manifeste à travers plusieurs motifs convergents: le cercle, les roues, le fourmillement de spectres; et la Mauvaise Action est liée à la Poursuite, qui transparaît clairement dans l'Œil-étoile connoté conjointement par la tête de mort qui regarde et les mèches allumées des canons. Un mauvais destin va donc triompher de l'héroïsme. C'est à ce moment que, au général anglais qui «leur [crie]: Braves Français, rendez-vous! Cambronne répondit: Merde[34]!» Le point final de la bataille, et la véritable victoire, nous dit Hugo, c'est ce mot.

Waterloo aboutit donc à «Merde», à l'excrément. La «guerre entre quatre murs» aboutira à la traversée des égouts de Paris. Dans les deux cas succède, à l'Affrontement physique et collectif, la Chute du héros (Cambronne est «le vainqueur» de Waterloo) dans ce qu'il y a de plus bassement matériel, l'excrément; et cette Chute est une Montée. Cambronne préfigure Valjean. «... sous

32. *Les Misérables,* p. 356.
33. *Ibid.,* p. 355.
34. *Ibid.,* p. 356.

l'accablement du nombre, de la force et de la matière, il trouve à l'âme une expression, l'excrément[35]». Antithèse suprême, l'excrément étant un mode d'existence superlatif de la matière — du Mal. Les contraires sont l'un dans l'autre. Comme écrira l'auteur des *Travailleurs de la mer:* «Pourriture, c'est nourriture[36].» Son mot fait de Cambronne l'égal de ce génie, Eschyle, auquel Hugo consacrera tout un Livre de son *William Shakespeare*[37]. Cambronne est, dans cette minute de la mort aboyante, un génie c'est-à-dire un médiateur. La médiation hugolienne consiste en deux opérations simultanées: l'assimilation des contraires et la récupération du terme négatif par le terme positif. Elle affirme à la fois: la terre, c'est le ciel, et: la terre n'est rien, le ciel est tout. — Donc, la terre est tout!

Le mot de Cambronne, conclut Hugo, c'est plus que la réponse de l'empire à l'Europe, c'est la réponse de la Révolution au passé, du Progrès (Montée) à la tyrannie (Mauvaise Action). Par là, il annonce directement la lutte d'Enjolras contre la monarchie de Juillet.

La bataille de Waterloo n'est pas que l'Affrontement de deux armées. Elle est aussi l'Affrontement de deux hommes, Napoléon et Wellington, et de deux idées, l'empire et la monarchie. L'empire est la Révolution compliquée de tyrannie, le Progrès compliqué de Mauvaise Action. La monarchie est la monarchie: chose de la nuit. Elle est la Mauvaise Action sans le Progrès.

Wellington est l'homme du passé, de «l'ombre établie». Sur le plan militaire, il est la guerre classique contre Napoléon, la guerre «romantique». Il est un

---

35. *Les Misérables,* p. 357.
36. In *Œuvres romanesques complètes,* p. 1054 A.
37. Le mot de Cambronne «atteint la grandeur eschylienne» (*les Misérables,* p. 357). Le livre du *William Shakespeare* consacré à Eschyle s'intitule: «Shakespeare l'ancien», in *Œuvres dramatiques et critiques complètes,* p. 1374 A-1382 B.

«calculateur exact», Napoléon est un génie. D'une certaine façon, c'est Javert contre Valjean. Notons que la poursuite de Valjean par Javert dominera le reste de la deuxième partie. Wellington incarne «la précision, la prévision, la géométrie, la prudence, la retraite assurée, les réserves ménagées, un sang-froid opiniâtre, une méthode imperturbable, la stratégie, qui profite du terrain, la tactique qui équilibre les bataillons, le carnage tiré au cordeau, la guerre réglée montre en main, rien laissé volontairement au hasard, le vieux courage classique, la correction absolue[38]». On trouve, chez Javert, la même correction et la mêmes fidélité à un Code: «Jusqu'ici tout ce qu'il avait au-dessus de lui avait été pour son regard une surface nette, simple, limpide; là rien d'ignoré, ni d'obscur; rien qui ne fût défini, coordonné, enchaîné, précis, exact, circonscrit, limité, fermé; tout prévu; l'autorité était une chose plane; aucune chute en elle, aucun vertige devant elle[39].» Dans ces portraits de Wellington et de Javert, il y a une même référence implicite à cet «esprit de géométrie» que Pascal opposait à l'«esprit de finesse».

À Waterloo, le géomètre triomphe du génie militaire. Mais dans le reste de la deuxième partie, et après les événements du 5 juin 1832, c'est Valjean, cette espèce de génie du Bien, qui triomphera de Javert, l'homme de la loi.

Napoléon, comme Valjean, contient «tous les mystères d'une âme profonde[40]». Mais il est l'homme de la Montée sur le plan humain et politique; l'autre est l'homme de la Montée sur le plan humain et spirituel. Aussi la Chute de Napoléon est-elle irréparable. Sans doute, la «défaite» avait-elle «grandi le vaincu. Bonaparte tombé semblait plus haut que Napoléon debout[41].» Mais cette grandeur est celle de l'«image publique» (comme disent les

38. *Les Misérables*, p. 360.
39. *Ibid.*, p. 1350.
40. *Ibid.*, p. 360.
41. *Ibid.*, p. 367.

Américains) que projette Napoléon, et non de sa personnalité morale. L'effroi qu'il inspirait, ajoute Hugo, «venait de la quantité de révolution qu'il avait en lui». Mais la révolution continuera sans lui, qui ne la servait qu'indirectement. Les Chutes de Valjean, déterminées par ses Sacrifices, auront un rapport beaucoup plus direct avec sa Montée spirituelle.

Il y a du mensonge dans Waterloo, qui est le triomphe de l'humain sur le surhumain, du passé sur le présent. Cambronne, on l'a vu, «sent qu'il y a là un mensonge, un mensonge dans une catastrophe[42]». On retrouve une même sorte de mensonge dans la scène finale du livre premier où le colonel Pontmercy se méprend sur les intentions réelles de Thénardier. Le mauvais homme, en dépouillant le cuirassier qu'il croit mort, le ramène à la vie. Le crime hideux (Mauvaise Action) est un sauvetage (Bonne Action). Après l'Affrontement paradoxal, qu'est Waterloo, c'est la Conjonction paradoxale d'un héros et d'un détrousseur de cadavres. Le colonel Pontmercy remercie Thénardier et lui demande : Comment vous appelez-vous ? Dans la Conjonction, cette question (Qui êtes-vous ?) ne survient qu'en dernier: Cosette et Marius, en IV, 5 VI, ne se disent leurs noms que «quand ils eurent fini, quand ils se furent tout dit», à la fin de cette scène où ils se trouvent enfin, après s'être si longtemps cherchés[43]. L'échange des noms couronne celui des âmes.

La rencontre entre le colonel Pontmercy, le père de Marius, et Thénardier pourrait s'intituler «Un père qui en rencontre un autre» puisque Thénardier sera le «parâtre» de Cosette. Et la dette de reconnaissance, si peu fondée en vérité, que Pontmercy demandera à son fils d'acquitter est une façon de «livrer» celui-ci à Thénardier, comme Fantine lui livrait Cosette. La méprise du colonel est analogue à celle de Fantine et analogue, par conséquent, à celle de Napoléon espérant Grouchy et «livrant» son armée à Blücher.

42. *Les Misérables*, p. 357.
43. *Ibid.*, p. 960.

Ces rapprochements permettent de préciser le lien métaphorique du livre premier avec le reste du roman. On voit, en effet, se dessiner une constante, qu'on pourrait qualifier de «psycho-sociale», d'une grande importance. Fantine, Napoléon, Pontmercy appartiennent tous trois, symboliquement, à la même «génération», celle des Parents. Marius, Cosette, les Amis de l'ABC sont les Enfants. Valjean et M. Gillenormand sont les Grands-Parents. (Nous nuancerons plus bas cette affirmation en ce qui concerne Valjean.) Tout se passe comme si, sur le plan individuel comme sur le plan politique et social, les Parents étaient victimes de Surprises et de Méprises qui les plongeaient dans la misère (Chute) et les séparaient de leurs Enfants (rupture de la Conjonction Parents-Enfants). L'Empereur, cette figure du Père, se voit séparer de la France un peu comme Pontmercy, de son fils et Fantine, de sa fille. De même Valjean, par sa condamnation au bagne, avait perdu de vue la famille dont il était le soutien (Père). La Chute est, fréquemment, associée à la perte de l'Enfant.

Une fois la séparation survenue, les Grands-Parents (plus précisément, le Grand-Père) doivent prendre les Petits-Enfants sous leur tutelle. Valjean deviendra le «père céleste» de Cosette, lui qui, par son âge, pourrait être son grand-père. C'est d'ailleurs la qualité de grand-père que Thénardier lui attribuera quand il expliquera à Javert le départ de Cosette[44]. M. Gillenormand, qui réunit en lui quelque chose de Thénardier et quelque chose de Valjean, «enlève» Marius à son père et le prend sous sa protection. Sur le plan politique, Louis XVIII, puis Louis-Philippe, sont d'une «génération» antérieure à l'Empire, issu de la Révolution et de la monarchie.

D'un point de vue thématique — si la thématique est bien le champ des résonances signifiantes de l'œuvre — le récit de Waterloo peut bien signifier la

---

44. *Les Misérables*, p. 488. Et Valjean sera présenté à mère Innocente comme étant «son grand-père» (p. 582).

généralisation de la disparition des Parents au profit du Grand-Père. La suite du roman ne mettra-t-elle pas aux prises l'Aïeul et les Petits-Enfants? Ce seront M. Gillenormand et Marius, Louis-Philippe et les Amis de l'ABC, Valjean et Cosette.

Sans doute la réalité est-elle plus complexe. La lutte armée entre les insurgés et la monarchie de Juillet diffère du conflit entre Marius et son grand-père et de l'«éloignement» de Cosette pour Valjean. Les Grands-Pères, du reste, ne sont pas les mêmes. Leur bonté (ils sont bons tous les trois) se complique parfois de qualités contraires (Louis-Philippe est bon, mais il est roi ; M. Gillenormand est bon, mais il est royaliste). Quant à Valjean, il n'est, positivement, un Grand-Père que dans la mesure où il est le Bienfaiteur. Rappelons que monseigneur Bienvenu était un «bonhomme», et que Valjean, pour les ouvriers et les enfants de Montreuil-sur-Mer, était «le père Madeleine» — appellations qui conviennent à un charitable vieillard. Mais celui qui «aime» Cosette, d'un amour jaloux, ou celui qui accomplit des exploits dignes d'un athlète — ou d'un forçat —, ce Jean Valjean appartiendrait plutôt à la catégorie des Pères. La très grande complexité du personnage tient en partie à ce mélange, tant physique que psychologique, chez lui, de jeunesse et de vieillesse. Valjean est un «bonhomme» qui vit une passion d'homme, lui qui, dans sa jeunesse, n'avait pas eu le temps d'être amoureux ; et il devra apprendre à assumer, malgré les tentations, le rôle d'Aïeul bienveillant. Ce rôle, il ne le tiendra vraiment que dans les dernières pages du roman. C'est tout un art, en effet, que d'être Grand-Père! d'être à la fois la Tradition et l'Amour, et d'incarner cette pure relation à l'Au-Delà-Immanent, au Tout et Rien de l'être, qui définit en son essence l'Axe hugolien.

Le livre II

Le livre II, intitulé «Le vaisseau l'*Orion*», raconte l'évasion de Valjean.

La toile de fond historique de cet événement est l'époque de la guerre d'Espagne, où la Fran-

ce aide au rétablissement du joug monarchique dans le
pays voisin: « voie de fait monstrueuse[45] », bien digne de Louis
XVIII, homme du passé: le (mauvais) Grand-Père est au
pouvoir.

   À cette époque, un vaisseau de ligne,
qui est au bateau à vapeur ce que le colonel Pontmercy est
à Marius, mouille dans le port de Toulon. L'auteur
commente: « Toutes les fois qu'une force immense se
déploie pour aboutir à une immense faiblesse, cela fait rêver
les hommes[46]. » L'Orion, vaisseau de guerre avarié, qui a
servi dans la guerre d'Espagne comme les soldats de
l'empire, « vieillis, tristes », sous la « cocarde blanche[47] »,
n'est-il pas un symbole de la Paternité défaite?

   Il sera le théâtre d'un accident qui permettra à Valjean, le forçat aux cheveux blancs (bon Grand-
Père), de recouvrer sa liberté et d'aller sauver Cosette
(l'Enfant).

   Le sauvetage du gabier est une Bonne
Action, partiellement subordonnée à une intention d'évasion.
L'évasion implique à la fois une Montée (passage de la
captivité à la liberté) et une Mauvaise Action (délit social).
Notons que, dans le cas présent, la Mauvaise Action est
doublement atténuée: d'une part par une finalité de
Bonne Action (accomplir la promesse faite à Fantine), et
d'autre part par le mérite du bagnard qui sauve le matelot et
dont la foule réclame la grâce « avec une sorte de fureur
attendrie[48] ». La scène rappelle la fin du procès d'Arras, où

---

45. *Les Misérables*, p. 383.
46. *Ibid.*, p. 385. On peut rapprocher cette phrase de cette autre, qui
  définit l'armée: « Une armée est un étrange chef-d'œuvre de combinaison où la force résulte d'une somme énorme d'impuissance » (p.
  383). Le vaisseau de ligne est lui aussi un étrange chef-d'œuvre de
  combinaison: il est « une des plus magnifiques rencontres qu'ait le
  génie de l'homme avec la puissance de la nature », et il est « composé
  à la fois de ce qu'il y a de plus lourd et de plus léger » (p. 384). Cette
  analogie étaie celle que nous soulignons plus bas entre l'armée — caste
  des Pères — et le vaisseau l'*Orion*.
47. *Ibid.*, p. 382.
48. *Ibid.*, p. 388.

une Conjonction éphémère s'établissait entre Valjean et les
témoins de son auto-dénonciation. Valjean reprend donc sa
liberté par un geste semblable à celui qui l'en avait privé. Il
sauve un malheureux et, ce faisant, expose sa propre vie.

   L'auteur le décrit, portant secours au
matelot, comme « une araignée venant saisir une mouche ;
seulement ici, ajoute-t-il, l'araignée apportait la vie et non la
mort[49] ».

   L'araignée est une métaphore pri-
vilégiée, chez Hugo, de la monstruosité vorace. Cosette,
au livre suivant, sera comparée à la « mouche servante des
araignées[50] ». Thénardier, lorsqu'il volait Pontmercy, était
bien l'araignée apportant la vie — à son insu. Monstre,
l'aubergiste l'est par sa nature profonde, alors que Valjean
l'est par sa seule condition sociale de paria.

   Lorsque l'auteur décrit Valjean comme
un monstre sauveur et, par là, le met en parallèle, implicite-
ment, avec Thénardier sauvant Pontmercy, il insiste sur le
fait que celui-ci est, en quelque sorte, le *double* ténébreux
de celui-là. La tentation du mal réapparaîtra périodiquement
chez Valjean, et notamment en relation avec son « amour »
pour Cosette. Amour possessif, qui peut faire de Valjean
une sorte de « mauvais père » analogue à ce parâtre qu'est,
pour Cosette enfant, Thénardier. Nous reviendrons plus loin
sur ce sujet, qui est celui des rapports, dans *les Misérables,*
entre l'amour et le crime. Amour, crime et guerre (ou
révolution), nous l'avons déjà signalé, forment chez Hugo
une constellation éminemment significative.

Le livre III

   L'histoire de Cosette commence — ou,
si l'on veut, reprend, puisqu'il a été question de Cosette en

---

49. *Les Misérables,* p. 387. La méprise de Napoléon, qui déterminait sa
  défaite (Chute), était ainsi décrite : « Grouchy espéré, Blücher survenant ; la mort au lieu de la vie » (p. 349).
50. *Ibid.,* p. 397.

I, 4 — au livre III de la deuxième partie, comme celle de Fantine commençait au livre III de la première partie.

Cosette est le troisième personnage «planète» du roman. Le premier, Mgr Myriel, disparaissait tout de suite après sa rencontre avec le forçat. Le deuxième, Fantine, occupait un segment plus long du «vecteur» romanesque mais disparaissait à son tour à la fin de la première partie. Cosette, comme Javert et Thénardier, sera présente jusqu'à la fin du roman.

Le dernier chapitre du livre intitulé «Confier, c'est quelquefois livrer» nous racontait le dépérissement affectif et physique de Cosette aux mains des Thénardier. Sa Chute est rappelée et concrétisée dans une séquence narrative qui présente tous les aspects syntaxiques et sémantiques de l'Errance, et qui rappelle de façon frappante l'arrivée de Valjean à Digne (I, 2). C'est l'épisode où Cosette va chercher de l'eau à la source, dans la forêt.

On se souvient que l'Errance de Valjean avait précédé sa rencontre du Bienfaiteur, qui était l'occasion d'un Affrontement intérieur, et sa conversion (Montée). Même scénario ici: Cosette, de retour vers l'auberge, traînant un seau trop lourd pour elle et fascinée par les effrayants sortilèges de la nuit, rencontre Valjean qui la sauve. L'Affrontement aura lieu entre Valjean et Thénardier, et il rappelle l'Affrontement entre M. Madeleine et Javert auquel donnait lieu le rachat de Fantine (I, 5). Dans les quatrième et cinquième parties du roman, Marius s'enfoncera dans le quartier des halles (Chute) puis dans la nuit du Combat (Affrontement) et Valjean, là encore, fera office de sauveur; il ramènera le jeune homme au jour des vivants (Montée). C'est donc, constamment, ce que nous avons appelé le «syntagme actantiel de la Conversion» qui régit les développements majeurs du récit.

Le deuxième chapitre du livre III contient un portrait détaillé des Thénardier. Nous connaissons déjà leur nature monstrueuse. Relevons cependant quelques traits significatifs. Par un certain côté Thénardier s'apparente à Javert. «[Il] avait ce je ne sais quoi de rectiligne dans le

geste qui, avec un juron, rappelle la caserne et, avec un
signe de croix, le séminaire[51].» Il y a, on le sait, un aspect
rectiligne non seulement dans le geste, mais dans le comportement global de Javert, dont l'auteur dit d'ailleurs qu'il
est « espion comme on est prêtre[52]». Mais Javert « avait
introduit la ligne droite dans ce qu'il y a de plus tortueux au
monde[53]» alors que « le flux et le reflux, le méandre, l'aventure,
était l'élément de [l'] existence [de Thénardier];
conscience déchirée, ajoute Hugo, entraîne vie décousue[54]».
Le rectiligne et le tortueux, qui se rencontrent chez
Thénardier (l'un en surface, l'autre en profondeur), sont
deux modes d'existence dysphoriques de la linéarité. L'un
exprime la rigidité, l'inflexibilité, l'inexorabilité, qui sont le
fond de la personnalité de Javert, et représente, en quelque
sorte, « tout le mauvais du bon ». L'autre, qui est le vague,
le flou, le courbe, le fourbe, le « décousu », représente très
directement le mal. Le geste rectiligne de Thénardier correspond à une façade de respectabilité. Peut-être aussi se
rattache-t-il à la thématique de la Poursuite: car Thénardier,
comme Javert, mais pour d'autres motifs, poursuivra Valjean,
réapparaîtra périodiquement dans sa vie. Poursuite mêlée de
Mauvaise Action: sorte de Persécution, favorisée par le destin. On a vu que Thénardier prenait le relais de madame
Victurnien et poussait Fantine dans la misère, ce qui en
faisait déjà un Persécuteur.

   L'auteur dit aussi de l'aubergiste[55] qu'il
avait en lui une « profonde fournaise» de haine. La four-

---

51. *Les Misérables*, p. 394.
52. *Ibid.*, p. 179.
53. *Ibid.*, p. 179.
54. *Ibid.*, p. 394.
55. Le thème de la « manducation» (le Mal mange) n'est-il pas lié à cet
 état d'aubergiste? Thénardier *vend* le gîte et la nourriture et les vend
 cher, alors que monseigneur Bienvenu les partageait avec les
 misérables. Thénardier a pour principe de « faire tout payer au voyageur, jusqu'aux mouches que son chien mange!» Vendre ainsi, c'est
 manger: « râper l'homme, [...] plumer la femme, [...] éplucher
 l'enfant». Hugo écrit aussi: « Où le sort attache l'aubergiste, il faut
 qu'il *broute*» (*ibid.*, p. 396).

naise est une des métaphores de la monstruosité vorace,
mais elle comporte un aspect de violence qui la fera aussi
associer au Combat. Ainsi, la chapelle du manoir
d'Hougomont «a été fournaise[56]». D'autre part, dans un
passage que nous avons déjà analysé, la conscience humaine
était décrite comme «la fournaise des rêves[57]»: si l'on juge
de la nature des rêves d'après le récit de rêve qui suit la
tempête sous un crâne, la fournaise peut alors être associée
à une thématique de la Chute. Motif polyvalent, elle est une
image du Chaos dévorant.

La Thénardier est un «mastodonte»,
une «montagne de bruit et de chair[58]». Elle est la Matière,
son mari est l'Esprit. La double antithèse Terre-Ciel,
Mère-Patrie que nous trouvions dans la Préface de *Cromwell*
a, d'une certaine façon, son illustration dans le couple des
gargotiers. La méchanceté de l'homme est moins intuitive,
plus intelligente et rusée que celle de la femme. Elle correspond à la «mauvaise action grave, sérieuse, débattue en
conscience» dont Valjean était capable à sa sortie du
bagne[59]. Thénardier est l'Esprit du Mal: «À de certains
moments, [la Thénardier] le voyait comme une chandelle
allumée; dans d'autres, elle le sentait comme une griffe[60].»
La chandelle allumée est la réplique triviale, et en somme
ténébreuse, du flambeau resplendissant qu'était monseigneur
Bienvenu aux yeux de Valjean.

L'auteur conclut son double portrait par
la phrase suivante: «Cet homme et cette femme, c'était ruse
et rage mariées ensemble, attelage hideux et terrible[61].» Cet
attelage nous rappelle, à deux cent cinquante pages
d'intervalle, le fardier qui encombrait la route devant
l'auberge et les «mastodontes et [les] mammons que [sa
chaîne] eût pu atteler[62]».

56. *Les Misérables*, p. 319.
57. *Ibid.*, p. 230.
58. *Ibid.*, p. 395.
59. *Ibid.*, p. 100.
60. *Ibid.*, p. 395.
61. *Ibid.*, p. 396.
62. *Ibid.*, p. 153.

Quant à Cosette, elle est la «mouche servante des araignées[63]». Cette image n'est pas sans rappeler la dialectique du Maître et de l'Esclave de Hegel. Le Maître doit laisser la vie à sa victime pour que sa maîtrise soit reconnue. Tel est le fondement de l'Esclavage.

Cosette, s'en allant à la source, passe d'abord devant la baraque illuminée où trône la merveilleuse poupée, convoitée de tous les enfants. «Toute cette boutique lui semblait un palais; cette poupée n'était pas une poupée, c'était une vision[64].» Vision merveilleuse, tout à l'opposé de la vision terrible associée à certains Affrontements: vision de l'échafaud par Mgr Myriel; de «ce Jean Valjean» par le forçat ébranlé; du maire, bon ange, et du policier, démon, par Fantine; ou du procès Champmathieu par M. Madeleine. Ici, la vision est associée à une Conjonction: «C'étaient la joie, la splendeur, la richesse, le bonheur qui apparaissaient dans une sorte de rayonnement chimérique [... Cosette] se disait qu'il fallait être reine ou au moins princesse pour avoir une «chose» comme cela». Qui se ressemble s'assemble: une princesse en rencontre une autre. Mais Cosette n'est pas, c'est vrai, une princesse, elle est une «petite chose» (Gavroche l'appellera «mamselle Chosette[65]» devant cette autre «chose»: présage de leur rencontre future... «Plus elle regardait, plus elle s'éblouissait. Elle croyait voir le paradis.» Le temps propre à la Conjonction est un temps édénique. Le forçat, réconcilié avec lui-même, «voyait Satan à la lumière du paradis[66]». Et Fantine rachetée voyait «brusquement s'épanouir au milieu de sa misère toutes ces réalités du paradis[67]!»

63. *Les Misérables*, p. 397.
64. *Ibid.*, p. 400.
65. *Ibid.*, p. 1185.
66. *Ibid.*, p. 121.
67. *Ibid.*, p. 208.

Mais Cosette est brutalement arrachée à sa vision par la Thénardier. Et elle s'enfonce dans les ruelles obscures. «Plus elle cheminait, plus les ténèbres devenaient épaisses. Il n'y avait plus personne dans les rues[68].» Par diverses étapes, son Errance va la conduire jusqu'au plus profond de la nuit. La forêt où elle s'enfonce est un lieu thématiquement identique au paysage chaotique devant lequel, effaré, s'arrêtait Valjean à Digne. C'est le lieu de l'onde et de l'ombre de l'existence. «Le frémissement nocturne de la forêt l'enveloppait tout entière.» Ainsi, l'homme à la mer était «dans l'eau monstrueuse». — «Elle ne pensait plus, elle ne voyait plus. L'immense nuit faisait face à ce petit être. D'un côté toute l'ombre; de l'autre, un atome[69].» Ainsi «lui [le misérable], cette pauvre force tout de suite épuisée, il combat l'inépuisable[70]». Cosette arrive enfin à la source. En puisant de l'eau, elle perd la pièce de monnaie que la Thénardier lui a remise pour acheter un pain. Cette perte évoque naturellement le vol d'un pain qui était à l'origine de la Chute de Valjean.

C'est bien dans la mer de toutes les douleurs qu'est tombée Cosette. Quand elle retire le seau du puits, «l'eau agitée [...] faisait des *cercles* qui ressemblaient à des serpents de feu blanc». Image saisissante, qui unit au motif du cercle (Roue maléfique) celui, plus expressivement funeste encore, du serpent (être d'enlacement). Le «feu blanc» c'est le paradoxe de la chaleur froide, de la lumière figée, sinistre; il rappelle le jour de soupirail qui éclairait l'âme du bagnard.

L'auteur poursuit: «Le tragique masque de l'ombre semblait se pencher vaguement sur cet enfant[71].» On se souvient de la «colossale tête de mort» entrevue par les derniers survivants de la garde à Waterloo, avant la minute suprême de l'écrasement[72].

---

68. *Les Misérables*, p. 401.
69. *Ibid.*, p. 402.
70. *Ibid.*, p. 101.
71. *Ibid.*, p. 403.
72. *Ibid.*, p. 355.

Un seul astre, une «grosse étoile»
dans le ciel. Jupiter se couche «dans les profondeurs».
Étoile tombée, étoile chtonienne, «d'une rougeur horrible».
La brume, «lugubrement empourprée, élargissait l'astre.
On eût dit une plaie lumineuse». Symbole ambivalent
de la souffrance de l'enfant et de la mort des dieux : Jupiter
— le Père — perd tout son sang. Symbole aussi, sans
doute, du destin cruel qui persécute les humains (cf. l'Œil-
étoile de la Poursuite).

Puis, tout autour de l'Enfant, la forêt ;
déchaînement de fauves et de spectres. Bachelard eût pu
signer cette rêverie sur les ténèbres dictée par une véritable
«imagination de la matière» : «L'obscurité est vertigineuse.
Il faut à l'homme de la clarté. Quiconque s'enfonce dans le
contraire du jour se sent le cœur serré. Quand l'œil voit
noir, l'esprit voit trouble[73].» Les substances, les atmos-
phères sont en continuité avec la pensée anxieuse. La nuit
du monde ne fait qu'un avec la nuit de l'âme. «On éprouve
quelque chose de hideux comme si l'âme s'amalgamait à
l'ombre» : formule, là encore, merveilleuse, le mot
«amalgame» reprenant deux fois en écho le mot «âme» et
le prolongeant dans le mot «mal»...

La forêt, au-dessus de Cosette, fait une
«voûte monstrueuse[74]», analogue à la «voûte blanchâtre
d'où tombait sur la terre une lueur» et qui produisait un
effet si sinistre, au terme de l'Errance de Valjean à Digne[75].

Cosette, épuisée, traîne le seau plus
grand qu'elle — sorte de gouffre portatif à l'usage d'une enfant martyre. Valjean, dans les égouts, portera «sa croix»,
Marius, en qui s'abîmera son destin. Et Cosette s'écrie, par
deux fois : «O mon Dieu!» Le miracle se produit. Le
sauveur apparaît.

73. *Les Misérables*, p. 404.
74. *Ibid.*, p. 404.
75. *Ibid.*, p. 72.

«Une grande forme noire, droite et debout...[76]» Cette nuit qui marche va emmener l'enfant vers le grand jour de la délivrance. Entre l'homme ombre et la nuit enfant, la Conjonction est immédiate. «Il y a des instincts pour toutes les rencontres de la vie. L'enfant n'eut pas peur.»

Et c'est, ensuite, la Montée graduelle de Cosette qui va d'émerveillement en émerveillement. Elle reçoit d'abord, grâce à son Bienfaiteur, le droit de jouer, qui est l'enfance. Puis elle reçoit la Dame, la poupée merveilleuse, qui est la féminité. Puis elle reçoit le louis d'or, cette «étoile» qui brille au fond de sa poche[77] : il préfigure peut-être ce grand événement de sa jeunesse, la «conjonction de deux étoiles». Cosette, dans la suite du roman, ne connaîtra jamais plus de Chute véritable. Les contrariétés mêmes qu'occasionneront les difficultés de son idylle avec Marius seront éphémères et peu profondes. Marius, en tout cas, éprouvera des souffrances beaucoup plus vives. Valjean, à la fin de sa vie, pourra dire à Cosette que Fantine «a eu en malheur tout ce que tu as en bonheur[78]» ; et ce bonheur, elle l'a depuis sa rencontre avec Valjean dans la forêt.

De là le fait que Cosette, après la deuxième partie, n'a plus rien d'un personnage dramatique. Elle sera la figure du bonheur, comme Mgr Myriel était celle de la bonté.

Pour compléter notre analyse du livre III, mentionnons l'Affrontement entre Valjean et Thénardier. L'aubergiste cherche à tirer un bon profit de Cosette, qu'il cède puis reprend dans l'espoir d'augmenter son gain : marchandage hideux, qui rappelle le Mauvais Marché par lequel la société achetait une esclave — Fantine — à la misère[79].

76. *Les Misérables*, p. 406.
77. Le droit de jouer : p. 419-420 ; la poupée : p. 424-426 ; le louis d'or : p. 430 et 431, dans *les Misérables*.
78. *Ibid.*, p. 1485.
79. *Ibid.*, p. 195.

Le marché conclu, Thénardier se ravise de nouveau et se lance à la poursuite de Valjean. Cette Poursuite est une «chasse»; le vieil homme et l'enfant sont le gibier. Thénardier, le parâtre, veut bien se défaire de son «enfant» (comme Fantine s'était séparée de la même Cosette, et comme le colonel Pontmercy se séparera de Marius), mais il prétend exploiter le Grand-Père. Celui-ci finira par le tenir en respect, avec la même autorité avec laquelle il avait tenu tête à Javert pour prier devant le corps de la pauvre Fantine[80]. Ici et là, l'Affrontement précède nécessairement la Conjonction.

Le livre IV

Les livres II, IV et VI de la deuxième partie ont pour titres des noms de «bâtiments»: «Le vaisseau l'*Orion*», «La Masure Gorbeau», et «Le Petit-Picpus».

La masure Gorbeau joue un rôle important dans *les Misérables*. Elle héberge Valjean et Cosette, dans le livre présent; dans la troisième partie, elle hébergera Marius et les Thénardier (alias Jondrette), et sera le théâtre du guet-apens tendu par Thénardier à Valjean. Javert y fera un beau coup de filet.

Le nom de la maison vient de son ancien propriétaire, maître Corbeau, procureur au Châtelet. Il avait un collègue, fâcheusement nommé Renard. La basoche en fit des quolibets et accomoda sans peine la fable de La Fontaine à la situation. Aussi les deux praticiens s'adressèrent-ils au roi, le priant de changer leurs noms. Louis XV, dans un moment de gaîté, ajouta «une queue» à l'initiale du premier et un «P» initial à l'autre. Ceci donna «Gorbeau» et «Prenard» — ce dernier nom n'étant «guère moins ressemblant que le premier[81]».

---

80. *Les Misérables*, p. 443, cf. p. 307.
81. *Ibid.*, p. 448.

La Fontaine est bien servi dans la deuxième partie puisque le livre V se termine par une autre allusion aux *Fables*. Javert, qui poursuivait Valjean, rate sa prise ; et il regagne la Préfecture de police, «honteux comme un mouchard qu'un voleur aurait pris[82]». Le texte du *Renard et la Cigogne* dit : « Honteux comme un renard qu'une poule aurait pris.»

Il y a une certaine symétrie entre les deux allusions. Elles mettent en cause, toutes les deux, le renard et un oiseau. Dans la première, le rusé compère se joue du corbeau ; dans la seconde la cigogne, d'abord abusée, lui rend la monnaie de sa pièce. Maître Renard trouve plus «prenard» que lui.

Les livres IV et V mettent tous deux en présence Javert et Valjean. Javert retrouve la piste du bagnard et vient espionner à la masure Gorbeau. Puis Valjean échappe à son poursuivant.

L'évocation humoristique des deux procureurs, Gorbeau et Prenard, au début du livre IV, n'est donc pas gratuite. C'est bien une thématique de la « prise» (ou de la surprise, du guet-apens) qui se développe autour de la maison Gorbeau. Elle sera le théâtre d'espionnages, de guets-apens et de captures.

La «masure» est un lieu trompeur, énigmatique. Elle porte le numéro 50 et le numéro 52 ; «... de sorte qu'on hésitait. Où est-on ? Le dessus de la porte dit : au numéro 50 ; le dedans réplique : non, au numéro 52[83].» Elle semble, au premier coup d'œil, «petite comme une chaumière» et elle est, en réalité, «grande comme une cathédrale». Elle est sise dans un quartier qui est «un lieu habité où il n'y avait personne, [...] un lieu désert où il y avait quelqu'un[84]». Elle est le mensonge fait édifice. Nous sommes donc dans le contexte thématique de la Mauvaise

82. *Les Misérables*, p. 494.
83. *Ibid.*, p. 446.
84. *Ibid.*, p. 446 et 445.

Action. La maison est sinistre. La porte est immonde, la
fenêtre est «honnête, quoiquè délabrée», et les deux
«faisaient l'effet de deux mendiants dépareillés qui iraient
ensemble et marcheraient côte à côte, avec deux mines
différentes sous les mêmes haillons, l'un ayant toujours été
un gueux, l'autre ayant été un gentilhomme[85]». Ces deux
mendiants font penser à Valjean, locataire présent, et à Jondrette, locataire futur. Valjean est un «honnête» misérable,
l'autre est la misère «immonde».

«Une particularité intéressante et pit-
toresque de ce genre d'habitation, ironise l'auteur, c'est
l'énormité des araignées[86].» Thénardier-Jondrette, on le
comprend, s'y sentira à l'aise.

C'est dans cette affreuse maison, pour-
tant, que Valjean et Cosette découvrent le bonheur. Le
mélange de leurs «deux malheurs[87]» est une véritable
Conjonction. Le «Veuf» et «l'Orpheline», à l'abri du
monde, trouvent l'un en l'autre leur raison d'exister. Ces
deux appellations, malgré le sérieux, voire la solennité avec
laquelle l'auteur les décerne, ne sont pas étrangères aux
connotations «juridiques» du lieu, autrefois propriété de
maître Gorbeau, et qui hébergera plus tard le jeune avocat
Marius. Quand Marius rencontrera Laigle de Meaux, ce
dernier, qui vient d'être rayé de la liste des étudiants, lui
dira sans regret: «Je ne défendrai point la veuve et je
n'attaquerai point l'orphelin» — parodie de la formule
fameuse[88]. Le Veuf et l'Orpheline sont deux victimes de la
société. Marius appartiendra à une classe sociale toute
différente.

Valjean, dans sa jeunesse, «n'avait pas
eu le temps d'être amoureux[89]». Il «n'avait jamais été père,

85. *Les Misérables*, p. 446 et 447.
86. *Ibid.*, p. 447.
87. Titre du chap. III: «Deux malheurs mêlés font du bonheur» (*ibid.*, p.
452).
88. *Ibid.*, p. 676.
89. *Ibid.*, p. 89.

amant, mari, ami[90]». Cosette, de son côté, n'avait trouvé
autour d'elle aucune affection. Les deux découvrent
l'amour. Amour total, chez le «vieux forçat» dont le cœur
est «plein de virginités». Il éprouve «des épreintes comme
une mère». L'expression surprend un peu. «Épreintes» est
un terme de médecine qui signifie, bien prosaïquement:
«Contraction douloureuse donnant envie d'aller à la selle,
dans les inflammations du gros intestin» (Robert). Il a
beaucoup plus à voir avec la dysenterie qu'avec la
maternité... Une thématique de la fécalité semble d'ores et
déjà liée à l'amour de Valjean pour Cosette, et ce n'est pas
un hasard si le sacrifice de cet amour se fera au cours d'une
descente dans ces modernes enfers que sont les égouts de
Paris.

Amour total, ressenti physiquement, et
pourtant sublimé, de ce Grand-Père pour cette Enfant: «...
comme il avait cinquante-cinq ans et que Cosette en avait
huit, tout ce qu'il aurait pu avoir d'amour dans toute sa vie
se fondit en une sorte de lueur ineffable[91]». L'auteur utilise
quand même le mot «fiançailles» pour caractériser l'union
des deux êtres: «La destinée unit brusquement et fiança
avec son irrésistible puissance ces deux existences déra-
cinées, différentes par l'âge, semblables par le deuil[92].» De
même que la Conjonction de Mgr Myriel aveugle et de sa
sœur, celle de Valjean et de Cosette est fondée sur une
identité de besoins. «Quand ces deux âmes s'aperçurent,
elles se reconnurent comme étant le besoin l'une de l'autre et s'embrassèrent étroitement[93].» Et Cosette, ajoute l'auteur, survient à point dans la destinée de Valjean pour
l'aider à persévérer dans le bien. C'est la «deuxième apparition blanche» dans sa vie, la première étant l'évêque; et
«l'évêque avait fait lever à son horizon l'aube de la vertu;
Cosette y faisait lever l'aube de l'amour[94]». Après

90. *Les Misérables*, p. 453.
91. *Ibid.*, p. 453.
92. *Ibid.*, p. 454.
93. *Ibid.*, p. 454.
94. *Ibid.*, p. 453.

l'accession à la Bonne Action, c'est l'accession à la Conjonction, qui consolide une vertu prête à défaillir devant le
spectacle «[de] la méchanceté des hommes et [de] la misère
de la société[95]». Valjean, on le voit, diffère de Mgr Myriel en
ce que la vertu n'est pas et ne peut être, pour lui, chose
définitivement acquise.

Le bonheur non plus. La masure Gor-
beau n'est pas un asile sûr contre la méchanceté des hommes ou du destin. Très tôt, Valjean se sent espionné et doit
s'enfuir. Ce qui attire sur lui l'attention du Poursuivant,
Javert, c'est, pour une part, les indiscrétions de la
«principale locataire». Cette commère ressemble beaucoup
à madame Victurnien qui, par pure méchanceté, avait
précipité Fantine dans la misère (I, 5, VIII-X). Les «succès»
répétés de madame Victurnien aboutissaient, médiatement, à
l'arrestation de la pauvre prostituée par Javert. De même,
les commérages de la «principale locataire» finissent par a-
lerter le même Javert et le remettre sur la piste de Valjean.

Mais la Poursuite est due aussi en partie
à une imprudence de Valjean lui-même, imprudence qui
confine à l'invraisemblable. Par ses aumônes intempestives,
notre héros se fait connaître dans le quartier comme «le
mendiant qui fait l'aumône». Conjugaison fort artificielle de
la Chute et de la Bonne Action, qui rappelle sans doute le
Sacrifice mais qui n'en a pas, en tant qu'action, l'unité organique ni l'authenticité. Le mendiant qui fait l'aumône a le
même aspect de paradoxe que le bienfaiteur forçant la porte
des miséreux pour leur faire la charité (I, 5, III).

Le Grand-Père, qui s'était évadé du
bagne pour sauver l'Enfant, doit donc maintenant s'enfuir
avec l'Enfant pour sauver leur commun bonheur menacé.

---

95. *Les Misérables*, p. 456.

Les livres V à VIII

Le livre V s'intitule significativement: «À chasse noire, meute muette». À la fin du livre III, Thénardier, tenu en échec par Valjean qui emmenait Cosette, se disait: «Il faut que je sois vraiment bien bête[...] de n'avoir pas pris mon fusil, puisque j'allais à la chasse[96]!» Le Malfaiteur et Javert, le policier, sont tous deux des «chasseurs», ce qui donne à apprécier la part de Mauvaise Action connotée par la Poursuite (Affrontement-Montée). Javert éprouvera «cette volupté de l'*araignée* qui laisse voleter la mouche et du chat qui laisse courir la souris», sorte de «sensualité *monstrueuse*[97]».

Notons que, thématiquement, la Poursuite s'indiquait elle-même dès la fin du livre IV où l'on voyait Javert espionner derrière la porte de Valjean; la lumière de la chandelle «faisait une sorte d'*étoile sinistre* dans le noir de la porte et du mur[98]». Le motif de l'Œil-étoile était aussi suggéré dans le passage où Valjean faisait l'aumône au mendiant et croyait reconnaître en lui Javert. Il éprouvait «l'impression qu'on aurait en se trouvant tout à coup dans l'ombre face à face avec un *tigre*[99]». L'Étoile de la Poursuite est souvent associée à l'œil du tigre[100].

La «chasse» commence donc. Valjean est le cerf traqué, Javert est le chasseur, ses hommes sont la meute. La Fuite est une forme particulière d'Errance car l'Errance s'y complique d'un Combat (Affrontement des ruses), qui ne peut aboutir qu'à la capture (Chute) ou à l'évasion (Montée).

---

96. *Les Misérables*, p. 442-443.
97. *Ibid.*, p. 492.
98. *Ibid.*, p. 460.
99. *Ibid.*, p. 459.
100. Cf. *ibid.*, p. 276 (la gâchette de la porte qui mène à la salle où se déroule le procès de Champmathieu est une «effroyable étoile», que Jean Valjean regarde comme «l'œil d'un tigre»), et p. 355-356.

Au cours de cette chasse, Valjean est peu à peu cerné; le «filet» (motif analogue à la toile de l'araignée monstrueuse) se resserre autour de lui[101]. On peut se souvenir de *la Mort du Loup* de Vigny, où les chasseurs finissent par immobiliser la bête au centre de la bruyère — sorte de Centre du monde, symbolisé par le «sinistre croissant» des fusils qui reproduit allusivement la «lune enflammée», centre du ciel. Mais alors que le Loup de Vigny est cloué au gazon et dépouille sa nature charnelle et périssable, réalisant ainsi sa transfiguration en Symbole, Valjean va échapper au piège et, par l'escalade d'un mur qui peut figurer la verticale spirituelle, accéder à un asile introuvable pour les autres, semblable à l'asile qu'il avait trouvé autrefois à Digne chez l'évêque. C'est dire que, chez Vigny, les *autres* sont l'instrument du supplice rédempteur alors que, chez Hugo, la rédemption finale survient au terme d'un Sacrifice entièrement consenti par le héros lui-même — où le héros est à la fois et intégralement l'immolateur et l'immolé. Javert, le Poursuivant extérieur (*vs* la Conscience, Poursuivant intérieur) ne saurait avoir raison de Valjean, destiné à périr de sa propre volonté et non pas par le suicide (comme Javert) mais par le plus entier don de soi.

Au moment, donc, où Valjean est menacé de périr au Centre de l'espace social, il fait appel à cette faculté qu'il a de «gravir une verticale, et trouver des points d'appui là où l'on voit à peine une saillie[102]». Il sortira ainsi de l'Errance; et l'asile qu'il trouve est le lieu de la Bonne Action. Le père Fauchelevent sauvera son ancien sauveur, comme Mgr Myriel avait sauvé l'ex-bagnard. Dans la quatrième partie, Gavroche sauvera ses frères, qu'il ne

---

101. «Jean Valjean se sentait pris dans un filet qui se resserrait lentement» (*les Misérables*, p. 470). Plus loin: «Javert jouissait. Les mailles de son filet étaient solidement attachées. Il était sûr du succès; il n'avait plus maintenant qu'à fermer la main» (p. 492). La «main» du policier évoque, bien entendu, la «main terrible», extension symbolique du Malfaiteur. Hugo poursuit: «Quand [Javert] arriva au centre de sa toile, il n'y trouva plus la mouche» (p. 492). Filet, main, toile sont ici synonymes.

102. *Les Misérables*, p. 98.

reconnaît pas, en leur offrant pour asile l'éléphant de la place de la Bastille. Et dans la cinquième partie, c'est l'égout qui accueillera Valjean et le soustraira à la mort, portant sur son dos Marius comme, dans le passage de la deuxième partie qui nous intéresse, il porte Cosette.

Valjean échappe à Javert par une escalade, mais lors de la «guerre entre quatre murs», il échappera aux vainqueurs en s'enfonçant dans les profondeurs de la terre. Montée et Descente physiques ont bien entendu une signification symbolique. Le couvent où accède Valjean par la Montée est un lieu «spirituel», alors que l'égout est un lieu bassement «matériel». Le couvent est du reste, on le verra, un lieu ambivalent et, pour y demeurer, Valjean devra se faire littéralement mettre en terre (épisode de l'inhumation).

Après avoir escaladé le mur (Montée), Valjean n'est pas encore sauvé. Il tombe dans un lieu énigmatique, mystérieux, aussi «farouche» et «solitaire» que la masure Gorbeau qu'il vient de quitter. Là il écoute la patrouille qui s'éloigne, puis il entend «un bruit céleste, divin, ineffable, aussi ravissant que l'autre (le tapage de la patrouille) était horrible[103]». Le «chœur d'anges» qui succède au «vacarme des démons» rappelle sans doute les scènes d'Affrontement de la première partie où Valjean à Digne, puis Fantine, puis M. Madeleine à Arras voyaient se combattre, à la fois en eux et devant eux, le Bien et le Mal. Dans la deuxième partie, le combat «spirituel» se déroule, en fait, sur une scène tout extérieure. Quand Valjean, qui est un «bon Dieu», une providence pour Cosette, affronte Thénardier pour ravoir l'enfant, ou quand il fuit Javert et se réfugie dans le couvent, c'est le Bien «en personne» qui triomphe du Mal. Le combat spirituel n'est plus associé à un Affrontement intérieur mais mêlé aux faits et gestes des personnages. Après le récit de Waterloo, qui met aux prises deux vastes collectivités nationales, il est normal que l'action romanesque se déroule à la surface, en quelque

103. Les Misérables, p. 477-478.

sorte, des êtres, et non dans les profondeurs de leur conscience. Il en ira autrement à la fin du roman : les «convulsions» de la ville, manifestation d'un malaise politique *interne,* seront mises en relation avec les «émeutes» d'une âme.

Le chant céleste qu'entendent Valjean et Cosette est suivi d'un profond silence. Valjean, qui cherche à pénétrer l'énigme du lieu et qui croit la vie de Cosette menacée, s'approche d'une fenêtre et entrevoit le spectacle funèbre et terrifiant d'une forme humaine prosternée face contre terre et recouverte d'un linceul[104]. Cette «suite de l'énigme» (titre de II, 5, VII) sera suivie d'un «redoublement de l'énigme» (titre de II, 5, VIII), quand Valjean entendra «un être qui ressemblait à un homme» se déplacer dans le jardin. Après l'extase, le pauvre fugitif retombe donc dans une angoisse de plus en plus profonde, il est de nouveau «en chute»; la succession des chapitres rappelle d'ailleurs celle des chapitres consacrés à la Chute de Fantine : «Succès de madame Victurnien» (I, 5, IX), «Suite du succès» (I, 5, X). Valjean semble «persécuté» par un mauvais destin.

Mais un coup de théâtre se produit : l'homme au grelot, le fantôme du jardin, c'est Fauchelevent, celui que «M. Madeleine» a sauvé d'une mort certaine en soulevant la charrette qui l'écrasait. Et Fauchelevent prend vite la résolution de sauver son sauveur : «M. Madeleine n'a pas tant délibéré quand il s'est agi de se fourrer sous la voiture pour m'en tirer[105].»

On pourrait rapprocher du Bon Marché (une âme pour un flambeau) cet échange de Bonnes Actions entre les deux hommes ; échange qui introduit entre eux une relation de réciprocité et qui élève, en quelque sorte, la Bonne Action à la dignité de la Conjonction. Souvenons-nous du caractère unilatéral de la Bonne Action, qui en marque les limites sur le plan humain et spirituel. Fauchele-

104. *Les Misérables,* p. 479.
105. *Ibid.,* p. 541.

vent a raison d'adresser à son Bienfaiteur ce reproche :
« Ah ! père Madeleine ! vous ne m'avez pas reconnu tout de
suite ! Vous sauvez la vie aux gens, et après vous les
oubliez ! Oh ! c'est mal ! eux ils se souviennent de vous !
vous êtes un ingrat [106] ! »

Le mépris ou, du moins, la non-
reconnaissance de la dignité ontologique de l'autre (du
Bénéficiaire) peut facilement s'introduire dans la Bonne Action qui ne peut être qu'un stade initial de l'accomplissement
spirituel de Valjean. Et, effectivement, l'auteur nous dira
que le couvent arrête Valjean sur la pente qui mène à
l'orgueil. « Il est certain qu'un des côtés de la vertu aboutit
à l'orgueil [107]. » Il est bon que le sauveur soit sauvé à son
tour, qu'il ait besoin des autres. De cette façon d'ailleurs,
Valjean pourra mener son combat sur un terrain plus difficile
que celui de la vertu (Bonne Action) : sur celui de l'amour et
du bonheur (Conjonction). Son entrée au Petit-Picpus fera
de lui un homme non seulement bon mais heureux, et
déterminera ainsi un stade de l'évolution du personnage où
le Sacrifice, qui est le fond de sa destinée, prendra inévitablement une ampleur nouvelle.

La Conjonction (par la Bonne Action)
qui s'établit entre Fauchelevent et Valjean se concrétise
dans le fait que ce dernier adopte le nom de celui-là et se
fait passer, désormais, pour son « frère ». On ne peut que
songer à cet autre « frère », Champmathieu, que Valjean
avait sauvé en se dénonçant. Champmathieu était, comme
Fauchelevent, et davantage encore, un vieil homme sans en-
vergure, de beaucoup « inférieur » à son sauveur. Il semble
que la catégorie symbolique de « frère » convienne particulièrement au Bénéficiaire, et surtout au Bénéficiaire
misérable. Mgr Myriel appelait Valjean « mon frère ». Gavroche donnera l'hospitalité à deux enfants perdus (Errants),
qui sont en réalité ses frères. Et Valjean, dans l'égout, portera Marius avec « la douceur de mouvements qu'aurait un

---

106. *Les Misérables*, p. 486.
107. *Ibid.*, p. 586.

frère pour son frère blessé[108]». Le Frère est le Bénéficiaire, comme le Père (ou la Mère) est la victime d'une Conjonction-Guet-apens et le Grand-Père, le Bienfaiteur (parfois compliqué, jusqu'à un certain point, d'un Malfaiteur: cf. M. Gillenormand, Louis-Philippe; il est, d'ailleurs, de Mauvais Grands-Pères — Louis XVIII, par exemple — comme il est de Mauvais Pères — Thénardier). Ainsi s'établit au cours du roman tout un système de relations de parenté symboliques, en rapport étroit avec le système des actions.

Valjean devient donc «Ultime Fauchelevent». Il n'est pas défendu de songer à une interprétation paragrammatique de ce nom. Une légère altération et un déplacement des phonèmes constitutifs du nom propre donne facilement: «faux Valjean». Ainsi, Ultime Fauchelevent est-il bien le «faux» nom de Valjean, et Valjean le conservera (malgré une éclipse temporaire au profit d'«Urbain Fabre») jusqu'à son auto-dénonciation à Marius (V, 7, 1). L'étape «Fauchelevent», qui va de la fin de la deuxième partie à la fin de la cinquième partie, est donc l'étape «ultime» du déguisement et de la Fuite, dans l'existence du forçat. Elle est aussi l'étape ultime de sa vie même: une fois son identité révélée et assumée, il ne restera plus à Valjean qu'à mourir[109].

Le couvent du Petit-Picpus est le deuxième asile, la deuxième porte ouverte que Valjean trouve sur son chemin: «... c'étaient deux maisons de Dieu qui l'avaient successivement recueilli aux deux instants critiques de sa vie, la première lorsque toutes les portes se fermaient et que la société humaine le repoussait, la deuxième au moment où la société humaine se remettait à sa poursuite et où le bagne se rouvrait; et [...] sans la première il serait retombé dans le crime et sans la seconde dans le

---

108. *Les Misérables*, p. 1315.
109. On peut aussi rapprocher, d'un point de vue paragrammatique, les noms de Valjean et de Javert. Dans l'un et l'autre nom, trois phonèmes importants, J, A et V, se suivent dans l'ordre inverse, marquant ainsi l'opposition du Poursuivant et du Poursuivi.

supplice[110].» L'asile, lieu de la Bonne Action, sauve Valjean tantôt de la Chute morale (et de la Mauvaise Action), tantôt de la Chute «physique» (supplice) et sociale.

Mais le couvent est aussi, pour les religieuses du moins, une espèce de bagne, un lieu de captivité et d'expiation. Il y a, en lui, quelque chose du gouffre. Aussi n'y entre-t-on pas aussi facilement que chez l'évêque. La porte du Petit-Picpus n'est pas fermée qu'au loquet. Ayant d'abord pénétré par fraude, étant «tombé du ciel» dans le jardin, Valjean devra ensuite entrer comme tout le monde: «... des religieuses, explique Fauchelevent, ça a besoin qu'on entre par la porte». Mais comment sortir? Et comment se faire accepter de la prieure?

Fauchelevent obtient l'admission de «son frère» par une espèce de marché analogue à l'échange des Bonnes Actions entre «M. Madeleine» et lui. Il rend un service à la communauté et reçoit en retour l'autorisation de s'adjoindre un aide-jardinier. Le service consiste à enterrer une religieuse, qui vient de mourir, dans le caveau du couvent, et il fournit du coup à Valjean un moyen d'évasion: ce dernier prend, dans la bière de l'administration, la place de la morte. Ces deux substitutions se ressemblent et constituent, chacune à sa façon, deux «Mauvaises Actions = non-Mauvaises Actions». Le souci qu'a Valjean de se sauver et de sauver Cosette n'est rien moins que légitime, même si la réalisation du projet nécessite le recours aux «sauvages et téméraires inventions du bagne»; comme est légitime le souci d'accomplir les dernières volontés de la morte. Mais, dans le cas de Valjean, l'action se complique de Chute[111]. Son stratagème ira au-delà de son attente: il sera véritablement «enterré», son inhumation sera une es-

---

110. *Les Misérables*, p. 590.
111. Et d'invraisemblance. Valjean doit sortir du couvent pour y rentrer. Il ne peut sortir par là d'où il est venu car le quartier est surveillé par la police. De là l'expédient compliqué et hasardeux de la sortie dans le cercueil. Mais le problème de la rentrée n'est pas mieux réglé qu'auparavant. Le retour du cimetière au couvent est bien plus risqué

pèce de mort symbolique. Fauchelevent lui avait dit
d'ailleurs: «Dame! si vous étiez ici tout à fait, ce serait un
véritable enterrement[112].» Se cacher dans le couvent, c'est
entrer dans un tombeau. «Maison de Dieu» et lieu de
Bonne Action, le couvent est aussi un lieu de Chute. Les
religieuses sont — un peu comme Valjean — des
«enterrées vivantes». La description de l'accès au parloir
en témoigne. Rue Picpus, «le seuil souriait» (cf. la porte
toujours ouverte de Mgr Myriel), «la maison priait et
pleurait». Comme le «porche de l'énigme», le seuil introduit à un gouffre. La porte donne sur un «escalier resserré
entre deux murs et si étroit qu'il n'y pouvait passer qu'une
personne à la fois[113]», escalier tout semblable à celui de la
sinistre masure Gorbeau. Le prototype de la maison terrible,
c'est sans aucun doute le bagne, lieu d'ombre. De là la
comparaison entre les bagnards et les religieuses, misérables
volontaires, à la fin du livre VIII. Comme Valjean, les religieuses sont des êtres de Sacrifice (Bonne Action-Chute).
Elles pratiquent «la plus divine des générosités humaines,
l'expiation pour autrui[114]». À la fin de la deuxième partie, Val-

encore qu'un simple saut hors les murs puisque Valjean doit traverser
à pied plusieurs quartiers — dont, bien entendu, celui du couvent.
Cette invraisemblance, dont le lecteur s'aperçoit à peine, pris qu'il est
par l'intensité dramatique de l'épisode de l'inhumation, est un effet de
la logique «poétique» de l'œuvre, qui veut que Valjean «meure» et
renaisse pour entrer dans le couvent.

112. Cette mort rituelle en rappelle d'autres. Au moment de sa conversion,
Valjean voit «ce Jean Valjean, cette face sinistre, devant lui», éclipsée
par le rayonnement de l'évêque. C'est là une certaine mort du passé,
du «vieil homme». Après la tempête sous un crâne, Valjean fait un
rêve où quelqu'un lui apprend qu'il est mort. À la fin de la première
partie, Valjean regarde ses cheveux, devenus blancs en une nuit, dans
le miroir qui sert à constater la mort (I, 8, I). Quand il sauve le
matelot du vaisseau l'Orion, Valjean «tombe» à la mer et passe ensuite pour s'être noyé. Dans le présent passage (II, 8), le jeu avec la
mort se fait plus concret et plus terrible, et s'apparente à la traversée
du fontis (V, 3, VI). Là, la mort symbolique et la mort réelle
coïncident presque. Elles se rejoindront dans la «suprême ombre,
suprême aurore» (V, 9).

113. Les Misérables, p. 495.

114. Ibid., p. 588.

jean se trouve donc en présence d'un actant pluriel qui lui est, en substance, identique. Après avoir été, à Montreuil-sur-Mer, la réplique du Bienfaiteur, Mgr Myriel, il vit maintenant au contact quotidien des Sacrifiées. Seconde étape de son itinéraire humain.

Actant pluriel, êtres de Sacrifice, les religieuses peuvent être comparées à ces autres actants pluriels que sont les armées de Waterloo. Dans le fait monastique comme dans le fait militaire, il y a la survivance indue du passé[115]. L'observance de la règle monastique rappelle d'ailleurs la discipline militaire. La rigidité de l'une et de l'autre n'est pas sans connoter la Mauvaise Action, comme on l'a vu à propos de Thénardier. On se souvient que le geste « rectiligne » de Thénardier évoquait à la fois la « caserne » et le « séminaire ». Au dire des villageois, l'aubergiste « avait étudié pour être prêtre » ; d'autre part, il se prétendait lui-même « sergent de Waterloo[116] ». En lui, les faits religieux et militaire sont conjugués à la Mauvaise Action. Dans la guerre (Waterloo), comme dans la « chasse » (Poursuite de Valjean par Javert) qui la rappelle, et dans certains aspects du monachisme dont témoignent les *in-pace*[117], dans ces institutions du passé, il y a de l'ombre mêlée à la lumière. Il y avait de l'ambiguïté dans le triomphe militaire de la vieille Europe sur la France impériale, et

---

115. Hugo écrit: «Rêver la prolongation indéfinie des choses défuntes et le gouvernement des hommes par embaumement, restaurer les dogmes en mauvais état, redorer les châsses, recrépir les cloîtres, rebénir les reliquaires, remeubler les superstitions, ravitailler les fanatismes, remmancher les goupillons et les sabres, *reconstituer le monachisme et le militarisme*, croire au salut de la société par la multiplication des parasites, imposer le passé au présent, cela semble étrange. [...] Quant à nous, nous respectons çà et là et nous épargnons partout le passé, pourvu qu'il consente à être mort. S'il veut être vivant, nous l'attaquons, et nous tâchons de le tuer» (*les Misérables*, p. 530). L'armée et le couvent — Waterloo et le Petit-Picpus — font l'objet d'une même condamnation.
116. *Ibid.*, p. 393.
117. *Ibid.*, p. 528 et 529.

il y a ambiguïté aussi dans le Sacrifice des bernardines-bénédictines du Petit-Picpus, qui tient en bonne partie du suicide. La victoire (Montée) de Wellington se compliquait de défaite (Chute), et la sanctification (Montée spirituelle) des religieuses se complique de «putrescibilité» (Chute). De ce point de vue, le Petit-Picpus est une préfiguration du troisième «asile» de Valjean, les égouts: «... Qui dit couvent dit marais. Leur putrescibilité est évidente, leur stagnation est malsaine, leur fermentation enfièvre les peuples et les étiole; leur multiplication devient plaie d'Égypte[118].»

Aussi le Sacrifice de sa vie que fait Cambronne, Sacrifice assorti du mot qu'on sait, n'est-il pas si éloigné, thématiquement, du Sacrifice des religieuses. Entre l'excrément — «mot final» de la bataille — et la pourriture du tombeau associée à la mort au monde des religieuses, il n'y a pas si loin.

C'est dans le couvent, ce «marais», que Valjean se réfugie avec Cosette pour échapper à la Poursuite, comme il se réfugiera dans les égouts avec Marius pour échapper au massacre.

L'égout posera des problèmes de sortie, alors que le couvent soulève des difficultés d'entrée. Le couvent est *d'abord,* pour Valjean, un lieu hostile, puis il est un lieu de salut. L'égout sera d'abord un lieu de salut, puis il deviendra un lieu menaçant.

Pour entrer dans le couvent, il faut franchir une grille. Et c'est mère Innocente qui en est la «gardienne». Pour sortir de l'égout, il faudra ouvrir la grille, et c'est Thénardier qui en possédera la clé.

Mère Innocente s'apparente à Mgr Myriel, le Bienfaiteur. Elle a la même gaîté. Elle est «la seule gaie dans tout le couvent[119]», et cette gaîté, cette «innocence» sont les indices d'un Conjonction intérieure.

118. *Les Misérables,* p. 531.
119. *Les Misérables,* p. 517.

Mais, étant religieuse, elle est aussi un être de Sacrifice. La part de Chute comprise dans ce Sacrifice, alliée à la gaîté, fait curieusement de mère Innocente une sorte d'Errante gaie; et significativement, on trouve chez elle une même éloquence bavarde et érudite que chez Tholomyès et Grantaire.

«Gardienne» du couvent, cet asile et ce marais, ce lieu de prière (et il y a une «bonté absolue» de la prière: elle est une forme éminente de Bonne Action) et d'Errance, Mère Innocente est au Petit-Picpus ce que Thénardier est aux égouts — ces enfers.

La traversée des égouts et le sauvetage de Marius seront pour Valjean un prélude à sa mort; le séjour au couvent, en la douce compagnie de Cosette, représente au contraire une tranche parfaitement heureuse de la vie de l'ex-bagnard. Alors que les religieuses y vivent leur vie de Sacrifice, lui vit le Bonheur (Conjonction) dont il aura précisément, dans la suite du roman, à faire le sacrifice[120]. Et son Sacrifice sera beaucoup plus grand encore, et plus véritablement médiateur, que celui des religieuses — ou que ses Sacrifices précédents. Il ne s'agira plus d'être «ange dans un enfer», mais de consentir à la liberté et au départ de l'être aimé. Un tel Sacrifice n'est pas réductible à celui des religieuses, qui vivent en dehors de toute référence à la Liberté. «Le monastère, dira l'auteur, est le produit de la formule: Égalité, Fraternité. Oh! que la Liberté est grande! et quelle transfiguration splendide! la

---

120. La Conjonction Valjean-Cosette transparaît nettement dans ces lignes: «Quand elle entrait dans la masure, elle l'emplissait de *paradis*. Jean Valjean s'épanouissait, et sentait son bonheur s'accroître du bonheur qu'il donnait à Cosette. La joie que nous inspirons a cela de charmant que, *loin de s'affaiblir comme tout reflet, elle nous revient plus rayonnante*» (*les Misérables*, p. 585). La deuxième partie du roman, exception faite du livre premier, va donc d'une Montée (évasion de Valjean, puis délivrance de Cosette) à une autre Montée (entrée dans le couvent du Petit-Picpus), d'une Conjonction éphémère (dans la masure Gorbeau) à une autre Conjonction (au couvent), qui s'étendra sur plusieurs années.

Liberté suffit à transformer le monastère en république[121].» L'auteur écrira plus loin que, ce qui manquait à la grandeur de Napoléon, c'était précisément le sens de la Liberté[122]. Absente de l'épisode de Waterloo comme de celui du Petit-Picpus, la problématique de la liberté sera au cœur des trois dernières parties du roman, et intimement liée à l'étape ultime de la vie de Valjean.

Il n'est pas inutile de regrouper en un tableau les actions de la deuxième partie, comme nous l'avons fait pour la partie précédente. Il convient, bien entendu, de séparer la chaîne des actions du livre premier, ce «hors-d'œuvre», de celle des livres subséquents. Le signe; nous permettra de marquer des liens qui sont faibles, du point de vue de la logique de l'énoncé, mais qui sont plus qu'un simple lien de consécution reliant deux séquences narratives parallèles (+).

Livre premier

S.N.: Arrivée de l'auteur à Hougomont & mise en présence avec le lion de la victoire ;
                                              (mode de l'action: symbolique)

A.   *Montée*   & *Affrontement*

        le massacre d'Hougomont ; le début de la bataille → début de victoire pour
                                        (mêlée)   Napoléon

             Affrontement   ; *Affrontement-Chute* → *Montée*

        → l'«inattendu»   → arrivée de Blücher → l'extermination
              (Surprise)   (Méprise)

        → *Conjonction-Guet-apens* → *Conjonction-Guet-apens* → *Chute*

        → le mot de Cambronne   → Thénardier vole et sauve Pontmercy
           (il transforme la défaite en victoire)

        → *Chute = Montée*   → *Mauvaise Action = Bonne Action*

---

121. *Les Misérables*, p. 532.
122. C'est Combeferre, le «philosophe», qui se fait alors le porte-parole de l'auteur. *Ibid.*, p. 689.

Livres II à VIII

S.N. :   Valjean sauve le matelot et s'évade ;   Cosette dans la forêt →   Cosette secourue
          (l'araignée apporte la vie)   par Valjean

A   *Bonne Action & Montée*   ;   *Errance (Chute)*   →   *Montée*

          → ¹Valjean et Thénardier → Cosette « rachetée » → Cosette et Valjean dans
                                                                       la masure Gorbeau
          → *Affrontement*   →   *Montée*   →   *Conjonction*

          → la « principale locataire » épie Valjean   → Valjean poursuivi par Javert
             (« persécution »)   (Fuite)
          → *Poursuite-Mauvaise Action*   → *Affrontement-Chute*

          → Valjean échappe à Javert   →   Valjean dans le jardin mystérieux
             (Évasion)
          →   *Montée*   →   *Errance*

          → Valjean et Fauchelevent   ...[vie des religieuses...]   les « substitutions »
                                                   (Sacrifice)
          → *Bonne Action-Conjonction*   ...[*Bonne Action-Chute*...]   *Mauvaises Actions =
                                                                              non-Mauvaises Actions*

          → enterrement de Valjean   →   Valjean sauvé   → Cosette et Valjean au couvent
          →   *Chute*   →   *Montée*   →   *Conjonction*

      Ce tableau, comme les précédents, est perfectible. On y retrouve le syntagme actantiel de la Conversion, lié à l'histoire de Cosette à Montfermeil, et celui de la « Surprise→Méprise→Chute », associé à Napoléon. Les livres IV et VIII contiennent le récit de deux moments de Conjonction, tous deux précédés d'une Fuite (corollaire d'une « chasse », d'une Poursuite). La Fuite contient de l'Errance et de l'Affrontement, et le syntagme Fuite→Montée→Conjonction reproduit à peu près celui de la Conversion.

      Les actions sont, en général, plus complexes que celles de la première partie. Dans notre tableau, nous n'en avons retenu que les aspects les plus manifestes. Cette complexité consiste surtout dans le caractère paradoxal des actions : fausse victoire de Wellington ; sacrifice ambigu des religieuses — « suprême égoïsme[123] » de

---

123. *Les Misérables*, p. 536.

«l'expiation pour autrui[124]»... Une action telle que la Poursuite (de Javert) tend à se confondre avec la Persécution (de Thénardier), les deux sont pareillement des «chasses» et opposent une «mouche» à une «araignée».

Dans la deuxième partie, Valjean découvre l'amour. La première partie était l'histoire d'un homme seul, la deuxième est celle d'un «couple». Les trois dernières parties seront l'histoire d'un «trio»: Valjean, Cosette, Marius. Les espaces du Je, du Tu et du Il sont ainsi successivement parcourus.

Nos «lectures» des deux premières parties nous ont permis de montrer la viabilité de notre modèle des actions. Chaque action nouvelle peut être ramenée à quelques-unes des catégories actantielles que nous avons identifiées. Nous pourrions poursuivre systématiquement la démonstration pour le reste du roman. Il nous semble plus utile, cependant, de modifier légèrement notre méthode d'analyse. La «lecture», qui consiste à suivre pas à pas le récit et à le commenter, comporte un risque de myopie. D'une part, elle oblige notre lecteur à se reporter constamment au texte romanesque, pour comprendre le déroulement de notre exposé; et d'autre part, elle privilégie la perspective analytique au détriment de perspectives plus synthétiques. Certes, à partir de points particuliers, nous avons esquissé des totalisations et cherché à entrevoir l'ensemble des significations du roman. Mais une telle démarche comporte toujours une part d'artifice. Tiraillé entre le détail et l'ensemble, entre le «devenir» du texte et son unité globale; obligé, dans notre recherche d'un Même toujours différent et toujours différé, à de constantes répétitions, nous risquions de décourager l'attention du lecteur et de nous enliser dans la schizophrénie d'une lecture solitaire.

Entre le type d'exposé systématique de notre deuxième chapitre et celui, «successiviste», des deux autres, il y a sans doute un moyen terme. Il s'agira de se

124. *Les Misérables*, p. 588.

placer à un point de vue où la compréhension englobe le
texte à la fois — et dans la mesure du possible — dans son
«être» et dans son devenir. Pour ce faire, nous situerons
notre analyse à un niveau légèrement différent de celui des
actions proprement dites, sans toutefois laisser de côté ce
commode instrument d'analyse.

Les trois dernières parties du roman
forment une entité analogue à celles des deux premiers
livres de la première partie (conversion de Valjean), des six
autres livres de la même partie (histoire de M. Madeleine et
de Fantine), et de la deuxième partie (histoire de Valjean
et de Cosette). Quelques mois seulement séparent la «conjonction de deux étoiles» de la guerre des barricades, puis
de la mort de Valjean. Ce vaste bloc narratif, régi par le
jeu des six catégories narratives, comporte trois grands sec-
teurs signifiants, liés à autant d'intrigues distinctes. Nous les
avons déjà mentionnés. Ce sont l'Amour, le Crime et la Révolution.

Il est évident que l'Amour renvoie
immédiatement à la Conjonction; le Crime, à la Mauvaise
Action et la Révolution, à la Montée. Cependant, nos trois
nouvelles entités n'ont pas le caractère simple, pur,
indécomposable des catégories actantielles. En elles, les
catégories immédiatement impliquées entrent en rapport
avec toutes les autres. Notre dernier chapitre sera donc
l'étude d'un réseau de grandes «figures textuelles» et nous
obligera à mener aussi loin que possible notre totalisation
des divers éléments d'interprétation recueillis jusqu'ici.

V

Amour, crime, révolution

Les trois dernières parties contiennent le récit de l'idylle de Marius et de Cosette et de divers événements qui s'y rattachent de façon plus ou moins immédiate, en particulier le guet-apens tendu par Thénardier à Valjean, dans la masure Gorbeau, et la guerre des barricades. Elles contiennent aussi, bien entendu, le récit des répercussions de l'idylle sur la destinée de Valjean.

L'histoire d'amour de Marius et de Cosette comporte trois grands moments de Conjonction. Il y a d'abord la «rencontre des regards» au jardin du Luxembourg (III, 6); puis le moment où les amoureux s'adressent enfin la parole et échangent leur premier baiser, dans le jardin de la rue Plumet (IV, 5); et enfin, la réunion des amoureux dans la chambre de Marius, après les événements de juin 1832 (V, 5).

Entre les deux premières Conjonctions (Amour) prend place le Guet-apens (Crime); entre les deux dernières, il y a la guerre des barricades (Révolution).

L'idylle de Marius et de Cosette, qui aboutit à leur mariage, se développe en relation avec l'histoire d'un autre «amour»; celui de Cosette et de Valjean. La fin de la deuxième partie nous entretenait d'une Conjonction «entre quatre murs», s'étendant sur plusieurs années. L'embellissement de Cosette et le début de ses amours avec Marius compromettent la Conjonction du Père et de la Fille (qui redouble, nous le verrons, celle du Grand-

Père et de l'Enfant). La blessure que Valjean s'est infligée lors du guet-apens et l'absence de Marius raniment la Conjonction, mais les événements de juin et le mariage des jeunes gens la compromettent de nouveau, et c'est seulement au moment de son agonie, après la tentative de chantage de Thénardier (Crime), que Valjean «retrouve» Cosette et se rencontre, en même temps, avec Marius: la Conjonction «horizontale» Marius-Cosette se double alors d'une Conjonction «verticale» Enfants-Valjean.

En bref, nous avons la chaîne d'actions suivante:

Conjonction ValJean-Cosette au Petit-Picpus (puis rue Plumet et rue de l'Ouest)	→	Conjonction Marius-Cosette au Luxembourg	→	Guet-apens de Thénardier à la masure Gorbeau	→
Conjonction Valjean-Cosette, rue Plumet	→	Conjonction Marius-Cosette, rue Plumet	→	Guerre des barricades rue Saint-Denis	→
Conjonction Marius-Cosette rue des Filles-du-Calvaire	→	Tentative de chantage par Thénardier	→	Conjonction triangulaire (Valjean, Marius, Cosette) rue de l'Homme-Armé	

L'intrigue, en fait, est beaucoup plus complexe. Parallèlement à l'histoire d'«amour» de Valjean et de Cosette, il y a celles, plus unilatérales, de Marius et de son grand-père (celui-ci «aime» celui-là), de Marius et d'Éponine (celle-ci aime celui-là). D'autres personnages sont liés aux divers événements: Gavroche, le colonel Pontmercy, M. Mabeuf, actants singuliers; les bandits de Patron-Minette et les amis de l'ABC, actants collectifs de la Mauvaise Action et de cet Affrontement-Montée qu'est l'insurrection. D'autres actions, aussi, s'intercalent entre celles que nous avons mentionnées: diverses formes de Chute (Chutes de M. Mabeuf, de Marius, de M. Gillenormand, des petits Thénardier, de Valjean...), Bonnes Actions (de Gavroche, de Marius, d'Éponine, de Valjean), etc.

Toutes ces actions gravitent autour de celles que nous avons mentionnées plus haut.

La troisième partie et la première moitié de la quatrième partie (dont le livre central, IV, 8, se divise en deux sections : « Les Enchantements / et les Désolations » ; cette dualité recoupe celle de la partie : « L'idylle rue Plumet / et l'Épopée rue Saint-Denis ») constituent une sorte de fugue à deux voix où s'entremêlent étroitement une intrigue amoureuse et une intrigue criminelle. Le reste de la quatrième partie et la cinquième conjuguent les deux motifs de l'Amour et de la Révolution.

Dans notre première fugue, au début l'accent est mis surtout sur le Crime, puis il est déporté peu à peu vers l'Amour ; dans la seconde, il est mis d'abord sur la Révolution, puis sur l'Amour.

Il s'agit là de relations d'ensemble, et de rapports « métonymiques ». Mais ce qui nous importe surtout, ce sont les rapports métaphoriques : qu'est-ce que l'Amour, par rapport au Crime et à la Révolution ?

Bien entendu, ces unités sémantiques sont *aussi* des figures textuelles, elles commandent à la fois une thématique et une structure actantielle. C'est à ce double niveau que nous les étudierons.

Valjean et Cosette

Qu'est-ce que l'amour de Valjean à l'endroit de Cosette ? C'est un amour total. C'est, au départ, celui d'un vieil homme (d'un « bonhomme ») pour un enfant — d'un Grand-Père pour une Petite-Fille. Amour empreint de bonté : la Bonne Action se mêle à la Conjonction, qu'elle a d'abord suscitée.

Mais c'est aussi celui, plus tragique et plus équivoque, d'un Père pour sa Fille. Le couple du « Veuf » et de l'« Orpheline », c'est le vestige d'un trio. La Mère est morte : qui l'a tuée ?

Javert a tué Fantine en lui disant la vérité sur Valjean. Valjean n'est pas allé chercher Cosette à Montfermeil. Valjean est un criminel. Voilà ce qui tue Fantine. Mère désabusée.

Elle allait retrouver un Enfant et un Protecteur, les deux lui échappent. M. Madeleine n'est pas le *contraire*, la version positive de Tholomyès; il est un Malfaiteur plus grand encore — un Père plus criminel... Qu'est-ce à dire?

On ne peut pas comprendre *les Misérables* sans induire du comportement des personnages une relation incestueuse entre le Père et la Fille; relation que ne *réalise* immédiatement aucun des couples parent-enfant; qui, au contraire, par l'effet d'un déplacement, se manifeste *en creux* dans tout un ensemble de relations, que nous allons maintenant examiner.

Dans *les Misérables,* on ne trouve aucun exemple de père (proprement dit) qui aime sa fille. Tholomyès abandonne Cosette en bas âge. Fantine elle-même n'a pas connu son père. Thénardier n'a pas, pour ses filles, une affection marquée; loin de là: il se sert d'elles pour ses fins criminelles; «... ce père en était là qu'il risquait ses filles; il jouait une partie avec la destinée et il les mettait au jeu [1]». M. Gillenormand est sévère pour sa fille aînée qui est peu faite, d'ailleurs, pour inspirer de l'affection. Cependant, on le verra, il a dû aimer profondément sa fille cadette, la mère de Marius: mais elle est morte. Il n'est aucun cas, non plus, de mère ayant une affection marquée pour son fils.

Par ailleurs, entre mère et fille, les affections intenses sont fréquentes. L'amour maternel ne tombe pas sous le coup d'un interdit et s'étale avec complaisance. Fantine aime Cosette d'un amour démesuré semblable à celui de la recluse pour sa fille, dans *Notre-Dame de Paris*. Notons cependant que, dans ces deux cas,

1. *Les Misérables*, p. 752.

mère et fille sont séparées, et que la mère contribue au malheur de la fille (Fantine, en confiant Cosette aux Thénardier; la recluse, en réclamant la mort d'Esméralda dont elle ignore l'identité). La Thénardier a aussi un sentiment maternel très développé, mais il s'arrête à ses filles: elle n'aime pas Gavroche ni ses deux derniers fils, qu'elle traite avec la même rigueur que Cosette.

Il semble que l'amour père-fille soit possible uniquement entre père et enfant adoptive. Valjean est le «père céleste» de Cosette. Comme aucun lien de consanguinité ne les rattache l'un à l'autre, cet amour n'est pas suspect, du moins *a priori*. Une chose cependant: la différence d'âge qui réintroduit, sur le plan symbolique, la possibilité de l'inceste. Mais l'inceste va trouver un déguisement parfait. Il va, précisément, se déguiser en inceste. De même que certains espions, dit-on, donnent le change en affichant une allure d'espions, la relation incestueuse Père-Fille va se cacher sous le déguisement d'une relation Père-Fille entre Valjean et Cosette. Quoi de plus innocent que cet amour *paternel* de Valjean pour l'enfant? Point d'inceste, puisqu'il n'est pas vraiment le père; point d'inceste, puisque son affection est, de toute façon, «paternelle».

Mais il faut précisément prendre au pied de la lettre les dénominations de *père* et de *fille* que se décernent mutuellement les deux personnages. L'amour de celui-ci pour celle-là est criminel, réactualise la condition de criminel de l'ex-galérien, et il est normal que l'intrigue amoureuse qui réunit et oppose Valjean, Cosette et Marius soit doublée constamment d'une intrigue criminelle, précisément centrée sur la dyade Valjean-Thénardier. Thénardier, on le sait, est le double nocturne de Valjean. Il était le Parâtre de Cosette — Valjean en est le Père. Si ce Père aime incestueusement cette Enfant et s'il lui interdit la félicité amoureuse, il devient à son tour un Parâtre. Valjean est bien, comme l'affirme Thénardier qui l'est aussi, un «voleur d'enfants[2]». N'eût-ce pas été un «vol» que de

2. *Les Misérables*, p. 810.

garder Cosette au couvent? « Il se demandait si tout ce bonheur-là était bien à lui, s'il ne se composait pas du bonheur d'un autre, du bonheur de cette enfant qu'il confisquait et qu'il dérobait, lui vieillard ; si ce n'était point là un vol³?» Eh bien, c'est un même vol que de soustraire Cosette à tout prétendant. De la vie au couvent à la vie rue Plumet, il n'y a, pour Cosette, qu'un simple « changement de grille⁴».

Il est intéressant de constater que Valjean projette sur Marius son propre défaut et voit précisément en lui un voleur: « Ce n'était plus un homme qui regarde un homme ; ce n'était pas un ennemi qui regarde un ennemi. C'était un dogue qui regarde un voleur⁵.» On pourrait traduire ainsi: entre eux, point de Conjonction; point, non plus, d'Affrontement direct ; mais une Poursuite. Valjean est à Marius ce que Javert, le Poursuivant, est à Thénardier, le Malfaiteur ; ce que la Loi est au Crime. La loi est celle de l'Avoir, de la possession. Valjean veut avoir Cosette pour lui seul, comme le bourgeois veut avoir maison. Ce n'est pas un hasard si, au moment même où Valjean devient jaloux à cause de Cosette, il a pour idéal « au dedans, l'ange, au dehors, le bourgeois⁶». La dualité ange/bourgeois, qui est le prolongement de ces « deux idées» qui s'affrontaient en Valjean lors de la « tempête sous un crâne », recoupe dans le présent la dualité Grand-Père/Père. Valjean, Père jaloux, bourgeois, « poursuit» donc Marius: il ira le retrouver, effectivement, dans la barricade. Mais, ce faisant, c'est lui-même qu'il poursuit et sa chasse deviendra sauvetage. La Fuite dans l'égout avec Marius blessé répétera la Fuite avec Cosette qui aboutissait à l'entrée dans le couvent.

En accomplissant la « promesse faite à la morte», en délivrant Cosette, Valjean faisait une Bonne

3. *Les Misérables*, p. 897.
4. Titre de IV, 3, IV (*ibid.*, p. 905).
5. *Ibid.*, p. 920.
6. *Ibid.*, p. 901.

Action et c'est tout naturellement que, de Bienfaiteur, il devenait Grand-Père: la Bonne Action se doublait d'une Conjonction compatible avec elle. Mais de quelle «promesse», en fait, s'agit-il? Il faut un peu de réflexion au lecteur pour découvrir qu'il s'agit des paroles que Valjean a adressées à Fantine morte et qui ont fait poindre sur ses lèvres un «ineffable sourire[7]». Cette promesse à une morte a le même caractère *fictif* que la promesse supposée de Valjean à l'évêque: «N'oubliez pas, n'oubliez jamais que vous m'avez promis d'employer cet argent à devenir honnête homme.» Donnée pour réelle, la promesse précède, en quelque sorte, le moment où elle est faite effectivement, ou du moins, assumée. On peut dire que son existence précède son essence. Ainsi, la promesse faite à Fantine est un programme infini, elle devra être tenue, jusqu'à la mort, pour *être*. Valjean ne délivrera pleinement Cosette qu'au terme de sa vie, par l'acceptation (qui le tue) de son amour pour Marius, et l'accomplissement de la promesse faite à Fantine coïncide alors avec celui de la promesse censément «faite» à l'évêque. En somme, la conversion du bagnard ne s'accomplit réellement que dans cette mort qui clôt le roman, et il en va de même de sa Bonne Action à l'endroit de Cosette (et de Fantine). On peut dire que le devoir qu'il assume à l'endroit de Cosette est la forme même que prend, dans sa vie, l'injonction de l'évêque (devenir honnête homme): Valjean ne peut devenir «meilleur que l'évêque» qu'à la condition de sacrifier son amour pour Cosette, de permettre à la jeune fille de goûter le bonheur que lui-même, que Fantine n'ont pas connu. Valjean, c'est la génération du passé qui se sacrifie pour le bonheur de la génération à venir. C'est l'homme par qui l'ombre, dans l'espace concret de l'histoire, devient lumière. Et tant qu'il n'aura pas sauvé Marius, tant qu'il ne se sera pas effacé de la vie des Enfants, il ne fait que prolonger — malgré lui, bien entendu, et de façon plus secrète — l'aliénation de l'Enfant qui se manifeste d'abord dans la domination des Thénardier. Ancien criminel, Valjean revit, à l'intérieur de son amour

---

7. *Les Misérables*, p. 308.

«paternel», la tentation du Crime par quoi il demeure un
«frère» de Thénardier: «Lui qui avait fini par ne plus se
croire capable d'un sentiment malveillant, il y avait des instants où, quand Marius était là, il croyait redevenir sauvage
et féroce, et il sentait se rouvrir et se soulever contre ce
jeune homme ces vieilles profondeurs de son âme où il y
avait eu jadis tant de colère. Il lui semblait presque qu'il se
reformait en lui des cratères inconnus[8].» L'affection incestueuse maintient en Valjean la possibilité permanente de la
Mauvaise Action, elle semble être l'effet ou la manifestation
même de cette «condamnation» dont on ne sort pas[9] et qui,
plus encore qu'une condamnation sociale, est sans doute une
condamnation originelle: «La terre n'est point sans ressemblance avec une geôle. Qui sait si l'homme n'est pas un
repris de justice divine? Regardez la vie de près. Elle est
ainsi faite qu'on y sent partout de la punition[10].» L'amour
tragique de Valjean, cet amour infernal qu'il ira noyer dans
les égouts, c'est la persistance du bagne dans sa vie — et
c'est la persistance du bagne de la vie.

    Amour criminel de Valjean pour
Cosette. En tout cas, amour virtuellement criminel, et qui
fait de Valjean un paria du bonheur, comme le vol d'un pain
en avait fait un paria de la société. Nous avons vu que Mgr
Myriel, exilé sous la Révolution, avait réintégré la société
sous la Restauration. Cela lui permettait d'être pleinement
et purement le Bienfaiteur. Valjean, lui, restait marqué par la
condamnation et ne devenait un Bienfaiteur qu'en devenant un
Sacrifié.

    Un même parallèle se dessine sur le
plan affectif. Valjean, d'entrée de jeu, est promis à l'amour
malheureux — à l'Errance amoureuse. En cela, il s'oppose à
M. Gillenormand, qui connaît provisoirement cette Errance
mais qui accède finalement à une Conjonction durable — de
nature inférieure, bien entendu, à la Conjonction

8. *Les Misérables*, p. 919-920.
9. «Libération n'est pas délivrance. On sort du bagne, mais non de la
  condamnation» (*ibid.*, p. 103).
10. *Ibid.*, p. 1008.

(ponctuelle-infinie) qui réunira Valjean et les deux époux à la fin du roman. On peut dire que, en matière de bonté (Bonne Action), Valjean est à monseigneur Bienvenu ce que, en matière d'amour (Conjonction), le même Valjean est à M. Gillenormand[11]. Mais, pour le bien voir, examinons de près la relation du «grand-père» et du «petit-fils».

M. Gillenormand et Marius

M. Gillenormand aime Marius. Amour normal: «Il y a des pères qui n'aiment pas leurs enfants; il n'existe point d'aïeul qui n'adore son petit-fils[12].» Cette vérité bien hugolienne inspirera à l'auteur, on le sait, tout un recueil de poèmes.

L'amour du vieillard se cache, cependant, sous une apparente dureté. M. Gillenormand est un personnage complexe. Il est, en partie du moins, un Errant gai de l'espèce «cynique», comme Tholomyès et Bamatabois. Comme eux, il appartient à la bourgeoisie. Les bourgeois, chez Hugo, sont volontiers des Errants gais et des Malfaiteurs. Thénardier, par exemple, dira à Valjean: «... je suis un bourgeois, moi! et vous n'en êtes peut-être pas un, vous[13]!» Le «grand bourgeois» qu'est M. Gillenormand a les apparences d'un vieillard cynique et méchant et, comme Tholomyès, il est un partisan de l'amourette; mais en fait il est «bienveillant» et «charitable[14]», et il a une passion: Marius[15].

---

11. On lira ci-dessous (p. 223, note 24) une analyse plus détaillée des ressemblances entre Mgr Myriel et M. Gillenormand.
12. *Les Misérables*, p. 698.
13. *Ibid.*, p. 812.
14. *Ibid.*, p. 619.
15. Un autre Errant gai, Grantaire, dont le cynisme dissimule la cordialité, aura lui aussi une passion qui est un homme: Enjolras. Cette passion aura un caractère homosexuel beaucoup plus marqué que celle de M. Gillenormand.

Son amour est plus que la simple affection d'un aïeul. Il a quelque chose de « honteux » : « M. Gillenormand, sans pourtant se l'avouer à lui-même, car il en eût été furieux et honteux, n'avait jamais aimé une maîtresse comme il aimait Marius[16]. » Allons-nous parler d'homosexualité — comme la critique contemporaine le fait généralement pour qualifier la passion de certains personnages hugoliens (Claude Gueux) ?

Il serait plus juste, croyons-nous, de parler de relation incestueuse, et dans un sens très précis. N'oublions pas que le vieillard est le grand-père *maternel* de Marius. Entre l'un et l'autre, il y a cette absente, Mme Pontmercy. Et c'est elle que le vieillard chérit en Marius.

De cet amour, jamais nommé, il y a des indices. L'auteur nous décrit une femme « de tout point admirable, élevée et rare et digne de son mari[17] ». Il écrit aussi, l'opposant à sa sœur aînée : « La cadette était une charmante âme tournée vers tout ce qui est lumière, occupée de fleurs, de vers et de musique, envolée dans des espaces glorieux, enthousiaste, éthérée, fiancée dès l'enfance dans l'idéal à une vague figure héroïque[18]. » En épousant le colonel Pontmercy, elle réalisera son ambition de jeune femme. Mais non, sans doute, le rêve d'avenir que M. Gillenormand formait pour elle. Royaliste, le grand bourgeois exècre la Révolution et Napoléon. À ses yeux, son gendre est un « bandit », un « pestiféré[19] ». La haine implacable du royaliste pour le colonel est-elle le simple effet d'opinions politiques divergentes ? N'est-elle pas semblable, plutôt, à cette haine spontanée de Valjean pour celui qui veut lui ravir sa « fille » ? Le colonel est un « bandit » parce que, comme Thénardier — et comme Marius, aux yeux de Valjean — il est un « voleur d'enfants ».

Juste après le passage, cité ci-dessus, où Hugo dit de M. Gillenormand qu'il n'avait jamais aimé

---

16. *Les Misérables*, p. 1052.
17. *Ibid.*, p. 630.
18. *Ibid.*, p. 620-621.
19. *Ibid.*, p. 631.

une maîtresse comme il aimait Marius, on peut lire cette allusion à l'absente :

« Il avait fait placer dans sa chambre, devant le chevet de son lit, comme la première chose qu'il voulait voir en s'éveillant, un ancien portrait de son autre fille, celle qui était morte, madame Pontmercy, portrait fait lorsqu'elle avait dix-huit ans. Il regardait sans cesse ce portrait. Il lui arriva un jour de dire en le considérant :
— Je trouve qu'il lui ressemble.
—À ma sœur ? reprit mademoiselle Gillenormand. Mais oui.
Le vieillard ajouta :
— Et à lui aussi[20].»

Pourquoi M. Gillenormand n'a-t-il pas un portrait de Marius ? Est-ce bien la mère qui lui fait penser au fils ? N'est-ce pas plutôt le fils qui fait revivre la mère, qui en restitue, au vieillard, la présence réelle ? Lorsque M. Gillenormand enlève Marius à son père, n'est-ce pas comme s'il reprenait sa fille ? Et est-ce un hasard si la vie de Marius répète, à vingt ans de distance, celle de sa mère ? Marius, en effet, va tomber littéralement amoureux de son père défunt. Cette « passion », dont M. Gillenormand croit d'abord, naturellement, qu'elle s'adresse à une femme, n'est rien d'autre que la répétition de la « bêtise », de la « sottise » commise, autrefois, par Mlle Gillenormand, et c'est elle qui déclenche un jour les hostilités entre grand-père et petit-fils. Hostilités au cours desquelles le grand-père revendique violemment la paternité de Marius : « M. Gillenormand cessa de rire et dit durement : Ton père, c'est moi[21].»

En d'autres termes : tu es ma fille, ma fille bien-aimée, le gendre ravisseur n'existe pas. Ou, s'il existe, s'il a existé, ce fut pour trahir le Père, lui ravir l'affection de sa Fille, comme les révolutionnaires, Napoléon, tous leurs partisans ont trahi le roi légitime : « ... Vois-tu bien, tu es baron comme ma pantoufle ! C'étaient tous des bandits qui ont servi Robespierre ! tous des

20. *Les Misérables*, p. 1052.
21. *Les Misérables*, p. 658.

brigands qui ont servi Bu-o-na-parté! tous des traîtres qui ont
trahi, trahi, trahi! leur roi légitime[22]!»

Le colonel Pontmercy est à M. Gil-
lenormand ce que l'Empire est à la Monarchie, ce que le
Gendre est au Père. Le vieillard voudrait que Marius soit sa
Fille et, pour ce faire, il lui rend impossible la connaissance
de son père; d'un autre côté, il le pousse vers l'*amourette*,
qui est le contraire même de la passion. Une passion
véritable lui aliénerait Marius, alors que l'amourette
n'entame pas le lien Père-Fille qu'il vit, fantasmatique-
ment, à travers sa relation à Marius. Ce n'est pas un hasard
si la première *passion* de Marius est pour son père, et si
cette passion le conduit à une autre, véritablement a-
moureuse, pour Cosette. Dès que Marius échappe au rôle où
voudrait l'enfermer son grand-père, il ne peut qu'accéder,
d'un même mouvement, à l'identification au père et à
l'amour.

Il y a donc un parallélisme entre la relation de Valjean à Cosette et celle de M. Gillenormand à
Marius. Les Grands-Pères vivent tous deux leur rapport à
l'Enfant sur le mode d'une relation Père-Fille. Cependant il
sera plus facile, pour M. Gillenormand, de liquider sa passion incestueuse, que pour Valjean. Le mariage fera revivre
le nonagénaire et il tuera l'ex-galérien. Pourquoi?

Parce que, sans doute, le quiproquo qui
fait de Marius la réincarnation de sa mère est plus facile à
exorciser que l'identification profonde de Cosette au rôle de
la Fille. Il suffira que M. Gillenormand accepte la mort de sa
fille (équivalent, d'ailleurs, de son mariage) pour qu'il
«désinvestisse», de Marius, son obsession. Les «reproches
à voix basse d'un agonisant à un cadavre[23]», M. Gillenormand les fait à un Marius qui cumule, en quelque sorte,
les destins de son père, soldat, et de sa mère, morte. C'est
parce que Marius, qui a quitté la maison comme sa mère et
qui ressuscite la Fille absente, combat dans les barricades

22. *Les Misérables*, p. 658-659.
23. *Les Misérables*, p. 1341.

et, par là, incarne aussi le Gendre ravisseur, le «sabreur», que M. Gillenormand en vient à accepter le départ et la mort de sa Fille et la liberté de Marius. Le vieux royaliste se réconcilie avec son Gendre, en la personne de Marius blessé. Le retour de l'Enfant à la vie est l'équivalent, à la fois, du retour de l'absente et d'un pardon : pardon du Gendre pour le mal que M. Gillenormand lui a fait. Ce mal fut précisément de confisquer l'Enfant, de le «voler» : le colonel Pontmercy avait «volé» la Fille au Père, le Grand-Père a volé, de façon beaucoup moins légitime, le Petits-Fils à son Gendre. En enlevant Marius à son père, il a commis un «vol d'enfant» semblable à celui de Thénardier abusant de la confiance de Fantine. Il faisait ainsi le malheur et du Père, et du Fils, comme l'aubergiste faisait celui de la Mère et de la Fille.

L'amour de Valjean pour Cosette est plus difficile à conjurer parce qu'il ne comporte pas de substitution franche de l'Enfant à la Mère. Valjean ne projette pas, sur Cosette, l'image de Fantine qu'il a, somme toute, peu connue. Et Fantine n'a jamais représenté pour lui la Fille, malgré leur différence d'âge. À vingt-cinq ans, Fantine a l'air d'une vieille femme. La misère et la maladie l'ont minée. Le journal qui relatera l'arrestation de Valjean parlera d'elle comme de sa «concubine». Lors de la «tempête sous un crâne» Valjean associait Fantine à Romainville, paradis des amoureux. La pauvre femme aurait pu être, en effet, l'épouse de Valjean ; et Cosette est bel et bien sa Fille. Elle est *aussi*, d'une autre façon, sa Petite-Fille ; mais cela n'implique aucunement l'identification de Cosette à Fantine (comme Marius et sa mère ne font qu'un pour M. Gillenormand). Thénardier, le Parâtre de Cosette, n'est pas perçu par Valjean comme un Gendre ravisseur (ainsi que le colonel Pontmercy l'était par M. Gillenormand), c'est plutôt le Gendre ravisseur, Marius, qui est perçu comme un Thénardier (Malfaiteur). Ce qui inspirera à Valjean la décision de passer en Angleterre, dans la quatrième partie, c'est la présence de Thénardier dans le quartier — et cette présence redouble celle de Marius, dans le jardin de la rue Plumet... Le contexte romanesque suggère nettement l'identité des deux hommes dans leur relation à Valjean.

Certes, toutes ces relations sont d'une grande complexité et il n'est pas facile d'en préciser la structure d'ensemble. Retenons cependant, pour l'instant, l'existence d'une affection incestueuse entre Valjean et Cosette, d'une part; entre M. Gillenormand et Marius, d'autre part. Dans l'amour de ces Grands-Pères pour leur Fille (ou pour l'Enfant qui en tient lieu), il y a du «vol» (Crime). Le vol est attribué au Gendre, mais il est le fait du Père incestueux — Parâtre virtuel.

Grand-Père, Père, Parâtre, Enfant

Essayons maintenant de généraliser, tout en les précisant, les «fonctions parentales» que nous avons identifiées. Nous tenterons d'en montrer la double dimension — sociale et psychologique.

Nous avons dit, au chapitre précédent, que *les Misérables* étaient l'histoire de Parents (Fantine, le colonel Pontmercy, Napoléon) qui étaient victimes de Conjonctions-Guet-apens à la suite desquelles ils perdaient leur Enfant; puis de la prise en charge des Enfants par un Grand-Père (Valjean, M. Gillenormand, Louis XVIII) et enfin, de la lutte des Enfants contre le Grand-Père pour la conquête de leur liberté.

Il faut voir que, si les Grands-Pères entrent en conflit avec les Petits-Enfants, c'est dans la mesure où ils leur imposent cette relation de Père à Fille que nous avons décelée chez M. Gillenormand aussi bien que chez Valjean. Et dès qu'ils se posent commes les Pères, ils sont voués au même destin que tous les Parents (Fantine, le colonel Pontmercy): la séparation d'avec l'Enfant. Ils ne retrouveront la Conjonction avec ce dernier que par l'acceptation de leur condition de Grand-Père. On comprend, dès lors, que ni Fantine, ni le colonel Pontmercy, qui ne sont que «Parents», ne réalisent leur souhait de revoir leur enfant avant de mourir; mais que Valjean et M. Gillenormand aient ce bonheur: et ils l'ont parce qu'ils tuent le Père en eux.

Sur le plan non plus individuel mais collectif, Louis-Philippe réunit aussi en lui les caractères contradictoires du Père et du Grand-Père.

Grand-Père, il l'est par sa royauté — comme Louis XVIII. Et souvenons-nous que M. Gillenormand est un ardent royaliste. Couleur politique qu'il partage, soit dit en passant, avec Mgr Myriel, son contemporain[24]. Mgr Myriel appartient évidemment à la génération des Grands-Pères, et il a la bienveillance constitutive de l'Aïeul. Certes, tous les grands-pères ne sont pas également bienveillants, mais il est dans leur nature de l'être. Or, on a vu que le royalisme de l'évêque était la seule faille dans sa perfection ; et la dureté de M. Gillenormand se manifestera précisément à travers ses positions royalistes. Le royalisme (ou la royauté) est le versant d'ombre de la condition de Grand-Père. Louis-Philippe est un *bon* roi, et sa bonté le rapproche de Mgr Myriel ; mais la royauté est mauvaise en soi. «Qu'a-t-il contre lui ? Ce trône. Ôtez de Louis-Philippe le roi, il reste l'homme. Et l'homme est bon[25].»

Quand Valjean sauvait Cosette et entrait au couvent, il était Grand-Père : et le couvent, comme la royauté, est une institution du passé. Monarchie et monachisme se touchent. Le mur de la chambre qu'habite Valjean avec Fauchelevent a pour ornement un assignat vendéen (le fac-similé en est donné[26]). Valjean, sans doute, n'est pas royaliste — il ne dit pas *Buonaparte* — mais le

24. La ressemblance entre les deux vieillards ne s'arrête pas là. Mgr Myriel a «environ soixante-quinze ans» en 1815, et M. Gillenormand a «dépassé quatre-vingt-dix ans» en 1831. Ils sont rigoureusement contemporains. De plus, par leur naissance, ils appartiennent tous deux à la «noblesse de robe». Et la jeunesse de Charles Myriel, comme celle de M. Gillenormand, est vouée à la galanterie. Les deux ont fui la Terreur. M. Gillenormand est un Myriel qui ne s'est pas converti. Il est remarquable que le «grand bourgeois», au petit-fils duquel Valjean mariera Cosette, soit le double «laïc» du saint homme que le forçat a pris pour modèle de sa conduite.

25. *Les Misérables*, p. 851.

26. *Les Misérables*, p. 585.

symbolisme de l'œuvre tend à l'associer, à ce moment, aux opinions politiques de son Bienfaiteur.

Louis-Philippe est Grand-Père parce qu'il est bon et parce qu'il est roi. La royauté eût suffi (comme pour Louis XVIII). La bonté aussi : M. Mabeuf, ce doux vieillard innocent, est un autre Grand-Père. D'une certaine façon, il sauve Marius en lui faisant découvrir la nature réelle de son père. Seulement, dans la barricade, une « lumière inconnue » s'empare de lui et en fait la réplique du conventionnel G., ce « régicide » — ce Père. Aussi, par sa mort, ce Grand-Père devient-il le « père vivant » de chaque combattant[27].

Louis-Philippe n'est pas que Grand-Père, il est Père aussi. Comme Napoléon, mais à un degré beaucoup plus élevé, il porte en lui la contradiction de la monarchie et de la Révolution. L'Empire était une synthèse du passé et de l'avenir ; la monarchie de Juillet n'est qu'un mélange. Louis-Philippe est un Quoique Parce que. Il connaîtra finalement le sort réservé à tous les Pères : la Chute et l'exil. Sa « paternité » est textuellement associée à sa défaite : « Louis-Philippe a été un roi trop père ; cette incubation d'une famille qu'on veut faire éclore dynastie a peur de tout et n'entend pas être dérangée ; de là des timidités excessives, importunes au peuple qui a le 14 juillet dans sa tradition civile et Austerlitz dans sa tradition militaire[28]. » Le parti pris de la famille, au détriment des devoirs publics, cet « incubationnisme » rappelle l'attitude précautionneuse et jalouse de Valjean, qui entend s'enfermer dans une relation de stricte réciprocité avec Cosette. Voilà la « grande faute » de Louis-Philippe : sa relation en quelque sorte « incestueuse » au pouvoir. Louis-Philippe entend moins gouverner la France et la servir, qu'être roi. La royauté (ou le royalisme) est un attribut du Grand-Père, mais c'est précisément l'attribut qui fait de lui un Père (incestueux). Être roi ou royaliste, pour le Grand-Père, c'est refuser le

---

27. *Les Misérables*, p. 1159.
28. *Ibid.*, p. 849.

Gendre: Napoléon, ou Pontmercy. La royauté, comme le couvent, protège, maintient, enferme. Cette incubation, c'est l'inceste même. Louis-Philippe a été un roi trop père: entendons qu'il a été un Grand-Père trop roi.

Résumons: tout Grand-Père n'est pas royaliste, mais tout royaliste est Grand-Père, et Père incestueux. Valjean lui-même est associé au royalisme (assignat vendéen) et, plus immédiatement, au monachisme. Ce bagnard a trouvé dans le couvent un bagne qui lui convient, car il protège sa relation à Cosette. Le couvent est un bagne à deux, qui lui suffit parfaitement. Là il peut vivre avec Cosette la double Conjonction du Grand-Père avec la Petite-Fille et du Père avec la Fille. Le départ du couvent va tout compromettre.

Les Misérables, cette épopée du genre humain, racontent le passage de la monarchie à la république, du Crime à la Bonté, de l'amour incestueux à l'amour «céleste». La réconciliation du Grand-Père — qu'il soit bagnard ou royaliste — avec les Enfants, par-delà la disparition tragique des Parents, c'est la réconciliation de l'Origine (ténébreuse) avec la Fin (lumineuse). C'est le rachat de Satan. Associé à l'Origine ténébreuse, l e Grand-Père n'en est pas moins, généralement, un Bienfaiteur. C'est que sa «faute», son Crime est délégué à un autre: le Parâtre. Thénardier est un père de famille et il est un criminel. Il est, si l'on veut, le Crime fait Père: le Parâtre. Il ne se contente pas de faire des enfants: il en vole. À proprement parler, il n'a pas volé Cosette; Fantine la lui a «livrée». Mais il en a tiré le profit qu'il a pu en l'exploitant, enfant, puis en la vendant à Valjean. La réduction d'un être à l'état d'esclavage ou de marchandise est, certes, une forme de vol, et la plus odieuse de toutes. De même, Thénardier se sert de ses filles pour extorquer de l'argent aux bienfaiteurs. «... ce père en était là qu'il risquait ses filles; il jouait une partie avec la destinée et il les mettait au jeu[29].» Il conclut un «bon arrangement» avec la

29. *Les Misérables,* p. 752.

Magnon en lui donnant ses deux derniers fils. Les enfants, pour Thénardier, ont une pure valeur marchande. Cosette, dira-t-il à Valjean, était son «gagne-pain[30]». Sans doute, dans l'économie de la Malfaisance, les enfants ne sont-ils qu'une source de revenus accessoire: avant d'être un «voleur d'enfants», Thénardier est un voleur, tout court. Mais le symbolisme de l'œuvre tend à faire, de l'Enfant, la victime privilégiée de la Mauvaise Action. Dans le mot «Patron-Minette» (qui signifle «le matin» en argot), le mot «Patron» n'évoque-t-il pas quelque nocturne fonction paternelle? Presque tous les récits de crimes, dans *les Misérables,* gravitent autour du même personnage, Cosette. C'est elle, la première victime de ce Mauvais Marché conclu entre Fantine et l'aubergiste. Et lors du guet-apens de la masure Gorbeau, elle risque de l'être aussi: Thénardier veut enlever Cosette et l'échanger contre rançon. En somme, il veut défaire et refaire, avec plus de profit pour lui, le marché par lequel il cédait l'Enfant au Grand-Père. Dès sa sortie de prison, quelques mois plus tard, il se joint à d'autres bandits pour cambrioler, rue Plumet, une maison habitée par des femmes seules: coïncidence étrange, c'est la maison de Cosette! La jeune fille semble attirer sur elle, par on ne sait quelle aimantation, toutes les tentatives d'agression. Heureusement le Grand-Père, le Bienfaiteur veille sur elle. Valjean est devenu le Bienfaiteur de Cosette en l'arrachant aux Thénardier. Mais cette Bonne Action, ce rachat, comme la Conversion elle-même de Valjean, doit être *répétée,* dans des circonstances qui la rendent de plus en plus difficile. Dans la masure Gorbeau, on demande à Valjean de «livrer» Cosette, de répéter l'acte par lequel la mère, abusée, avait livré sa fille, et on assortit la demande d'une menace d'assassinat. En donnant une fausse adresse, Valjean fait donc à Cosette le sacrifice de sa vie. En protégeant l'Enfant contre les voleurs (le Parâtre), Valjean refait le geste qui le constitue Grand-Père et Bienfaiteur (ou Martyr). C'est contre le voleur, contre le Parâtre que Valjean est Grand-Père, l'agression criminelle lui permet de

mettre entre parenthèses, en quelque sorte, sa condition de
Père incestueux, de «voleur d'enfants». Tant que Valjean
est dans l'obligation de sauver Cosette, il incarne le Bien
triomphant du Mal. Aussi Valjean triomphe-t-il à la fois de
Thénardier et de Javert, le Poursuivant. Javert incarne la
répression sociale du Mal. L'acte généreux par lequel Valjean, en protégeant Cosette contre le Parâtre, se met au-
dessus de l'inceste (Crime) lui permet aussi de triompher de
la Loi. C'est une constante, dans le roman : Valjean déjoue
Thénardier à Montfermeil, puis Javert à Paris. Et dans la
masure Gorbeau, il déjoue, coup sur coup, l'un et l'autre.
Mais quand Valjean fait peser son affection jalouse sur sa
Fille, tous les périls renaissent à la fois : Thénardier, Javert
— Marius.

Marius, le Gendre ravisseur, est à la
fois celui qui active ou réactive la jalousie de Valjean et
l'oblige, par là, à *manifester* son amour incestueux — son
Crime — et la menace extérieure qui, aux yeux de Valjean,
pèse sur Cosette, conjointement avec celles que représentent
Thénardier et Javert. Valjean, en Marius, voit un voleur :
nous l'avons dit ; mais plus précisément un chercheur
d'«amourettes», un «grand niais[31]» — bref l'équivalent,
pour nous lecteurs, de Théodule Gillenormand, qui lui-même
n'est pas sans ressembler à Tholomyès. Il est significatif que
Cosette, un moment, s'intéresse au «lancier». Si elle
s'éprenait vraiment de lui, elle répéterait la méprise de Fantine tombant amoureuse de Tholomyès. C'est un tel danger
que redoute Valjean (aussi se sent-il incapable de parler de
sa mère à Cosette, devenue jeune fille). Mais le vieil
homme jaloux est incapable de concevoir un prétendant sous
d'autres traits que ceux d'un «Théodule», et d'accepter
l'idée d'une passion véritable et réciproque entre Cosette et
un autre que lui-même.

Pour Valjean, Marius, Thénardier et
Javert représentent un même danger, la séparation d'avec
Cosette ; et l'auteur se plaît, semble-t-il, à multiplier les

31. *Les Misérables*, p. 920.

rapprochements (d'une façon implicite) entre les trois formes de l'Ennemi. Marius, par exemple, en dehors même d'ailleurs de la connaissance qu'a Valjean de ses agissements, cumule par analogie les rôles de Malfaiteur et de Poursuivant. Non seulement est-il un «voleur» aux yeux de Valjean, ce qui fait de lui le semblable de Thénardier, mais encore est-il, par le testament de son père, l'obligé du Malfaiteur et son complice malgré lui. Dans l'épisode du guetapens, il cherche à le soustraire à l'arrestation. D'autre part, c'est *comme* un voleur que Marius s'introduit dans le jardin de la rue Plumet, réussissant là où les voleurs, grâce à Éponine, échoueront peu de temps après... Et que dire de la complicité d'Éponine, la fille même du Criminel? Marius, jeune homme foncièrement honnête, est associé, de par la logique symbolique de l'œuvre, à l'univers du Crime de la même façon que, par exemple, Valjean est associé au royalisme.

Mais Marius est aussi un espion, un «quart-d'œil», donc le semblable de Javert[32]. On le voit d'abord suivre Valjean et Cosette pour apprendre où Elle habite. Puis il espionne Thénardier pour sauver le père de Celle qu'il aime et, à cette occasion, il ne devient rien moins qu'un «adjuvant» de Javert, le Poursuivant.

On peut donc dire que Marius, d'une certaine façon, totalise en lui la double menace que représentent séparément Thénardier et Javert pour Valjean. Le Gendre ravisseur est un «criminel», et pourtant il a la loi de son côté. Il est, justement, *celui à qui le crime —* *aimer Cosette — est permis.* Cette totalisation fait toute la force de Marius. Contre le Crime, contre la Loi, Valjean a cette ressource: être Grand-Père. Mais contre Marius, la même ressource devient le suprême sacrifice. Abdiquer sa Paternité n'est plus abdiquer son Crime, mais son Amour.

---

32. *Les Misérables*, p. 732.

Le Crime du Parâtre consiste es-
sentiellement, du point de vue de la logique symbolique du
roman, dans le vol de l'Enfant. Ce vol est la tentation même
du Grand-Père qui voudrait imposer à l'Enfant une relation
de Père à Fille. Mais tout Père n'est pas Père incestueux.
Seul le Grand-Père l'est. Le colonel Pontmercy, lui, cumule
les deux fonctions de Père et de Gendre ravisseur. Son
amour pour Marius, comme celui de Fantine pour Cosette,
est un amour « pur » et malheureux. Sans doute, comme M.
Gillenormand, le colonel a-t-il reporté sur Marius une partie
de l'amour qu'il portait à la disparue ; mais cet amour (conjugal) était normal, « légitime » ; et son amour paternel l'est
aussi. Il manque, cependant, de clairvoyance. Comme Fantine qui s'abusait sur le compte des Thénardier et qui faisait
ainsi le malheur de sa fille, le colonel se laisse trop im-
pressionner par la menace du grand-père de déshériter
l'enfant : « Le colonel eut tort peut-être d'accepter ces conditions [séparation totale d'avec l'enfant], mais il les subit,
croyant bien faire et ne sacrifier que lui[33]. » La perte de
Marius, Sacrifice immense, n'est qu'un aspect de la Chute
de Pontmercy — Chute qui a son origine dans Waterloo ; et
de même que la Chute de Fantine entraînait celle de
Cosette, la Chute de Pontmercy entraîne celle de Marius.
Marius, lui aussi, est « sacrifié » dans cette affaire : élevé
dans les salons royalistes de la Restauration, il grandira au
milieu des préjugés d'un petit monde en marge de l'histoire,
sans affection véritable. Il deviendra « triste » et « grave »,
un peu comme Cosette. Le salon royaliste n'est pas moins
ténébreux que l'auberge de Montfermeil ; mais les ténèbres y
sont d'une autre nature. Ce sont ténèbres de droit divin :
« Un voleur y est admis, pourvu qu'il soit dieu[34]. »

Comme Fantine, comme Napoléon, le
colonel est la dupe du Destin. Et tel est le Père, dans *les
Misérables,* quand il n'est pas le Parâtre (ou le Grand-Père) :
un vaincu. Et plus précisément, un homme de guerre vaincu. Le Grand-Père est associé à la monarchie, et donc à la

33. *Les Misérables,* p. 631.
34. *Ibid.,* p. 625.

tyrannie (Mauvaise Action), le Père est associé à l'Empire et à la guerre (Affrontement). On reconnaît facilement les fondements biographiques d'une telle association chez Hugo. Et l'on comprend aussi que le Père soit plus un homme de Révolution qu'un homme de Mauvaise Action (ce qui est le cas du Parâtre et du Grand-Père «incestueux»). Napoléon, écrit Hugo, était «involontairement révolutionnaire[35]». Révolutionnaire, il l'est par comparaison à la monarchie. Certes, la guerre contient une part immense de Mauvaise Action; elle est, comme la royauté, comme le couvent, une institution du passé. Mais les guerres impériales contribuaient à la disparition des trônes, imposaient une certaine idée de l'égalité et de la fraternité (qui sont aussi, nous l'avons vu, les fondements du couvent: les «mères» de Cosette[36] sont les «contemporaines» des soldats de Napoléon. Le colonel Pontmercy n'est un sabreur et un brigand qu'aux yeux de M. Gillenormand et des royalistes. Une fois détrompé, Marius verra en lui un héros et un homme de Progrès. L'officier de Napoléon, est, comme son chef, un révolutionnaire malgré lui de même qu'Enjolras, le révolutionnaire, est un guerrier malgré lui.

Le Père est donc le guerrier défait. Et il est vaincu précisément par le Grand-Père. Wellington, c'est la guerre classique et c'est la monarchie, opposées à la guerre moderne et à l'Empire. La cession, par Pontmercy, de Marius à M. Gillenormand n'est que la transposition, sur le plan individuel, du vaste fait politique qui est la reprise du pouvoir par la monarchie.

Waterloo est le symbole de la mort d'un idéal guerrier et conquérant. Le Père, cependant, survit à sa propre mort: Thénardier sauve Pontmercy. Sauvetage paradoxal, on le sait: il est involontaire, de la part du Parâtre — aussi involontaire que, chez Napoléon, l'action révolutionnaire; il ne représente qu'un sursis pour le Père, qui est rejeté au rang des parias («brigands de la Loire»), c'est-à-dire des Parâtres; et si, d'une part, il n'empêche pas

35. *Les Misérables*, p. 365.
36. *Ibid.*, p. 906.

la séparation d'avec l'Enfant, il lie, d'autre part, l'Enfant au Parâtre par une dette de reconnaissance. Marius ne se soustraira à l'autorité de son Grand-Père (Père incestueux) que pour tomber dans une autre aliénation, l'obligation envers Thénardier. Sa reconnaissance pour le prétendu sauveur de son Père n'est sans doute que le versant d'ombre du culte qu'il rend à ce dernier. Toute cette Méprise, sur le compte du Parâtre, a sans doute obscurément rapport à l'aspect excessif de l'amour qu'il voue maintenant à celui qu'il a si longtemps méconnu. L'auteur nous dit bien que «le fanatisme pour l'épée le gagnait et compliquait dans son esprit l'enthousiasme pour l'idée [...] qu'il installait dans les deux compartiments de son idolâtrie, d'un côté ce qui est divin, de l'autre ce qui est brutal[37]». Si l'amour du Père conduit à l'admiration de la brutalité, on comprend que Marius — du point de vue de la logique symbolique du roman — se prenne d'admiration pour le Malfaiteur...

Passer de l'amour du Grand-Père à l'obligation envers Thénardier, c'est tomber de Charybde en Scylla. Cosette, elle, avait suivi le même chemin mais en sens inverse : elle était passée de la domination de Thénardier à l'amour de Valjean.

L'avenir des Enfants est donc doublement hypothéqué, bien qu'il le soit différemment pour chacun : par un rapport au Grand-Père et par un rapport au Parâtre. Les deux rapports empêchent l'identification au Père ou à la Mère, qui seule permettra l'accession à l'amour. Cosette, au couvent, avait eu «beaucoup de mères, au pluriel»[38], mais elle n'a jamais eu de mère, à proprement parler. Quand elle rencontrera enfin Marius dans le jardin de la rue Plumet, l'identification se produira : «Ô ma mère ! dit-elle. Et elle s'affaissa sur elle-même comme si elle se mourait. Il la prit[39]...» Quant à Marius, c'est d'abord la découverte de la personnalité véritable de son père qui sem-

37. *Les Misérables*, p. 649.
38. *Ibid.*, p. 906.
39. *Ibid.*, p. 959.

ble le prédisposer à l'amour, comme si l'amour était un prolongement nécessaire de cette première «passion»; et il ne réalisera son projet d'épouser Cosette qu'après l'épisode de la barricade; qu'après avoir assumé et, en quelque sorte, *répété* la conduite guerrière de son père. L'identification au père dans le combat sera complétée par une même défaite et un même sauvetage qu'à Waterloo. Seulement, cette fois, le sauvetage est réel, total. Marius est rendu non seulement à la vie, mais aussi à l'amour, qui est le sens de la vie. Il retrouvera non seulement Cosette, mais encore son Grand-Père, désormais guéri de son «royalisme» — de son attachement incestueux. Une seule énigme restera: qui l'a sauvé? Qui a fait, pour lui, ce que Thénardier a fait pour son père? Est-ce un autre Parâtre? Non: cette fois, le sauveur est un saint et un héros. Celui qui a porté Marius sur son dos — réalisant la fable du «sergent de Waterloo» portant le «général» sur ses épaules, sujet du hideux «tableau» attribué à David — est un Contre-Parâtre, c'est-à-dire un autre double, et un double parfaitement bon, du père de Marius; un double du Père que Marius méconnaîtra jusqu'à la fin, comme il avait méconnu son père jusqu'à la rencontre de M. Mabeuf; un double qu'il ne «reconnaîtra» qu'au moment de l'agonie, alors que Valjean n'est plus un Père mais un Grand-Père consumé par sa bonté, comme la «lampe sans huile» par la flamme inexorable.

Certes, il est difficile de marquer avec clarté les rapports fort complexes qui unissent Grand-Père, Père, Parâtre et Enfant dans les *Misérables;* d'en faire ressortir toutes les implications ou résonances individuelles et collectives, psychologiques et sociales. Nous pouvons cependant, à ce point de notre analyse, nous risquer à tirer quelques conclusions.

Pour accéder à une Conjonction durable (mariage), les Enfants doivent passer par l'étape de l'identification au Père ou à la Mère. Cette identification est rendue difficile par l'absence (mort ou exil) de celle-ci ou de celui-là, et par divers brouillages qui font obstacle à sa

connaissance : Valjean ne parle pas de sa mère à Cosette[40],
M. Gillenormand intercepte les lettres «fort tendres» du
colonel à son fils[41]. Le Grand-Père fait donc écran entre les
Parents et les Enfants. Nous savons pourquoi : c'est qu'il
usurpe, en quelque sorte, la Paternité ; que son amour,
inconsciemment, est entaché de passion criminelle. Le
Parâtre soupçonne cette usurpation et entend en tirer profit.
Pour cela, il table justement sur ce qui fait, du Grand-Père,
l'*équivalent* d'un Parâtre. Dans la masure Gorbeau, Valjean
ne crie pas au voleur *parce qu'il est un voleur* — en fait, il
n'est pas «sorti de la condamnation», il est toujours l'objet
virtuel des poursuites de Javert, et il est le «voleur» de
Cosette. Quand Thénardier va trouver Marius, à la fin du
roman, il vient (lui, voleur ; lui, assassin) dénoncer Valjean
comme un voleur et un assassin. Il fallait cette démarche
pour détromper Marius et lui faire découvrir en Valjean, non
plus un Parâtre — le Parâtre, c'est bien Thénardier et lui
seul — mais un Père tragique (ou, si l'on veut, un Grand-
Père sacrifié).

Dans cette histoire d'Amour, de Crime
et de Révolution, l'Amour est menacé *de l'intérieur* par
l'intention criminelle, puis il est en quelque sorte épuré par
la démarche révolutionnaire, la Révolution étant la marche
du Mal au Bien, de la Nuit à la Lumière. Il nous reste,
d'ailleurs, à le montrer avec plus de précision. Nous savons
que la guerre des barricades est, pour Marius, l'occasion
d'une identification du Père et d'une accession à la Conjonction totale. Elle est aussi, pour Valjean, l'occasion
d'accomplir un Sacrifice déterminant (sauver Marius, c'est
«perdre» Cosette). Comment l'histoire des individus rejoint-
elle l'histoire collective, comment la Révolution vient-elle dis-
siper les ténèbres qui pèsent sur l'Amour de chacun?

40. «Tant que Cosette avait été petite, Jean Valjean lui avait volontiers
parlé de sa mère ; quand elle fut jeune fille, cela lui fut impossible. Il
lui sembla qu'il n'osait plus. Était-ce à cause de Cosette ? était-ce à
cause de Fantine ? il éprouvait une sorte d'horreur religieuse à faire
entrer cette ombre dans la pensée de Cosette, et à *mettre la morte en
tiers* dans leur destinée» *(les Misérables*, p. 909).
41. *Ibid.*, p. 632.

Amour, Crime et Révolution

Il était sans doute bon que le Père fût vaincu — fût-ce par le Grand-Père. Faut-il trouver bon Waterloo? Non, sans doute, puisque Waterloo est «intentionnellement une victoire contre-révolutionnaire[42]», un triomphe du passé sur le présent, de l'ombre sur la lumière. Mais ce triomphe du passé est peut-être nécessaire au triomphe de l'avenir. L'Empire était la dictature et la guerre. «Si la gloire est dans le glaive fait sceptre, l'empire avait été la gloire même. Il avait répandu sur la terre toute la lumière que la tyrannie peut donner; lumière sombre. Disons plus: lumière obscure[43].» Le Père, s'il était demeuré au pouvoir, eût représenté, pour l'Enfant, l'oppression. Mais le Père étant vaincu, en exil, l'oppression n'est plus que le fait du Grand-Père. L'Enfant, derrière l'Ogre de Corse, découvre le génie — derrière le Crime, la Révolution. Ou, du moins, sa condition nécessaire, l'héroïsme. Enjolras refusera à Napoléon la qualité de révolutionnaire. Il l'appellera *Buonaparte,* comme les royalistes. C'est que, pour cet authentique révolutionnaire, l'Empereur est avant tout un criminel. À Marius, qui fait le panégyrique de l'empire et demande: qu'y a-t-il de plus grand? Combeferre répond: «Être libre[44]». Et il conclut par cette chanson:

> *Si César m'avait donné*
> *La gloire et la guerre,*
> *Et qu'il me fallût quitter*
> *L'amour de ma mère,*
> *Je dirais au grand César:*
> *Reprends ton sceptre et ton char,*
> *J'aime mieux ma mère, ô gué!*
> *J'aime mieux ma mère[45].*

La Liberté, pour le Fils, c'est la Mère et c'est, précise encore Enjolras, la République. Il ne suffira

42. *Les Misérables,* p. 363.
43. *Ibid.,* p. 365.
44. *Ibid.,* p. 689.
45. *Ibid.,* p. 690.

pas à Marius de s'identifier au Père, il devra encore, pour
accéder à la grâce révolutionnaire, découvrir l'amour, qui
suppose une certaine relation à la Mère: et, l'amour
fécondant la révolution, la révolution le fécondera à son tour
et le purifiera. Pourquoi cette purification?

De même que l'amour de Valjean pour
Cosette est entaché d'affection incestueuse (Père-Fille), on
peut supposer que, au début de ses relations avec Cosette,
celui de Marius l'est aussi; mais, bien entendu, dans un sens
différent. Marius n'a pas connu sa mère. De sa vie, elle est
encore plus irrémédiablement absente que son père. Elle
existe aussi peu, pour lui, que Tholomyès pour Cosette. Ne
peut-on pas imaginer que Cosette représentera d'abord pour
lui la Mère qu'il n'a pas connue?

Marius n'a pas de mère, au sens
propre; mais il en a une, au sens figuré: la misère. «... la
misère, presque toujours marâtre, est quelquefois mère; le
dénuement enfante la puissance d'âme et d'esprit[46].» Cette
«mère», Marius en fait la connaissance après avoir fait celle
de son père et avoir été chassé de la maison de M. Gillenormand. Elle «met tout de suite la vie matérielle à nu et
la fait hideuse; de là d'inexprimables élans vers la vie
idéale[47]». Ces élans prédisposeront l'âme de Marius à
l'amour. Mais la misère a d'abord pour effet d'éloigner
Marius des jeunes filles. «Au temps de sa pire misère, il
remarquait que les jeunes filles se retournaient quand il passait, et il se sauvait ou se cachait, la mort dans l'âme. Il
pensait qu'elles le regardaient pour ses vieux habits et
qu'elles en riaient; le fait est qu'elles le regardaient pour sa
grâce et qu'elles en rêvaient[48].» La pauvreté, chez Marius,
produit le même effet que, chez d'autres jeunes hommes, un
attachement excessif à la mère. Elle le rend farouche et honteux devant les femmes. Et c'est elle qui, d'une façon
immédiate, multipliera les obstacles entre Marius et Cosette.

46. *Les Misérables*, p. 694.
47. *Ibid.*, p. 700.
48. *Ibid.*, p. 714.

Si Marius était riche, il pourrait suivre le fiacre de «M. Leblanc» et de sa fille et retrouver l'adresse de sa bien-aimée[49]. Si Marius était riche, il pourrait suivre Cosette en Angleterre, au lieu de s'exposer aux rebuffades du grand-père. La pauvreté de Marius est l'ennemie de son amour, comme le corps est l'ennemi de l'âme et la «réalité», l'ennemie de l'«idéal». Dans les «désolations» qui succèdent aux «enchantements», Marius fait à Cosette cet aveu déchirant: «Cosette! je suis un misérable. Tu ne me vois que la nuit, et tu me donnes ton amour; si tu me voyais le jour, tu me donnerais un sou[50]!» L'aveu de Marius rappelle le cri de Valjean à Digne, après le vol de Petit-Gervais: «Je suis un misérable!» Cette prise de conscience déclenchait la crise ultime qui devait entraîner la conversion du forçat. Ainsi le retour à la réalité de Marius, la prise de conscience de sa misère va lui inspirer la résolution désespérée d'aller trouver son grand-père, puis, après son échec, de perdre sa vie dans l'aventure révolutionnaire.

La misère de Marius, en fait, est plus qu'une question de sous. Dans la mesure où elle entrave son amour pour Cosette, elle est la fatalité même; et cette fatalité produit, en quelque sorte, son suppôt en la personne d'Éponine. Qu'est-ce qu'Éponine? L'auteur le dit bien: c'est la Misère[51]. C'est parce que Marius a donné ses cinq francs à Éponine qu'il ne peut suivre le fiacre de M. Leblanc. Or, c'est Éponine qui donne à Valjean l'avertissement de déménager. C'est elle qui intercepte la lettre de Cosette qui eût rassuré Marius. C'est elle, enfin, qui entraîne Marius dans la barricade. Éponine est la Misère, et elle *aime* Marius, elle le dispute à Cosette: elle est la M[is]ère jalouse.

Qu'est-ce qui fait d'Éponine une Mère? Non pas l'âge — de ce point de vue, elle est et demeure une Enfant — mais l'usure. Semblable à Fantine qui, à vingt-

49. *Les Misérables*, p. 773-774.
50. *Ibid.*, p. 1048.
51. «La vraie misère, [Marius] venait de la voir. C'était cette larve qui venait de passer sous ses yeux» *(les Misérables,* p. 757).

cinq ans, était ridée, blanchie, édentée, qui avait la voix enrouée par l'eau-de-vie[52], Éponine est «hâve, chétive, décharnée», elle a «la bouche entr'ouverte et dégradée, des dents de moins, l'œil terne, hardi et bas, les formes d'une jeune fille avortée et le regard d'une vieille femme corrompue ; cinquante ans mêlés à quinze ans», et «une voix sourde, cassée, étranglée, éraillée, une voix de vieux homme enroué d'eau-de-vie et de rogomme[53]». Elle est Fantine, en plus dégradé encore. Et, comme la maîtresse de Tholomyès, elle a une passion malheureuse. Dans *les Misérables,* le Père est un guerrier vaincu, la Mère est une amoureuse sans espoir.

L'amour d'Éponine pour Marius est la manifestation inversée de l'amour œdipien que, secrètement, Marius porte d'abord à Cosette. Si Cosette était cette Mère que le jeune homme, obscurément et par la force des choses, désire en elle, elle serait Éponine ; et l'amour perdrait Marius. Ce n'est pas un hasard si l'Amour, à l'état naissant, est associé à la thématique de la Monstruosité vorace, c'est-à-dire du Crime. Lisons ce passage éminemment révélateur, qui rappelle immédiatement le complexe métaphorique de «L'onde et l'ombre» (nous soulignons les principaux points de ressemblance): «Le regard des femmes ressemble à de certains *rouages* tranquilles en apparence et formidables. On passe à côté tous les jours paisiblement et impunément et sans se douter de rien. Il vient un moment où l'on oublie même que cette chose est là. *On va, on vient, on rêve, on parle, on rit. Tout à coup, on se sent saisi. C'est fini.* Le *rouage* vous tient, le regard *vous a pris.* Il vous a pris, n'importe par où ni comment, par une partie quelconque de votre pensée qui traînait, par une distraction que vous avez eue. *Vous êtes perdu.* Vous y *passerez tout entier.* Un *enchaînement de forces mystérieuses* s'empare de vous. *Vous vous débattez en vain. Plus de secours humain possible.* Vous allez tomber *d'engrenage en engrenage,* d'angoisse en angoisse, *de torture en torture,* vous, votre

52. Cf. la description de Fantine, *les Misérables,* p. 198.
53. *Ibid.,* p. 750.

esprit, votre fortune, votre avenir, *votre âme* ; et, selon que vous serez au pouvoir d'une créature méchante ou d'un noble cœur, vous ne sortirez de cette *effrayante machine* que défiguré par la honte ou transfiguré par la passion[54].»

L'amour est une mort, qui est suivie d'une seconde naissance : on en sort défiguré ou transfiguré — ange ou démon. On n'accède pas immédiatement à la Conjonction lumineuse et durable. Il faut, pour y atteindre, une conversion, et la conversion suppose une Chute et un Affrontement. C'est la chute dans «l'eau monstrueuse», dans le Monstre, et l'affrontement de l'inépuisable (puisque le Monstre est à la fois l'assaillant et le lieu de l'assaut) par la «pauvre force tout de suite épuisée[55]». Notons la passivité ou, tout au moins, l'impuissance fondamentale de l'homme dans l'aventure amoureuse. Ce n'est pas lui qui décide de l'issue du combat, de son avenir (défiguration ou transfiguration), mais la Femme. Si la femme est un «noble cœur», il est sauvé. Si elle est une «méchante créature», il est perdu. Par là, l'amour diffère de la misère, qui est elle aussi une «effrayante machine», mais qui transforme l'être en fonction de ses virtualités propres : «Admirable et terrible épreuve dont les faibles sortent infâmes, dont les forts sortent sublimes. Creuset où la destinée jette un homme, toutes les fois qu'elle veut avoir un gredin ou un demi-dieu[56].» Marius passera par la double épreuve de la misère et de l'amour. De la première, il sort victorieux, du moins en apparence. Il est soutenu par une «force secrète[57]», l'exemple de son Père ; il se dit que «sa seule manière de se rapprocher de son père et de lui ressembler, c'était d'être vaillant contre l'indigence comme lui avait été brave contre l'ennemi[58]». Dans le combat contre la misère, il y a donc «proportion» entre les combattants, comme il y

54. *Les Misérables*, p. 726. On comparera ce texte avec ceux que nous avons cités *supra*, p. 92-93.
55. *Ibid.*, p. 101.
56. *Ibid.*, p. 693.
57. *Ibid.*, p. 697.
58. *Ibid.*, p. 700.

en avait entre les armées à Waterloo. L'identification au Père et la victoire sur la misère seraient complètes si Marius, malgré sa nature énergique, ne versait «un peu trop [...] du côté de la contemplation[59]». Paradoxalement Marius, qui est un «fort», est aussi un rêveur. Il travaille le moins possible «du travail matériel» afin de s'adonner à la rêverie, qui élève l'âme. Et il ne s'aperçoit pas, nous dit l'auteur, que «la contemplation ainsi comprise finit par être une des formes de la paresse; qu'il s'était contenté de dompter les premières nécessités de la vie, et qu'il se reposait trop tôt[60]». Or la paresse — l'exemple de Montparnasse le montre bien — est la mère du Crime. Si la misère est quelquefois mère, la paresse est toujours marâtre. Elle est ce «laminoir» qui enfante le gredin. *Pigritia,* la paresse, «est mère. Elle a un fils, le vol, et une fille, la faim[61].» Voilà donc le danger qui guette Marius: devenir une sorte de Montparnasse. Bien entendu, dans l'économie du roman, Montparnasse est chargé de *vivre* la paresse *pour* Marius (comme le Parâtre est chargé de *vivre* le Crime *pour* le Grand-Père). C'est parce que Marius est, virtuellement, un Montparnasse — fils incestueux de la Paresse — qu'Éponine, la maîtresse du jeune bandit, s'éprend de lui.

La victoire de Marius sur la misère est incomplète, et son amour pour Cosette se ressentira de ce reste de sujétion, qui pourrait entraîner une Chute morale (Marius pourrait tomber sous la domination de la Marâtre Paresse). Heureusement, Cosette est un «noble cœur», et la «transfiguration» qu'elle fera subir à Marius achèvera la métamorphose déjà commencée, et à demi réussie, du jeune homme.

Cosette transfigure Marius et l'arrache définitivement à la Mère Misère; mais elle ne le fait pas seule. En fait, tout se passe comme décrit ci-dessus à un certain niveau symbolique du roman, mais le langage

59. *Les Misérables,* p. 701.
60. *Ibid.,* p. 701.
61. *Ibid.,* p. 1002.

immédiat du récit est plus complexe. Cosette est un noble
cœur, certes, de la même façon que Marius est un noble
jeune homme: ce qui n'empêche pas Marius de connaître la
tentation de la «paresse» (équivalent symbolique de son attachement incestueux à la «mère» Misère), ni Cosette, de
connaître la tentation de la coquetterie. Cosette, ne
l'oublions pas, en vient presque à s'éprendre de Théodule
Gillenormand. Elle est aussi peu «responsable», en amour,
que Marius. Tout coup de foudre est un coup de dé.
Fantine s'était éprise de Tholomyès. Par bonheur, Cosette
rencontre le jeune homme qui lui convient. «Si, à ce moment de sa vie, Cosette était tombée dans l'amour d'un
homme peu scrupuleux et libertin, elle était perdue car il y a
des natures généreuses qui se livrent, et Cosette en était
une[62].» Cosette ne transfigure pas Marius par ses seules
forces, puisqu'elle est aussi vulnérable, aussi exposée que
lui à quelque Chute malheureuse. C'est Valjean qui, sur-
montant sa jalousie et son désespoir, va seconder Cosette
dans son rôle de providence à l'endroit de Marius. Marius
sortira de «l'effrayante machine» qu'est le coup de foudre
de la même façon (et par le *fait* même) qu'il sortira de
l'égout, cette hydre, ce Monstre, porté par Valjean sur ses
épaules. Le «regard des femmes» et l'égout sont un même
lieu que Marius traverse évanoui, au pouvoir d'un noble
cœur ou d'une méchante créature. Le noble cœur, c'est
Cosette ici et c'est Valjean là: Valjean, d'une certaine
façon, *est* donc Cosette. Nous avons ici, sans doute,
l'explication des étranges quiproquos par lesquels la relation
de Marius à celle qu'il aime se confond parfois avec sa relation à M. Leblanc. Dans le chapitre intitulé «Aventures de
la lettre U livrée aux conjectures», on voit Marius presser
amoureusement sur ses lèvres le mouchoir de Valjean[63]!
Plus loin on le voit, cherchant «une fille en chapeau»
(Cosette), rencontrer «un homme en casquette» (Valjean) —
comme si la différence entre l'une et l'autre se réduisait à un

62. *Les Misérables*, p. 1026.
63. *Ibid.*, p. 727-728.

détail vestimentaire[64]. Et, après la scène où Valjean apprend à Marius qu'il est un forçat, le nouveau marié se demande : « [Ai-je] épousé aussi le forçat[65]? » Bien entendu, il n'y a pas plus d'homosexualité, dans ces identifications passagères, que dans l'amour de M. Gillenormand pour Marius. Valjean se fait en quelque sorte, et douloureusement, l'Adjuvant de Cosette dans la fonction de Transfiguratrice que lui assigne le symbolisme du roman. Il est celui par qui la tentative du Crime, intérieure à l'Amour, est combattue et vaincue. Et c'est en lui d'abord qu'il doit la combattre, la vaincre. Par là, par cette conversion qu'il opère en lui et dont, simultanément, il fait bénéficier les Enfants, Valjean est l'homme de l'Affrontement-Montée, c'est-à-dire de la Révolution.

Qu'est-ce que la Révolution ? C'est une Conversion. C'est le passage du Mal au bien, de la nuit à la lumière. Le sujet de l'action révolutionnaire peut être individuel ou collectif. Il n'y a pas de différence de nature entre les ténèbres intérieures et les ténèbres sociales : au sortir de l'ivresse, Grantaire est de plain-pied avec Enjolras, qui sort du combat. Leur Conjonction dans un même Sacrifice est la conjonction du drame individuel et du drame social. C'est une même chose que la révolution qui renverse un régime et celle qui fait « dérailler » un homme : « Une nouveauté, *une révolution,* une catastrophe, venait de se passer au fond de lui-même [Javert][66]. » C'est ici comme là, l'affrontement du bien et du mal : « Lui aussi [Valjean] frissonnait, comme Paris, au seuil d'une révolution formidable et obscure . [...] De lui aussi, comme de Paris, on pouvait dire : les deux principes sont en présence. L'ange blanc et l'ange noir vont se saisir corps à corps sur le pont de l'abîme. Lequel des deux précipitera l'autre ? Qui l'emportera[67] ? »

64. Titre de III, 8, 1 : « Marius, cherchant une fille en chapeau, rencontre un homme en casquette » (*les Misérables,* p. 742).
65. *Ibid.,* p. 1429.
66. *Ibid.,* p. 1343.
67. *Ibid.,* p. 1173.

Si la Révolution peut agir sur l'Amour et le purger du Crime, c'est parce que, structurellement, elle présente avec lui des analogies certaines. Elle est, comme lui, comme la misère, comme la paresse, une «effrayante machine». De cette «admirable épreuve» qu'est la misère, les forts sortent transfigurés. Dans cette autre épreuve qu'est l'Amour, l'issue dépend de l'être aimé, de l'Autre. La paresse, elle, fait toujours des gredins — elle est toujours Chute. La Révolution, comme la Guerre à qui elle emprunte d'ailleurs ses moyens, comporte quelque chose d'aléatoire : les forts peuvent être défaits (si, comme à Waterloo, les hasards de Dieu s'en mêlent), et le Bien peut être terrassé : comme dans l'Amour. En fait, le résultat dépend tout de même des dispositions préalables du sujet : Javert se suicide parce que le Mal, qui triomphe, était déjà présent dans son refus de la loi divine. Valjean se sacrifie, le Bien triomphe, parce que Valjean a *déjà* l'âme d'un saint. L'action d'Enjolras échoue parce que Paris n'était pas prête pour le changement.

Qu'il y ait défaite ou victoire, la Révolution peut être l'occasion d'un Sacrifice. Valjean triomphe des forces mauvaises qui l'assaillent au prix de son amour et de sa vie même. Enjolras, prévoyant la défaite, opte pour le Martyre. À l'instar de Cambronne, il peut ainsi changer sa défaite en victoire. Par contre le suicide de Javert — triomphe de l'esprit de Loi sur l'esprit de charité — n'a rien du martyre : il est parallèle au triomphe des forces de l'ordre sur les insurgés.

La seule Révolution qui réussit, dans le roman, est celle de Valjean. (Encore ressemble-t-elle à la défaite d'Enjolras.) Et, grâce à elle, Cosette et Marius pourront vivre pleinement leur Amour. Cette réussite individuelle est une image de la réussite collective future. Enjolras dit bien : «Citoyens, vous représentez-vous l'avenir? Les rues des villes inondées de lumières, des branches vertes sur les seuils, les nations sœurs, les hommes justes, *les vieillards bénissant les enfants, le passé aimant le présent...*[68]» Les dernières pages du roman nous montreront Valjean, vieilli, vieillard, bénissant Cosette et Marius et, Satan racheté, conjuguant sa nuit à cette aurore. Le fruit, immédiat ou lointain, de la Révolution, laquelle comporte toujours le risque d'un triomphe du Crime — c'est l'Amour. Et c'est pour triompher du Crime que la Révolution se fait Sacrifice. Il est juste qu'Enjolras, qui a fait justice de Le Cabuc (c'est-à-dire Claquesous, le Crime), meure : sa défaite est le meurtre du Crime en lui. Sa mort présente est, par son Martyre, germe de la vie future.

La ressemblance structurelle de l'Amour et de la Révolution ne se limite pas à leur commune référence au laminoir, c'est-à-dire au Crime. Une autre métaphore permet de les rapprocher : celle de la déflagration. La naissance d'une grande passion, comme celle de l'insurrection, c'est une mine chargée qui explose, ou mieux, un éclair produit par la rencontre de deux nuées. «Cosette était dans son ombre, comme Marius dans la sienne, toute disposée pour l'embrasement. La destinée, avec sa patience mystérieuse et fatale, approchait lentement l'un de l'autre ces deux êtres tout chargés et tout languissants des orageuses électricités de la passion, ces deux âmes qui portaient l'amour comme deux nuages portent la foudre, et qui devaient s'aborder et se mêler dans un regard comme les nuages dans un éclair[69].» La Conjonction, c'est d'abord celle, instantanée et ponctuelle, de l'éclair ; c'est l'échange d'une étincelle, qui est le regard. Nous avons déjà vu que l'Axe hugolien, le lien entre le Ciel et la Terre, consistait dans la pure forme immatérielle et linéaire d'un Regard établi entre Dieu et sa créature. C'est ce même Axe qui s'établit entre les deux amants et fait de chacun, simultanément, le Ciel et la Terre de l'autre ; c'est ce même Rien qui contient tout et qui les lie à jamais l'un à l'autre.

Or la Révolution participe d'une même manifestation de l'Axe dans les choses humaines. Ce qui la déclenche, c'est une étincelle, un Rien, qui rend soudain le

68. *Les Misérables*, p. 1213.
69. *Ibid.*, p. 914-915.

Tout présent à tous. «Ainsi que nous l'avons dit, la grande villle ressemble à une pièce de canon; quand elle est chargée, il suffit d'une étincelle qui tombe, le coup part. En juin 1832, l'étincelle fut la mort du général Lamarque[70].» La mort du général Lamarque, c'est le passage du Tout au Rien d'un homme qui représente évidemment, pour Marius comme pour les Amis de l'ABC, le Père. Ce n'est pas un hasard si la mort du Père est précisément ce qui déclenche la lutte de l'Enfant contre le Grand-Père. Elle contient en elle tout ce choc du passé et du futur que matérialisera la barricade. Qu'est-ce que la barricade? C'est «le lieu de jonction de ceux qui pensent et de ceux qui souffrent; cette barricade n'est faite ni de pavés, ni de poutres, ni de ferrailles; elle est faite de deux monceaux, un monceau d'idées et un monceau de douleurs. La misère y rencontre l'idéal. Le jour y embrasse la nuit et lui dit: Je vais mourir avec toi et tu vas renaître avec moi. [...] Frères, qui meurt ici meurt dans le rayonnement de l'avenir, et nous entrons dans une tombe toute pénétrée d'aurore[71].» La mort du Père — «occasion de renaître[72]» — porte en elle la mort-renaissance du Fils, et ce combat du jour et de la nuit n'est pas un combat mais une Conjonction. La barricade, c'est l'H du combat, qui oppose deux monceaux (jambages) et qui, les opposant, les unit («trait d'union») et les transforme: du haut de la barricade Enjolras ne pousse pas un cri de guerre mais d'amour.

De même que la mort du Père est le point de départ de la Révolution, la mort de Valjean sera le point final, ou plutôt le point d'orgue couronnant l'amour des Enfants et l'ouvrant à une dimension infinie. C'est que Valjean, dans la mesure où il a abdiqué sa Paternité incestueuse, devient l'Axe même qui relie l'amour humain (des Enfants) à l'amour divin. Nous avons déjà dit que la Conjonction, qui était la relation rayonnante et réfléchie de deux êtres, tendait

70. *Les Misérables*, p. 1081.
71. *Ibid.*, p. 1216.
72. Titre de IV, 10, III: «Un enterrement: occasion de renaître» (*ibid.*, p. 1081).

à se dépasser vers un Tiers infini : la Conjonction intérieure de Fantine manifestait l'antique euphonie sacrée. Celle de l'évêque se fondait dans une relation à Dieu. À la fin du roman, le Tiers infini coïncide justement avec cet être, Valjean, qui n'appartient déjà plus à la terre, ce saint et ce héros dont le corps de nuit est traversé, comme la tombe, par le rayonnement de l'infini.

Au terme de cette analyse, sans doute trop rapide, des trois dernières parties, il nous reste à indiquer le lien entre le « système de relations de parenté symboliques » qui unit les personnages et le système des actions. Les deux systèmes ne correspondent pas terme à terme. Certes, *les Misérables* sont bien le récit du Sacrifice du Grand-Père, Sacrifice se réalisant dans une Conversion qui a, fondamentalement, le sens d'une Révolution. Par son Sacrifice, le Grand-Père seconde les Enfants dans leur lutte pour leur libération et leur accession à l'Amour. Chacun des termes de cet « argument » symbolique, matriciel, a son répondant dans le système des actions : le Sacrifice est une Bonne Action doublée d'une Chute ; la Conversion est un Affrontement intérieur, qui suppose et intègre la Bonne Action et la Mauvaise Action, la Montée et la Chute, et cet Affrontement débouche sur une Conjonction.

Mais on voit que, si le Grand-Père est, par excellence, l'homme du Sacrifice, le Sacrifice n'est pas pour autant le fait du seul Grand-Père : le colonel Pontmercy, Fantine, se sacrifient bien au profit de leur Enfant. Seulement, jusqu'à la fin, ils ne désespèrent pas de revoir — de ravoir — leur Enfant et de rétablir la Conjonction : le Grand-Père, lui, devra vivre profondément ce désespoir et expier cruellement un Amour obscurément vécu comme une Faute (Crime), il devra survivre à un Amour d'autant plus intense qu'il est entaché de ténèbres, il devra, en somme, pousser le Sacrifice beaucoup plus loin que ne le font les Parents. Chez les Parents, le Sacrifice est l'effet d'une Chute dont il n'est que l'aggravation ; chez le Grand-Père, il *est* la Chute même, volontairement consentie (du moins, dans le cas de Valjean), et c'est pourquoi il acquiert une dimension en quelque sorte absolue.

Le Sacrifice (Bonne Action-Chute) du Grand-Père porte sur une Conjonction-Mauvaise Action, alors que celui des Parents porte sur la seule Conjonction. On constate donc que, plus une action est complexe, plus elle correspond à la fonction symbolique spécifique du personnage qui en est l'actant. Un certain type de Sacrifice n'est possible qu'au Grand-Père. Corrélativement, les actions simples, comme la Bonne Action ou la Chute, appartiennent au registre actantiel d'un grand nombre de personnages. Ainsi, Gavroche est-il le sauveur de ses frères et de son père, comme Valjean est le sauveur de Champmathieu, de Fauchelevent, de Fantine, de Marius, de Cosette, de Javert et de tant d'autres. Mais les Bonnes Actions de Gavroche sont celles d'un Errant gai, innocent et tragique, et elles font de lui tout autre chose qu'un Grand-Père ! Elles traduisent l'attitude de l'Enfant, naturellement bon (comme le sont Marius, Enjolras...) et qui n'entre en lutte contre le Grand-Père (cf. «Gavroche en marche») que pour favoriser l'avènement du règne de la bonté[73]. La Bonne Action entre dans la définition du Grand-Père (Mgr Myriel est le Bienfaiteur) mais associée, virtuellement du moins, à d'autres actions qui lui donnent une « coloration » particulière.

Par ailleurs, une fois qu'on a précisé le type d'action complexe qui convient le mieux à telle ou telle fonction de parenté symbolique, il faut bien voir qu'il y a compénétration de ces fonctions, échanges, substitutions entre elles : M. Gillenormand ne devient-il pas « le petit-fils de son petit-fils[74] » ? Gavroche ne dit-il pas aux bandits de Patron-Minette (Parâtres): «Un môme comme mezig est un orgue, et des orgues comme vousailles sont des mômes»

---

73. Gavroche est cet Enfant qui, au contraire de Marius et de Cosette, n'a pas à s'affranchir d'une tutelle familiale exercée par le Grand-Père. Mais, comme Cosette et Marius, il est un orphelin (le «fil de la famille» est brisé entre ses parents et lui), et il a été adopté par cette Mère, Paris, comme Marius le sera par la mère Misère. Paris, la Misère sont sans doute des Mères «abstraites», mais elles sont des médiations entre la Mère (réelle) perdue et cette Mère future, collective et concrète, qu'est la République.

74. *Les Misérables*, p. 1361.

(Un enfant comme moi est un homme, et des hommes comme vous sont des enfants[75])? Mais, sans doute, le personnage qui, tout en étant identifié à une fonction parentale bien précise, celle de Grand-Père incestueux, totalise le plus de connotations de fonctions parentales en lui, c'est Valjean: «Père étrange forgé de l'aïeul, du fils, du frère et du mari qu'il y avait dans Jean Valjean; père dans lequel il y avait même une mère...[76]» C'est par là que Valjean est le personnage central du roman, le «pivot» de ce «drame [...] dont le titre véritable est: le Progrès[77]». Valjean, c'est Valjean, et c'est aussi la totalité des personnages du roman. L'histoire de cette conscience, c'est l'histoire de la conscience humaine — c'est l'épopée du genre humain.

75. Les Misérables, p. 999.
76. Ibid., p. 1179.
77. Ibid., p. 1266.

Conclusion

Après avoir situé globalement l'œuvre de Hugo dans la chaîne textuelle qui va de Chateaubriand à Flaubert et Baudelaire, et après avoir tenté de montrer le type de médiation thématique qui lui est particulier, nous avons exploré l'univers actantiel des *Misérables* puis nous en avons proposé une interprétation.

Notre interprétation pourrait être prolongée dans la direction d'une mise en relation de la structure des relations de parenté symboliques du roman avec certaines données de la vie de l'écrivain et la structure du groupe social auquel il appartenait. La disparition du Père au profit du Grand-Père, la relation « incestueuse » du Grand-Père à l'enfant concernent sans doute un moment précis de la société française du xixe siècle. Mais il revient à l'historien, au sociologue et au psychologue d'approfondir ces questions. Il nous suffit, pour notre part, de montrer que l'œuvre tire sa cohérence d'une telle conception intuitive (ou pré-réflexive) des relations inter-individuelles.

Nous aurions pu montrer, tout aussi bien, comment le *sens* de l'œuvre que nous sommes arrivés à établir (et qui nous semble fondé réellement dans l'œuvre, bien que d'autres lectures puissent aboutir à des résultats différents) est, malgré tout, déçu dès que posé : l'œuvre réussie n'étant jamais cela qui *dit* telle ou telle chose, mais la mise en œuvre, par le truchement des significations, d'un silence essentiel. Cependant il n'est peut-être pas du ressort de la critique de marquer ce silence et d'en faire l'objet de sa réflexion. Une esthétique de la littérature est sans doute mieux placée pour le faire, et elle le fera avec d'autant plus de précision que l'exploration aura été, préalablement, poussée plus loin.

Il nous semble utile, pour notre part, de poursuivre notre enquête sur la littérature du xixe siècle dans le sens où nous l'avons amorcée. Nous pourrions développer les indications sommaires réunies dans notre premier chapitre en montrant, pour chaque auteur, à quel système précis d'actions correspond chaque médiation thématique. Sans doute serions-nous amenés à simplifier peu à peu notre compréhension du texte qui nous a servi de point de départ. Le long travail d'analyse que nous avons fait sur certaines parties des *Misérables,* et dont la minutie aura peut-être agacé ou dérouté le lecteur, doit être considéré comme une entreprise systématique de construction d'un certain regard sur l'œuvre. Une fois construits le regard et, d'un même tenant, son objet, il est plus facile de se porter d'emblée vers l'essentiel et de mettre en valeur les perspectives d'ensemble.

L'inconvénient d'une recherche qui porte sur des totalités, c'est sans doute que la totalisation n'est jamais achevée — que le regard et son objet sont constamment transformés par l'expérience : tout acquis n'est jamais que le point de départ d'une acquisition nouvelle et, souvent, imprévisible. Au terme d'une analyse comme celle que nous avons tentée ici, et qui est elle-même l'aboutissement de nombreuses tentatives antérieures, la compréhension de l'œuvre à laquelle nous sommes arrivés nous porte à rejeter comme incomplet chacun de ses moments particuliers. L'interprétation globale que nous proposons dans notre dernier chapitre est elle-même provisoire et sujette à de nombreuses rectifications à la lumière d'une connaissance plus précise des autres œuvres de Hugo et de la chaîne textuelle du xixe siècle.

Dans ces conditions, conclure est un défi. Nous ne pouvons prétendre refermer notre étude, comme on referme un livre. Nous entrevoyons assez bien en quel sens nous pourrions récrire cet ouvrage et le rendre plus accessible à la lecture, moins lacunaire aussi (nous avons accordé un traitement beaucoup plus important, quantitativement, aux deux premières parties qu'aux trois dernières); mais il serait plus utile de nous attaquer résolument à la tâche de jeter, sur les écrivains du XIXe siècle, un regard analogue à celui que nous avons jeté sur Hugo et, par là, de déterminer la place des *Misérables* dans la chaîne textuelle : la «différence» d'un texte étant toujours différence d'*avec*...

Sortir d'Hugo, *pour* y revenir : c'est là, sans doute, une démarche inévitable. Pour la critique, chaque œuvre ouvre sur l'infini des textes : et pourtant, l'infini des textes ne peut prendre consistance qu'en *un* texte — toujours privilégié.

Mériel, 1968 — Montréal, 1971

Bibliographie[1]

I. Œuvres de Victor Hugo

Les Misérables, Paris, Gallimard, « Bibliothèque de la Pléiade », 1951.
Œuvres poétiques complètes, Paris, Pauvert, 1961.
Œuvres romanesques complètes, Paris, Pauvert, 1962.
Œuvres dramatiques et critiques complètes, Paris, Pauvert, 1963.
Œuvres politiques complètes — Œuvres diverses, Paris, Pauvert, 1964.

II. Ouvrages partiellement ou entièrement consacrés aux *Misérables* et à Victor Hugo

Albouy, Pierre, *la Création mythologique chez Victor Hugo,* Paris, José Corti, 1963.
Barbey D'Aurevilly, Jules, *les Misérables de M. Victor Hugo,* Paris, Mirecourt, 1862.
Barrère, Jean-Bertrand, *la Fantaisie de Victor Hugo,* t. I: *1802-1851* ; t.II: *1852-1885* ; t. III: *Thèmes et motifs,* Paris, José Corti, 1949, 1950, 1960.
Barrère, Jean-Bertrand, *Victor Hugo, l'homme et l'œuvre,* Paris, Boivin, 1952 (nouv. éd., Hatier, 1959).

---

1. Cette liste comprend les ouvrages qui ont servi à notre recherche. On n'y trouvera pas une bibliographie exhaustive des études hugoliennes, même récentes.

Barrère, Jean-Bertrand, *Un carnet des Misérables, octobre-décembre 1860*, Paris, Lettres modernes, 1965.

Baudouin, Charles, *Psychanalyse de Victor Hugo*, Genève, Mont-Blanc, 1943.

Bellesort, André, *Victor Hugo: essai sur son œuvre*, Paris, Perrin, 1930.

Benoit-Lévy, Edmond, *les Misérables de Victor Hugo*, Paris, Edgar Malfère, 1929.

Berret, Paul, *Victor Hugo*, Paris, Garnier, 1927 (nouv. éd., 1939).

Bounoure, Gabriel, *Abîmes de Victor Hugo*, Paris, Mesures, 1936.

Dupuy, Ernest, *Victor Hugo. L'homme et le poète*, Paris, Lecène, 1887.

Gautier, Théophile, *Victor Hugo*, Paris, Fasquelle, 1902.

Gregh, Fernand, *Victor Hugo, sa vie, son œuvre*, Paris, Flammarion, 1954.

Guillemin, Henri, *Victor Hugo par lui-même*, Paris, Seuil, «Les écrivains de toujours», 1951.

Hommage à Victor Hugo, actes du colloque organisé par la Faculté des lettres de Strasbourg pour le centenaire des *Misérables*, *Bulletin de la Faculté des lettres de Strasbourg*, janvier-février-mars 1962.

Journet, René et Guy Robert, *le Manuscrit des Misérables*, *Annales littéraires de l'université de Briançon*, vol. 61, Les Belles Lettres, 1963.

Journet, René et Guy Robert, *le Mythe du peuple dans les Misérables*, Paris, Éditions sociales, 1964.

Legay, Tristan, *Victor Hugo jugé par son siècle*, Paris, Éd. de la Plume, 1902.

Les Misérables, revue *Europe*, février-mars 1962.

Leuilliot, Bernard, *Victor Hugo publie les Misérables*, Paris, Klincksieck, 1970.

Levaillant, Maurice, *la Crise mystique de Victor Hugo*, Paris, José Corti, 1954.

Maurois, André, *Olympio, ou la vie de Victor Hugo*, Paris, Hachette, 1954.

Œuvres complètes de Victor Hugo, Paris, Club français du livre, où l'on trouve de nombreuses études. En cours de parution.

Péguy, Charles, *Victor-Marie comte Hugo*, Paris, Gallimard, 1934.

Piroué, Georges, *Victor Hugo romancier, ou les dessus de l'inconnu*, Paris, Denoël, 1964.

Poulet, Georges, *Études sur le temps humain*, t. II: *la Distance intérieure*, Paris, Plon, 1952, chap. VI: «Hugo», p. 194-230.

Poulet, Georges, *Trois essais de mythologie romantique*, Paris, José Corti, 1966, chap. III: «Piranèse et les poètes romantiques français».

Renouvier, Charles, *Victor Hugo le poète*, 2ᵉ éd., Paris, Armand Colin, 1897.

Renouvier, Charles, *Victor Hugo le philosophe*, Paris, Armand Colin, 1900.

Richard, Jean-Pierre, *Études sur le romantisme*, Paris, Seuil, 1970, 2ᵉ part., chap. III: «Hugo», p. 177-199.

Roy, Claude, *Descriptions critiques*, t. IV: *la Main heureuse*, Paris, Gallimard, 1958, chap. intitulé: «Victor Hugo», p. 174-213.

Saurat, Denis, *la Religion de Victor Hugo*, Paris, Hachette, 1929.

Souchon, Paul, *Victor Hugo*, Paris, Tallandier, 1949.

Viatte, Auguste, *Victor Hugo et les Illuminés de son temps*, 2ᵉ éd., Montréal, Éd. de l'Arbre, 1942.

Weber, Jean-Paul, *Genèse de l'œuvre poétique*, Paris, Gallimard, 1960, chap. II: «Hugo», p. 91-184.

Zumthor, Paul, *Victor Hugo, poète de Satan*, Paris, Robert Laffont, 1946.

III. Divers

Balzac, Honoré de, *la Comédie humaine*, t. I: «Avant-propos»; t. II: *Sarrasine*; t. IX: *le Lys dans la vallée* et *Séraphîta*, Lausanne, Rencontre, 1958 et 1959.

Barbey D'Aurevilly, Jules, *les Diaboliques*, Paris, Gallimard et Librairie générale française, «Le livre de poche», 1960.

Barbey D'Aurevilly, Jules, *Œuvres romanesques complètes*, Paris, Gallimard, «Bibliothèque de la Pléiade», 1964.

Barthes, Roland, *Essais critiques*, Paris, Seuil, 1964.

Barthes, Roland, *Critique et vérité*, Paris, Seuil, 1966.

Barthes, Roland, *S/Z*, Paris, Seuil, 1970.

Baudelaire, Charles, *Œuvres complètes*, Paris, Gallimard, «Bibliothèque de la Pléiade», 1954.

Bremond, Claude, «Le message narratif», *Communications*, n° 4, 1964.

Chateaubriand, François-René de, *Atala, René*, Paris, Garnier-Flammarion, 1964.

Chateaubriand, François-René de, *Mémoires d'Outre-Tombe*, 3 vol. Paris, Gallimard, «Le livre de poche», 1964.

Doubrovsky, Serge, *Pourquoi la nouvelle critique?* Paris, Mercure de France, 1966.

Flaubert, Gustave, *Madame Bovary*, Paris, Le livre de poche, 1961.

Flaubert, Gustave, *Préface à la vie d'écrivain*, Paris, Seuil, 1963.

Greimas, Algirdas Julien, *Sémantique structurale*, Paris, Larousse, 1966.

Greimas, Algirdas Julien, *Du sens*, Paris, Seuil, 1969.

Kristeva, Julia, *Sèmeiôtikè*, Paris, Seuil, 1969.

Lamartine, Alphonse de, *Œuvres poétiques complètes*, Paris, Gallimard, «Bibliothèque de la Pléiade», 1963.

«L'analyse structurale du récit», *Communications*, n° 8, 1966.

Meschonnic, Henri, *Pour la poétique*, Paris, Gallimard, 1970.

Poulet, Georges, *les Métamorphoses du cercle*, Paris, Plon, 1961.

Poulet, Georges, *les Chemins actuels de la critique*, Paris, Plon, 1967.

Propp, Vladimir, *Morphologie du conte*, Paris, Seuil, «Points», 1970.

Richard, Jean-Pierre, *Littérature et sensation*, Paris, Seuil, 1954.

Richard, Jean-Pierre, *Poésie et profondeur*, Paris, Seuil, 1955.

Richard, Jean-Pierre, *l'Univers imaginaire de Mallarmé*, Paris, Seuil, 1961.

Richard, Jean-Pierre, *Paysage de Chateaubriand*, Paris, Seuil, «Pierres vives», 1967.

Starobinski, Jean,*l'Œil vivant*, et t. II: *la Relation critique*, Paris, Gallimard, t. I, 1961; t. II, 1970.

Stendhal, *De l'amour*, Paris, Garnier, «Selecta», 1959.

Stendhal, *Romans et nouvelles*, Paris, Gallimard, «Bibliothèque de la Pléiade», t. I, 1952.

Théorie de la littérature, Paris, Seuil, 1965.

Todorov, Tzvetan, *Poétique*, in *Qu'est-ce que le structuralisme?*, Paris, Seuil, 1968.

Todorov, Tzvetan, *Grammaire du Décaméron*, La Haye, Mouton, 1969.

Todorov, Tzvetan, «Les transformations narratives», *Poétique*, n° 3, 1970, p. 322-333.

Vachon, André, *le Temps et l'espace dans l'œuvre de Paul Claudel*, Paris, Seuil, 1965.

Vigny, Alfred de, *Poésies complètes*, Paris, Garnier, 1962.

Table des matières

Achevé d'imprimer à Montmagny
par les Éditions Marquis
le vingt février mil neuf cent soixante-quatorze